LAS CIUDADES
DEL DESEO

Purdue Studies in Romance Literatures

Editorial Board

Íñigo Sánchez-Llama, Series Editor
Elena Coda
Paul B. Dixon
Patricia Hart

Beth Gale
Laura Demaría
Allen G. Wood

Howard Mancing, Consulting Editor
Floyd Merrell, Consulting Editor
R. Tyler Gabbard-Rocha, Production Editor

Associate Editors

French
Jeanette Beer
Paul Benhamou
Willard Bohn
Gerard J. Brault
Thomas Broden
Mary Ann Caws
Glyn P. Norton
Allan H. Pasco
Gerald Prince
Roseann Runte
Ursula Tidd

Italian
Fiora A. Bassanese
Peter Carravetta
Benjamin Lawton
Franco Masciandaro
Anthony Julian Tamburri

Luso-Brazilian
Fred M. Clark
Marta Peixoto
Ricardo da Silveira Lobo Sternberg

Spanish and Spanish American
Catherine Connor
Ivy A. Corfis
Frederick A. de Armas
Edward Friedman
Charles Ganelin
David T. Gies
Roberto González Echevarría
David K. Herzberger
Emily Hicks
Djelal Kadir
Amy Kaminsky
Lucille Kerr
Howard Mancing
Floyd Merrell
Alberto Moreiras
Randolph D. Pope
Elżbieta Skłodowska
Marcia Stephenson
Mario Valdés

 volume 86

LAS CIUDADES DEL DESEO

Las políticas de género, sexualidad y espacio urbano en el Caribe hispano

Elena Valdez

Purdue University Press
West Lafayette, Indiana

Copyright ©2023 by Purdue University. All rights reserved.

∞ The paper used in this book meets the minimum requirements of American National Standard for Information Sciences—Permanence of Paper for Printed Library Materials, ANSI Z39.48-1992.

Printed in the United States of America
Interior template design by Anita Noble;
Cover template design by Heidi Branham;
Cover image: "Pit of the Belly" by Colectivo Moriviví

Cataloging-in-Publication data is available at the Library of Congress
978-1-61249-816-4 (hardcover)
978-1-61249-817-1 (paperback)
978-1-61249-818-8 (epub)
978-1-61249-819-5 (epdf)

Para mis padres y Daniel

Índice

ix **Agradecimientos**

1 **Introducción**
De un pájaro las tres alas. De la ciudad letrada a la ciudad del deseo.
   3 La estética del descencanto y la ciudadanía sexual
   9 La geografía de subalternidad en las ciudades del deseo
  12 Una homopoética de relación
  16 *Las ciudades del deseo*

21 **Capítulo uno**
Revolución fue construir
  26 El letrado a la deriva
  33 Heterotopías sexualizadas
  40 Cartografías del deseo
  46 El hogar *queer* y la amistad como desarraigo compartido

57 **Capítulo dos**
Los fantasmas de Ciudad Trujillo
  62 Los vestigios del trujillato: la masculinidad hegemónica y el paternalismo
  72 La Santo Domingo posinsular: la caída de Ciudad Trujillo y la nueva flanería
  81 El gran destape de los cuerpos vulnerables
  86 Cómo reconocerse en el otro: hacia una subjetividad *queer*

95 **Capítulo tres**
El estadolibrismo trans
  98 El travestismo del macho puertorriqueño en *Conversaciones con Aurelia* de Daniel Torres
 103 El efecto travesti
 108 Cartografías *loca-lizadas* sanjuaneras
 112 Las *transloqueadas* neoyorquinas en *No quiero quedarme sola y vacía* de Ángel Lozada
 120 Las otras islas de Puerto Rico
 123 El "problema del estatus" y la ciudadanía insana

vii

Índice

129 Capítulo cuatro
   Intimidades antifundacionales
   134 Los romances cabalgantes
   142 Los romances ilusorios
   149 Los romances travestidos
157 Coda
   ¿Iguales en qué? ¿Iguales y qué?
165 Notas
187 Bibliografía
217 Índice de palabras

Agradecimientos

Este libro que tiene en sus manos le debe mucho un caudal de personas e instituciones que lo hicieron posible con su apoyo.

Quiero empezar por expresar mi agradecimiento incalculable a Ben Sifuentes-Jáuregui por su apoyo incondicional desde que emprendí los primeros pasos de ese proyecto hasta su realización, y por mucho-mucho más. Agradezco la ayuda entusiasta de Yolanda Martínez-San Miguel cuya curiosidad y generosidad intelectual siempre son mis fuentes de inspiración. Han sido sumamente valiosos el rigor crítico y la devoción profesional de Marcy Schwartz y Camilla Stevens que hicieron numerosos comentarios, observaciones y pistas en las primeras etapas del proyecto.

Agradezco a Rutgers University y Swarthmore College por las varias becas que me otorgaron y que me permitieron asistir a congresos, viajar para consultar bibliotecas y archivos y publicar partes de este libro. Del mismo modo, quiero agradecer el respaldo que recibí de NEMLA (Northeast Modern Language Assosiation) que me concedió una beca de verano para llevar a acabo mi investigación en la República Dominicana. Aprecio también el aporte académico y monetario otorgado por Christopher Newport University que proveyó fondos para subvencionar esta publicación. Decisivo también en ese sentido fue el apoyo de Laura Deiulio y Jana Adamitis que ayudaron a gestionar una generosa asignación de fondos que me permitieron cubrir la mayoría de los gastos relacionados con la preparación del manuscrito.

Quiero reconocer la generosidad de April Mayes y Kiran Jayaram que me dieron permiso para usar partes de mi ensayo publicado en Transnational Hispaniola: New Directions in Haitian and Dominican Studies. Mi agradecimiento también a las editoriales Taylor & Francis Group y Peter Lang Copyright AG que publicaron las versiones preliminares de los Capítulos 1 y 2. Mi

Introducción

gratitud al Colectivo Moriviví cuya obra "Pit of the Belly" aparece en la portada del libro.

También quisiera expresar mi agradecimiento a numerosas personas que acogieron con interés este proyecto. Gracias a los amigos y colegas del Departamento de Lenguas y Literaturas Modernas y Clásicas de Christopher Newport University, en particular a Sarah Finley, Rocío Gordon, Alonso Varo Varo y Lauren Reynolds que aportaron su entusiasmo intelectual y su dinamismo organizativo. Gracias a múltiples colegas por su respaldo intelectual y sus comentarios valiosos: Olga Sendra-Ferrer, Rachel Afi Quinn, Ivette Guzmán-Zavala, Judith Sierra-Rivera, Dixa Ramírez, Lawrence La Fountain-Stokes, Dara Goldman, Maja Horn, Marisel Moreno, Raj Chetty y muchos más. Quiero reconocer también la generosidad de Mabel Cuesta, Jonathan Montalvo y Kristina Medina-Vilariño que compartieron conmigo sus trabajos aún no publicados. Agradezco a Sharina Maillo Pozo por estar siempre dispuesta a ayudar. Doy gracias también a los excelentes lectores Mia Romano y Brian Johnson que tradujeron lo intraducible.

Gracias especiales a mi *compinche*, amiga y colega Consuelo Martínez-Reyes por las sugerencias, ideas, conversaciones, las bromas y las risas y por la profundidad de su amistad. Siempre sigo en diálogo con ella en torno a muchos temas y me gustaría que estuviera más cerca.

Muy especial es mi agradecimiento a Selma Cohen por los años de colaboración y paciencia. Su invaluable respaldo dio coherencia a este libro y contribuyó decisivamente al feliz término de su fase final.

Innumerables amigos contribuyeron moralmente al éxito del libro: Galina y Sergey Tourubarov, Yulia y Sergey Furletov, Sasha Bostick, Dana Mabrouk, Mac y Priscila Wilson, Valentina Sorbera, Sharon Larson y muchos más.

Otras profundas gracias a mis familiares. A pesar de la distancia, el apoyo y cariño de mis padres y mi hermana han sido siempre cruciales para este proyecto. *Спасибо, я вас люблю.* A mi familia dominicana, que me ha regalado una perspectiva única y me facilitó mis primeros encuentros con los lugares inapropiados del Caribe.

Por último, aunque no por ello menos importante, mi agradecimiento a Daniel que ha hecho este viaje conmigo, desde el principio hasta el fin. *Спасибо, Даня, я тебя люблю!*

Introducción

De un pájaro las tres alas. De la ciudad letrada a la ciudad del deseo.

Cuba y Puerto Rico son
las dos efímeras alas del ángel del amor.
Cuba y Puerto Rico son
dos hombres sudorosos exiliados al sol.

Invitación al polvo, Manuel Ramos Otero

Con estos versos Manuel Ramos Otero abre su *Invitación al polvo* reverberando las conocidas líneas de la poeta puertorriqueña decimonónica Lola Rodríguez de Tió, "Cuba y Puerto Rico son / de un pájaro las dos alas," sobre el nacionalismo y la hermandad anticolonial entre Cuba y Puerto Rico. Pero Ramos Otero remplaza la visión pan-caribeña de la comunidad nacional con una relación romántica y explícitamente homoerótica puesto que la imagen del pájaro como metáfora de la solidaridad a la que alude el poeta deriva del término peyorativo del habla popular que refiere a los homosexuales en la región antillana de habla hispana. En el poema, su pájaro travestido de ángel que se compone de dos hombres unidos comunica la precariedad del deseo sexual destinado a un espacio efímero y utópico, mientras que la metamorfosis de las islas en los cuerpos sexuados cuya piel sudorosa brilla bajo el sol tropical privilegia la materialidad de la experiencia *queer* iluminada por la luz del día.

Del mismo modo, a partir de la última década del siglo XX, sin dejar de ser problemáticas ni estigmatizadas, las demandas de las minorías sexuales de ser aceptadas no solamente se hacen cada vez más visibles en ciertas localidades y áreas de las ciudades o durante los desfiles del Orgullo Gay y el activismo comunitario en Cuba, Puerto Rico y la República Dominicana, sino también en la litera-

Introducción

tura de los tres países que presenta el género y la sexualidad a través de la percepción del espacio y los paisajes urbanos. Mi pregunta, entonces, es ¿cómo se condiciona el entrecruce de lo urbano, lo sexual y lo nacional? Al mismo tiempo, recordando al músico puertorriqueño Pedro Ortiz Dávila, conocido como Davilito, que canta "Son tres, son tres, las islas hermanas / Que las quiero ver, las quiero ver," también me pregunto, ¿dónde está la República Dominicana, la tercera ala de este pájaro travestido?

Las ciudades del deseo pone en diálogo las representaciones y entrecruces del género, la sexualidad, el espacio urbano y la nación en algunas obras de la narrativa contemporánea del Caribe hispanohablante insular. Para iluminar los procesos que producen los discursos de una sexualidad alternativa en el espacio urbano, *Las ciudades del deseo* propone una lectura de algunos textos narrativos de Cuba, la República Dominicana y Puerto Rico publicados entre 2000–10: *Contrabando de sombras* (2002) de Antonio José Ponte, *El hombre triángulo* (2005) de Rey Emmanuel Andújar, *La estrategia de Chochueca* (2000) de Rita Indiana Hernández, *Conversaciones con Aurelia* (2007) de Daniel Torres y *No quiero quedarme sola y vacía* (2006) de Ángel Lozada.[1] Al despuntar el tercer milenio, estos textos anticipan la emergente cultura de resistencia contra las dinámicas heteronormativas y las estructuras de poder que se está desarrollando simultáneamente en los tres países del Caribe. Partiendo de la década de 1990 como un momento de crisis de las agendas políticas, *Las ciudades del deseo* propone dar cuenta de los cambios del paisaje urbano que crean una imagen nueva de la ciudad que destruye roles de género tradicionales y produce otros saberes basados en una sexualidad alternativa, *saberes raros* que se oponen a mentalidades hegemónicas y que se manifiestan en las dimensiones cotidianas. La fragmentación de la superficie urbana que se produce en los textos abordados hace que la ciudad deje de percibirse como la ciudad letrada íntegra y que se vea como un campo de batalla y de infiltraciones de subjetividades *queer* que se leen como un síntoma del fracaso de los proyectos políticos nacionales heteronormativos promovidos por los gobiernos en Cuba, la República Dominicana y Puerto Rico. De modo similar, este libro muestra que la familia como metáfora de la nación deja de basarse en lazos de sangre, normas patriarcales y procreación biológica, incorporando, en cambio, filiaciones y prácticas sexuales alternativas que no consolidan la nación. Si en la narrativa cubana y dominicana estas filiaciones surgen de la frustración y de la desidentificación de sus limitaciones identitarias, en el caso de Puerto Rico redefinen los lazos neocoloniales con los Estados Unidos. La ambigüedad sexual retratada en los textos de Ponte (Cuba), Andújar (República Dominicana), Hernández (República Dominicana), Torres (Puerto Rico) y Lozada (Puerto Rico) no solamente evade las categorizaciones, sino que también funciona como una herramienta estratégica y política para promover nuevas agendas políticas, sociales, culturales y sexuales.

La estética del desencanto y la ciudadanía sexual

La década del 90 culmina el siglo XX en el Caribe insular con una serie de cambios políticos y una reestructuración económica que deja claro que no se han cumplido las promesas de las décadas anteriores. El colapso de la Unión Soviética en 1991 desencadena una crisis económica en Cuba que hace necesario implementar el "Período especial en tiempos de paz" que aumenta aún más las incongruencias, inconsistencias y falacias de la agenda política revolucionaria. En la República Dominicana, mientras tanto, las elecciones presidenciales de Leonel Fernández en 1996 que sucede a Joaquín Balaguer, un acólito de Rafael Trujillo y presidente del país en tres períodos (1960–62, 1966–78 y 1986–96), solamente encubren el continuismo político. También en Puerto Rico el año 1998—que marca el centenario de haberse convertido en una colonia estadounidense—revela el agotamiento del debate sobre el estado político cuando de las cinco opciones ofrecidas en el plebiscito para definir la relación política de la isla con los Estados Unidos—independencia, estadidad, estado libre asociado o libre asociación—es la quinta opción, "ningunas de las anteriores," la que obtiene la mayoría de los votos.

La literatura de finales de los 90 y los principios de 2000 que empieza a reflejar la imbricación mutua entre la sexualidad, el espacio urbano y los proyectos nacionales transforma a los personajes *queer* en portavoces que expresan el desencanto acerca de las promesas políticas y las esperanzas incumplidas. Este desencanto que caracteriza la poética de la nueva narrativa inicia el momento revisionista de los mitos y ficciones fundacionales y grandes narrativas que, por un lado, se remontan a la época colonial (blancura, mestizaje, heteropatriarcado) y, por el otro, resultan de

Introducción

distintas transformaciones experimentadas durante el período post y neocolonial. Entre ellas, se puede mencionar la revolución de 1959 en Cuba y el establecimiento del régimen socialista; la ocupación estadounidense (1916–24), la dictadura de Rafael Trujillo (1930–61) y de Joaquín Balaguer (1960–62, 1966–78, 1986–96) en la República Dominicana; la implantación del Estado Libre Asociado en Puerto Rico bajo la autoridad de Luis Muñoz Marín en 1952 y la migración y una conexión problemática con la diáspora en los tres países en la segunda mitad del siglo XX. Todas estas transformaciones se apegan a la idea de la nación y consideran a sus ciudadanos como seres sexuados que actúan según guiones normativos de ciudadanía sexual que se remontan a la época colonial y al siglo XIX (Alexander, 22; Smith 2–6 y Sheller, *Citizenship* 20–25, 275). Pero, debido a los cambios de mediados del siglo XX, las naciones caribeñas se perciben en términos masculinos epitomizadas en el "hombre nuevo," el militar heterodominicano y el hombre puertorriqueño dócil y encarnadas por Fidel Castro, Rafael Trujillo y Luis Muñoz Marín. Sin embargo, las novelas de los autores que estudio en *Las ciudades del deseo* canalizan el desencanto proveniente de una postura heteronormativa en la que insisten estos gobiernos.

El desencanto como la poética predominante de la narrativa publicada a partir de 2000 también proviene de la frustración con el liderazgo masculino que, como una manera de autopreservarse, adopta varias formas del travestismo del Estado que Abel Sierra Madero define en el campo de la sexualidad como "un conjunto de políticas y discursos encaminados a limitar la emergencia de un genuino movimiento de derechos, a través de mecanismos de asimilación y normalización" ("Del hombre"). En otras palabras, sin perder su propia legitimidad, el Estado cubano despliega políticas de tolerancia que reactualizan procesos de inclusión y exclusión para garantizar una domesticación política de la diversidad y el control de las identidades sociales. Aunque con este concepto Sierra Madero aborda el rol contradictorio del trabajo del Centro Nacional de Educación Sexual en Cuba (CENESEX) dirigido por Mariela Castro a partir de la década de los 90, me gustaría extenderlo hacia otros contextos. De esta manera, el travestismo del Estado se aplica a los finales del siglo XX cuando, sin cumplir sus promesas, la Revolución cubana de 1959—hecho que exploro en el primer capítulo analizando *Contrabando de sombras*—se convierte en un referente vacío que, al perder su significado original, se aferra al simulacro de la verdad. En el contexto sexo-turístico caribeño, al que dedico el Capítulo 4, el travestismo del Estado se codifica como lo comercial, de modo que los personajes de los trabajadores sexuales caribeños que forman parejas interraciales con los turistas actúen el espectáculo del amor. Esas relaciones sexo-afectivas van más allá de ser una simple relación entre el opresor (turista) y oprimido (trabajador sexual) dado que la circulación del afecto y la intimidad se convierte en la mercancía que los trabajadores sexuales promueven como un mecanismo de su movilidad social y nacional, lo que Cabezas y Brennan denominan "sexo táctico" y "estrategia de ascenso," respectivamente (*Economies* 182; *What's love* 154).

El travestismo del Estado igualmente transciende en la noción de masculinidad heteronormativa diseñada por la ideología política estatal y la ingeniería social como una respuesta al imperialismo estadounidense, como sucede con la imagen del "hombre nuevo" en Cuba o los heteromachos dominicanos y puertorriqueños en analizo en los Capítulos 2 y 3. La masculinidad y el machismo entendidos como travestismo insisten en actuar el guion de la hombría adscrita a cierta clase y a cierta raza. Como consecuencia, en los textos de Andújar y Torres las masculinidades terminan siendo construcciones cognitivas y discursivas que predominan en la sociedad y se basan en las nociones de promiscuidad, relaciones heterosexuales, posiciones activas, culto fálico y procreación que reafirman su prestigio (Ramírez, *What It Means* 26–63; de Moya 70–83). Así, para corresponder a la imagen de masculinidad hegemónica y militar en *El hombre triángulo*, Pedro Pérez, el personaje principal y oficial de policía, finge ser un macho heterodominicano a pesar de su fascinación por otro personaje sexualmente ambiguo. Mientras tanto, en *Conversaciones con Aurelia* los personajes machos se someten a la ideología masculina y a las normas heteronormativas de los sistemas regulatorios de la sociedad puertorriqueña a pesar de su atracción hacia las artistas trans.

En vez de leer estas experiencias como la *closetedness* (el acto de estar en el clóset, lo que Reinaldo Arenas y otros denominan como "estar tapado") que daría lugar a un *coming out* o la salida del clóset como un momento fundacional en la cultura occidental, *Las ciudades del deseo* profundiza en ambigüedades, silencios e invisibilidades que permiten ver otras categorías epistémicas o

Introducción

tropos de la espacialización además del clóset.[2] Siguiendo la misma línea del trabajo de Carlos Decena sobre la importancia de leer los silencios en los campos de la sexualidad dominicana y cubana (Decena 19–22), *Las ciudades del deseo* discierne los silencios que hablan y que suenan más fuerte que las palabras. Las novelas de los autores estudiados en este libro retratan cuerpos que hablan en silencio como contranarrativa del travestismo del Estado, mientras que su superficie se convierte en una arena privilegiada, receptiva y expresiva, para grabar las experiencias sexuales, *queer* y trans como corolario del *interembodiment*. Según Mimi Sheller, el *interembodiment* lleva diferentes cuerpos a la superficie política y social a través de sus relaciones íntimas, tanto en encuentros públicos como privados (*Citizenship* 17). Como el *interembodiment* presupone la relación de los cuerpos en movimiento, en sujeción, en lucha y acción con lo íntimo, personal y social, esos cuerpos establecen contacto con el mundo circundante que los restringe al mismo tiempo que cuestionan y socavan sus restricciones.

Por ejemplo, en *Contrabando de sombras*, las marcas en los cuerpos de los personajes homosexuales, tales como cicatrices y lunares, forman un diseño corporal lleno de significados (Grosz, *Volatile Bodies* 35–36) y vinculado con sus experiencias de sujetos sexuados en el ambiente revolucionario heteronormativo. En *Conversaciones con Aurelia* los cuerpos de los personajes trans funcionan como un espacio estratégico que reta el discurso paternalista y tuerce el eje de la colonia y la metrópoli, puesto que los cambios que suceden durante el maquillaje y las operaciones de reasignación de sexo de los personajes principales cuestionan la implementación del Estado Libre Asociado en Puerto Rico y su dependencia neocolonial de los Estados Unidos. En *El hombre triángulo* y *La estrategia de Chochueca*, intoxicados por la concepción binaria de género, los cuerpos previamente tapados de los personajes explotan en estados físicos abyectos que, al producir secreciones, disuelven las normas que los restringen (Kristeva 1–31; Douglas 35). Del mismo modo, en *No quiero quedarme sola y vacía* la fijación escatológica de la protagonista en lo repulsivo corre paralela a la exclusión de la población puertorriqueña racializada del ambiente gay blanco norteamericano.

Al mismo tiempo, estas corporalidades que gritan y explotan en silencio dejan huellas de la sobrevivencia que queda tras la aplicación de la necropolítica de los Estados travestidos. Partiendo de la idea foucaultiana del biopoder que controla la vida y la capacidad reproductiva del cuerpo humano, Achille Mbembé acuña el concepto de necropoder que refiere al poder político que acude al estado de excepción, la emergencia y la noción del enemigo ficcional como base normativa para eliminar físicamente a los enemigos ficcionales y reales, exteriores e interiores (15–23). *Las ciudades del deseo* se posiciona para explorar el vínculo entre la sexualidad alternativa y el necropoder en las obras de los cinco autores caribeños. Al perder el control de sus ciudadanos, a los que define según normas estrictas de género y sexualidad, el Estado recurre a la necropolítica para deshacer la autonomía erótica que amenaza al heteropatriarcado y al estado-nación, según las premisas de Jacqui Alexander que alude a Foucault (Alexander 22). Por lo tanto, el establecimiento de campos de concentración para homosexuales a principios de la década del 50 en la República Dominicana (Padilla, *Caribbean Pleasure* 83) y el emplazamiento de homosexuales, prostitutas y otros sujetos subversivos en los campos de trabajo de las Unidades Militares de Ayuda a la Producción (UMAP) en Cuba entre 1965 y 1968 pueden considerarse como la aplicación del necropoder, además de ser un eslabón en la homofobia institucionalizada. A principios del siglo XXI el necropoder se verifica en la impunidad de aquellos que cometen actos homo y transfóbicos, en la censura y la persecución intelectual y mediante el control y la dependencia económicos. De esta manera, en *Contrabando de sombras* la censura causa la muerte social a Vladimir, un escritor homosexual que no ha publicado ni siquiera un texto, mientras que el consumo capitalista lleva a la muerte económica, según muestra *No quiero quedarme sola y vacía* donde el personaje puertorriqueño trans no se considera un ciudadano pleno al perder su viabilidad financiera tras la bancarrota.

Como consecuencia, los personajes *queer* y trans que analizo en *Las ciudades del deseo*, por un lado, encarnan a seres abyectos que Cruz-Malavé caracteriza como "un vacío, ni lo uno ni lo otro" ("Toward" 147). Aunque están excluidos del discurso nacional y de la sociedad normativa, permanecen dentro de ella colocándose en espacios heterotópicos precarios y esquivando con esto la devastación de la necropolítica gubernamental. Por otro lado, para desafiar los mandatos heteronormativos que prescribe el Estado a sus ciudadanos sexuados, las novelas de Ponte, Andújar, Hernández, Torres y Lozada retratan a sujetos sexualmente ambiguos, o ambisexuales,

Introducción

cuyas identidades, según define Yolanda Martínez-San Miguel, "oscilan entre estas varias identificaciones sexuales sin asumir ninguna de ellas como definitoria ni definitiva para estos personajes" ("Más" 1044). En *Contrabando de sombras*, *El hombre triángulo* y *La estrategia de Chochueca* los personajes no enuncian su orientación sexual, escapando cualquier categorización. Con su ambigüedad sexual, los personajes de los cinco textos trabajados niegan los presupuestos que cimientan los discursos nacionales heteronormativos, encarnando con esto sus contradicciones y falacias.

Las obras de los autores abordados en este libro, por lo tanto, emplean la sexualidad como intervención; José Quiroga explica: "The interventions that I decode in this book [*Tropics of Desire*] do not close off desire. They are not meant to end anything by means of an act of power that produces stable categories, but rather attempt to unsettle existing categories by exposing their complicities with those regulatory systems that kill desire" (6). La sexualidad como intervención no solamente expone la complicidad de las identidades binarias con los sistemas regulatorios y socava la estabilidad de identidades asumidas, sino que también se contrapone a la normalización del deseo *queer*, como sucede con la homonormatividad que, al institucionalizar y domesticar una identidad gay según las expectativas heteronormativas (Duggan 179), ignora y excluye a aquellos que retan la monogamia o a quienes son excluidos por el sistema binario de género.

Al facilitar la desidentificación de los regímenes de lo heternormativo, la sexualidad como intervención que estudio en *Las ciudades del deseo* fomenta la ética *queer* que destaca la naturaleza "rara" del mundo y los regímenes de lo normal (Warner, *Fear* xx–xxvi; *Trouble* 38). Los personajes que analizo en los siguientes cuatro capítulos comparten, por un lado, la condición de la oposición a las normas dominantes de género y sexualidad que los suscriben a la alteridad. Por el otro, con su alteridad resisten cualquier régimen de normalización, optando por la ambigüedad, la inestabilidad y la irrepresentabilidad que cuestionan los límites de los discursos identitarios, sean políticos o sexuales. De ahí provienen los neologismos que uso en el libro para mostrar cómo los textos analizados cuestionan lo normal como una condición restrictiva: queerificación o queerificar refieren a las desviaciones de las normas o visiones socialmente aceptadas como apropiadas, al proceso transformativo de lo normativo hacia lo raro.

Este proceso de subversión de los regímenes normativos propiciado por la ética *queer* articula la ciudadanía sexual desde abajo ya que los personajes se reafirman como sujetos sexuados en un espacio urbano como corolario del *interembodiment*. Interactuando entre sí en la superficie política y social durante los encuentros íntimos, pero públicamente visibles, los personajes emplean su ciudadanía sexual a través de las prácticas intercorporales en los espacios marginales y precarios que tienen roles protagónicos en la reciente narrativa. Por lo tanto, en cada novela la ambisexualidad no solamente corresponde a la fragmentación del espacio urbano y a la indeterminación del futuro proyecto nacional, sino que también reconstruye la geografía de la subalternidad que anteriormente encubría el deseo, pero ahora lo pone al descubierto.

La geografía de subalternidad en las ciudades del deseo

Permeadas por el desencanto multigeneracional, las geografías de la subalternidad caribeñas no solamente epitomizan los fracasos de los regímenes con su política de vivienda, urbanismo y construcción, sino que producen otras maneras de moverse por la ciudad. A finales del siglo XX, en la narrativa de los cinco autores que analizo en los siguientes capítulos, La Habana, Santo Domingo y San Juan dejan de representarse como las ciudades letradas caribeñas. Su caída se materializa en la fragmentación de la superficie urbana al mismo tiempo que ésta se utiliza como el campo de batalla y de infiltraciones de subjetividades *queer*, otorgando el protagonismo a los barrios marginales como sitios de reivindicación de la ciudadanía sexual. *El hombre triángulo* y *La estrategia de Chochueca*, por ejemplo, ponen de relieve los procesos que provocan cambios en el paisaje topográfico de la ciudad trujillista y balaguerista. Al marcar un momento de la caída de Santo Domingo como ciudad trujillista homogeneizadora y moralizadora, las dos novelas reconstruyen un mapa de la capital dominicana antes desconocida, un territorio anteriormente invisible de la cultura subalterna, joven y marginal, de las drogas, las escenas de violencias callejeras y sexualidad explícita. Moviéndose en estos paseos, los personajes principales, Pérez y Silvia respectivamente, ponen en crisis la masculinidad hegemónica y su impacto tóxico y el legado falologocéntrico de los regímenes dictatoriales anteriores en la República Dominicana. En *Conversaciones con Aurelia* y *No quiero quedarme sola y vacía*

Introducción

se transforma el movimiento de flanería, que sucede ahora en los espacios cerrados de los bares nocturnos, discotecas, espacios travestidos. Los constantes traslados dentro de esos espacios, tanto en Puerto Rico como en la diáspora, recrean distintas prácticas de habitar la ciudad en los contextos isleño y diaspórico y apuntan hacia el estatus político problemático de la isla.

Además de verse como ciudades (post)modernas caribeñas dado que se caracterizan por el espacio híbrido y fragmentario (García Canclini 267–68), las capitales de las Antillas hispanohablantes contienen "un archivo de los 'peligros' de la nueva experiencia urbana y albergan la cotidianidad aún 'inclasificada' por los saberes instituidos" (Ramos 113). Las novelas que analizo en *Las ciudades del deseo* exploran distintos sitios "inclasificados" que facilitan la intervención de las voces *queer*: los cementerios, las ruinas, los bares de reputación sospechosa y las calles de barrios marginales, entre otros. Excluidos del espacio nacional y del discurso dominante, estos lugares simbolizan la existencia precaria de los personajes *queer* y trans susceptibles al necropoder del Estado. Al marginalizar las sexualidades alternativas en esos lugares, los regímenes normativos les niegan el espacio, pero en vez de borrarlas del imaginario las inscriben dentro del modelo prescrito de la nación patriarcal y heterosexista. Por esta razón, en las novelas de Ponte, Andújar, Hernández, Torres y Lozada esos sitios "inclasificados" se presentan como heterotopías que, según Foucault, son aquellos espacios que suspenden o alteran el conjunto de relaciones representados por ellos:

> There are also, and probably in every culture, in every civilization, real places, actual places, places that are designed into the very institution of society, which are sorts of actually realized utopias in which the real emplacements, all the other real emplacements that can be found within the culture are, at the same time, represented, contested, and reversed, sorts of places that are outside all places, although they are actually localizable. ("Different Spaces" 178)

En las novelas que se estudian en *Las ciudades del deseo* las heterotopías que comprenden tanto los espacios interiores como los públicos, como cementerios, bares, barcos, yuxtaponen en un solo lugar emplazamientos incompatibles entre sí, suspenden la temporalidad tradicional, tienen un sistema de inclusión/exclusión—es decir, los individuos pueden entrar o salir de un lugar heterotópico después de realizar ciertos rituales—y, finalmente, son lugares de compensación porque crean un espacio distinto de la realidad que los rodea. Ponte, Andújar, Hernández, Torres y Lozada representan las heterotopías como lugares que albergan a los individuos cuya conducta defiere de las normas requeridas por la sexualidad normativa heterosexual patriarcal.

Presentes en el mapa de la ciudad, los lugares heterotópicos están excluidos del imaginario común porque violan la conducta apropiada. Sin embargo, al ser escondites para las manifestaciones de una sexualidad alternativa, también producen corrientes contrahegemónicas que enfrentan las estructuras del necropoder con las estrategias de sobrevivencia propias de la vida cotidiana. En estas novelas, por lo tanto, los autores representan la ciudad como concepto, en la definición de Michel de Certeau, como un lugar de transformaciones y apropiaciones, objeto de distintas interferencias y donde habita un sujeto constantemente enriquecido con nuevos atributos a través de operaciones o prácticas espaciales que llevan a experimentar el espacio urbano como una pluralidad de prácticas de la vida cotidiana en el espacio vivido (92–95). Las intersecciones de las prácticas sexuales, las identidades *queer* y el espacio vivido demuestran la presencia de una territorialidad llena de códigos, silencios y negociaciones (Guerra 289–300). Así, en *Contrabando de sombras*, la novela de Ponte, la toponimia y la topografía son imprescindibles para comprender la historia de la ciudad que refleja el conflicto permanente entre el gobierno y los intelectuales que se remonta al momento de su fundación. En la novela las ruinas y cementerios a principios del siglo XXI funcionan como lugares heterotópicos que movilizan el pasado colonial, el pasado revolucionario y la nostalgia turística, al mismo tiempo que se definen como espacios que posibilitan la manifestación de las *conductas inapropiadas* y marginales de los sujetos *queer*.

Además de representar espacios fragmentarios y heterotópicos que logran incorporar la otredad o las sexualidades alternativas, la narrativa de Ponte, Andújar, Hernández, Torres y Lozada rompe con el espacio heterosexual del trópico produciendo *flâneurs* posmodernos *queer* y prácticas de flanería que se asemejan al estado de flotación. A diferencia del *flâneur* burgués benjaminiano que pasa sus horas de holgazanería en las arcadas parisinas,[3] los personajes de estos autores caribeños, por un lado, navegan sin rumbo en

Introducción

geografías de subalternidad, frecuentando lugares heterotópicos y oponiéndose al discurso de la productividad. Por el otro, al ser sujetos posmodernos, los personajes van flotando por la vida y la ciudad, incapaces de colocarse coherentemente dentro de una existencia escatológica que solo produce fragmentos, deconstruyendo las afirmaciones totalizantes como el estado-nación (Jameson 25). Como consecuencia, su vagancia y la flotación urbana como una nueva flanería reflejan el desencanto y la desidentificación de las ideologías gobernantes, movilizando la "politics of deviance" entendida como actos deliberados de no conformidad, conductas desviadas y de resistencia intencional (Cohen 30). En este contexto, la desviación de los personajes en las novelas de Ponte, Andújar, Hernández, Torres y Lozada no solamente significa la pérdida del camino dentro de la ciudad y del rumbo alegórico de los países, sino que también denota la perversión sexual como una actividad ubicada fuera del marco heteronormativo del deseo sexual. Además, la política de desviación caribeña va más allá de la emancipación del proyecto colectivo heteronacional. Como la desviación permite reformular la pertenencia nacional basada en los modos de relacionarse sexualmente, los personajes *queer* que reclaman lugares de enunciación propia dentro del espacio urbano forjan una colectividad *queer*.

Una homopoética de relación

Al desidentificarse de los discursos oficiales normativos como parte de la política de desviación, las novelas *Contrabando de sombras* de Ponte, *El hombre triángulo* de Andújar y *La estrategia de Chochueca* de Hernández disuelven la metáfora tradicional de la nación como familia heteronuclear que hace visible la existencia todavía problemática de los ciudadanos *queer*. En *Contrabando de sombras* la familia de uno de los personajes queda dividida entre la isla y la diáspora; en *La estrategia de Chochueca* la familia fragmentada de la protagonista que vive con su abuela-matriarca y un tío dócil apunta hacia la ausencia de modelos de roles de género, lo cual feminiza a los hombres y masculiniza a las mujeres; *El hombre triángulo* aniquila cualquier posibilidad de crear una familia basada en la pasión heterosexual cuando muere el único hijo del personaje principal. En lugar de sustentar la metáfora tradicional de la nación, en estos textos se entablan otras formas de filiaciones o relaciones homoafectivas que no se basan en la pertenencia nacional, sino que posibilitan otras maneras de relacionarse, otras colectividades o comunidades contranormativas.

Así, en los textos de Ponte y Hernández los sujetos *queer* entablan la amistad como un desarraigo compartido que, según Tom Roach, implica una sociabilidad guiada por la ética de la incomodidad que provoca la apertura hacia la alteridad. En otras palabras, al reconocerse como amigos, los individuos aceptan la posibilidad constante de una traición y la apertura hacia la rareza irreconciliable en el otro que forja una amistad desarraigada de una identidad fija común: "it is precisely not recognizing the self in the Other and not sharing common ground. It is instead an acknowledgement—affective, conscious, or otherwise—of an ontologically differentiated *homo-ness*, a recognition of that common-ness and singularity of finitude" (136). Al superar las categorías identitarias, la amistad como un desarraigo compartido apunta hacia la creación de una política más allá del control autoritario institucional. Por eso, al reconocer la inmanencia del necropoder, la amistad como un desarraigo compartido por los personajes de los textos de Ponte y Hernández crea una forma de relación *queer* que supera el poder regulatorio. Mientras tanto, en *Conversaciones con Aurelia* la comunidad de las artistas travestis albergada en el espacio único de un bar se asemeja a una familia travestida donde reverbera la conceptualización de la nación marica de Rubén Ríos Ávila: "Puerto Rico es de muchos modos una colonia con vocación de nación, una colonia queer por sus pretensiones nacionales o una nación queer por sus preferencias coloniales" ("Queer Nation" 1130). En la novela de Torres, pues, el conjunto artístico travestido no solamente reclama la inclusión de minorías sexuales, sino que también encarna el estado problemático de Puerto Rico.

En las obras de los cincos autores que estudio en *Las ciudades del deseo* la sexualidad y los deseos divergentes constituyen una homopoética, o una poética de intimidades alternativas, esto es, una poética de relación que se forja a base de una ética *queer* que facilita la desidentificación de los imaginarios políticos y los discursos nacionales limitantes. Las nuevas formas de relacionarse dentro de los espacios urbanos compartidos habilitan a los sujetos *queer* y trans a manifestar sus deseos de inclusión, ejercer la ciudadanía desde abajo y, aún más importante, producir una memoria y un archivo *queer* que opere como contranarrativa a la memoria y el archivo oficiales.

Introducción

Este archivo *queer* que construyen y del que forman parte las novelas abordadas en este libro se conceptualiza como un archivo cultural fundado en el trauma, en términos de Ann Chetkovich, ya que los personajes *queer* sobreviven tras el impacto destructor de la necropolítica de los regímenes homofóbicos. Los textos de Ponte, Andújar, Hernández, Torres y Lozada no solamente documentan la violencia física y simbólica, sino también la violencia epistémica, sirviendo de antídoto de las versiones oficiales que relegan al olvido la historia de la homofobia y la resistencia. En cambio, al iluminar las intersecciones de la sexualidad con la clase, la raza y el género, la reciente narrativa de estos autores se compromete con la justicia epistémica rescatando del epistemicidio al archivo *queer* y contrarrestando así su ausencia en el registro público.

Además de ser un eje temático intratextual, la homopoética de relación que pone en diálogo las obras de estos cinco autores permite ver las características estructurales comunes que se sustentan en el desencanto de las grandes narrativas. Las novelas de Ponte, Andújar, Hernández, Torres y Lozada son textos *queer* porque se desvían de las convenciones de la narración convencional y del género literario novelesco para articular otros saberes, o *saberes raros*. Las novelas que analizo en *Las ciudades del deseo* rompen el lenguaje monolítico, propio de los regímenes totalitarios, con el uso de la segunda persona singular, el lenguaje de distintas clases sociales y la reproducción de diferentes tipos de sonidos. En *El hombre triángulo*, por ejemplo, el uso de la segunda persona recuerda a la tradición oral y privilegia el modelo oral de transmitir información versus el registro escrito tradicionalmente conservador y usado por el régimen paternalista. Mientras tanto, a pesar de ser textos en prosa, *Conversaciones con Aurelia* y *No quiero quedarme sola y vacía* son también textos performativos que escapan a categorizaciones identitarias para mostrar el desencanto en torno del estado político de Puerto Rico. La novela de Torres se asemeja a una obra teatral dividida en una lista de intérpretes y tres partes, o actos, que, a su vez, se divide en capítulos dedicados a uno de los personajes. Entretanto, al integrar el inglés tradicional, el elitista y el coloquial y el español isleño y el tradicional, la novela de Lozada—escrita en español—se abre hacia la pluralidad lingüística[4] que simboliza la experiencia migratoria de la población isleña en la diáspora y alude al debate de la amenaza de contaminación cultural (La Fountain-Stokes, "Política" 143).[5] Además, el hilo conductor de la narración se interrumpe constantemente por anuncios, letras de canciones, mensajes de voz, conversaciones en salones de chat, entre otros registros. La queerificación de las voces narrativas, por lo tanto, da oportunidad a las voces *queer* de anunciar su propia perspectiva y de reafirmar el archivo *queer*.

Además de la presentación de formas de relacionarse alternativamente, la sexualidad disidente en el espacio y los rasgos textuales que caracterizan la homopoética de relación, también se vinculan a las actividades creativas y literarias de estos autores que, nacidos en Cuba, la República Dominicana y Puerto Rico, articulan la identidad cultural de sus islas respectivas desde la diáspora. A partir de 2007, el cubano Antonio José Ponte, reconocido mundialmente, reside en Madrid tras haber sido expulsado de La Unión de Escritores y Artistas de Cuba en 2003 por sus ideas contrarias al régimen socialista. Algo semejante sucede con dos autores dominicanos ya que Andújar reside en Chicago, Illinois, mientras que Hernández vuelve a la patria en 2009 después de vivir en Puerto Rico. Gracias a su obra creativa que incluye narrativa, poesía, música y *performance*, Andújar y Hernández son considerados como autores dominicanos internacionales porque difieren de los nacionales que siguen escribiendo sobre el trujillato de una manera tradicional (De Maeseneer, "Dominican Literature" 30–33). También, Daniel Torres es un catedrático en la Universidad de Ohio que visita su Puerto Rico natal para participar en congresos y talleres relacionados con la temática LGBTQ; inclusive en 2017 celebró en la isla el vigésimo aniversario de la publicación de *Conversaciones con Aurelia*. Si bien Torres cuenta con bastante visibilidad como autor *queer* en Puerto Rico, el caso de Ángel Lozada, que reside en Pittsburgh, Pennsylvania, es diferente. Lozada publica *No quiero quedarme sola y vacía* en 2006, después de más de seis años de concluida, ocho rechazos editoriales y hasta el retiro de la novela de las librerías por algún tiempo por contener, presuntamente, referencias poco elogiosas a varios académicos puertorriqueños.

Aunque todos los autores estudiados son escritores que residen o han residido fuera del espacio isleño, están arraigados en la geografía telúrica de su crianza, su educación y socialización, según muestran sus textos. Por ello, de ninguna manera, fusiono la producción caribeña isleña con la diaspórica, un peligro del que advierte Silvio Torres-Saillant, cuando escribe: "By no means, to

Introducción

treat the cultural geography of the diaspora and the tellurian geography of the physical region as one seamless space" ("Hispanic Caribbean Question" 5). Al contrario, su localización fuera de las madres-islas provee una manera de acercarse a la rareza caribeña y redefinir la insularidad como una metáfora espacial constitutiva de la homopoética. Los textos de Ponte, Andújar, Hernández, Torres y Lozada descolonizan las insularidades del pasado colonial que las inferioriza vis-à-vis los continentes. Aunque siguen apegadas al concepto de insularidad como un tropo tradicional de la caribeñidad, como el insularismo de Antonio S. Pedreira o las islas que repiten de Antonio Benítez-Rojo, las novelas que analizo en este libro no convocan dicho tropo para reconstruir el paraíso, sino que pintan un panorama social nuevo. Por un lado, esa metáfora espacial refleja el aislamiento y el estancamiento que siguen sintiendo las nuevas generaciones de escritores. Pero, por el otro, son insularidades movibles, comunicadas con la comunidad global. Al desbordarse y dispersarse, alteran las fronteras físicas y simbólicas entre raza, clase, género y sexualidad y reformulan con esto las ciudades caribeñas que, al albergar la sexualidad disidente, pueden llamarse las ciudades del deseo que estudio en los siguientes cuatro capítulos.

Las ciudades del deseo

El Capítulo 1, "Revolución fue construir," se centra en el análisis de *Contrabando de sombras* (2002) de Antonio José Ponte. La novela reproduce una imagen de La Habana en ruinas durante el "Período especial en tiempos de paz" (1990–96). Esta situación ruinosa es la herencia directa de la Revolución cubana de 1959 donde el "Período especial" coincide con una crisis económica e industrial en la que Cuba pierde la mayor parte de sus socios comerciales después del colapso de la Unión Soviética y el bloque socialista. Como en *Contrabando de sombras* el espacio urbano de La Habana, sus ruinas y cementerios simbolizan el fracaso del proyecto revolucionario, esa ruptura histórica y arquitectónica permite el surgimiento trasgresor de voces *queer*, anteriormente silenciadas. Las divagaciones de Vladimir, un escritor homosexual y el personaje principal de la novela, por estos espacios arruinados remiten a la tradición cubana de la "vagancia" al mismo tiempo que lo transforman de sujeto *queer* abyecto a un personaje central al que se le cede el rol de recuperar la memoria no oficial y el archivo *queer*. Como parte del proceso de restauración mental, las inscripciones en el cuerpo (cicatrices, manchas de nacimiento) se convierten en el significante de las experiencias homosexuales, mientras que las ruinas, al ser cicatrices en la superficie urbana, refieren a la historia de la homofobia de la época colonial en Cuba. Por lo tanto, la topografía y la toponimia habaneras de los años 90 que recrea la novela se leen como inscripciones en la superficie urbana que revelan las vidas de la población *queer* en Cuba y subrayan la división del país entre la isla y la diáspora. Además, la imagen de las ruinas se expande hacia el estado de arruinamiento en el que se encuentran la institución de la familia y la educación que, a su vez, indican el fracaso del proyecto revolucionario y nutren una amistad entendida como un desarraigo compartido entre los personajes que con esto escapan al necropoder de la homofobia institucionalizada.

Como punto de partida para estudiar el impacto duradero de las dictaduras de Trujillo (1930–61) y Balaguer en la República Dominicana, en el Capítulo 2, "Los fantasmas de Ciudad Trujillo," he elegido dos textos: *El hombre triángulo* (2005) de Rey Emmanuel Andújar y *La estrategia de Chochueca* (2000) de Rita Indiana Hernández. Publicadas una década después de las elecciones presidenciales que llevaron al poder a Leonel Fernández en 1996 y cuya presidencia se lee como la continuidad del trujillato, ambas novelas exponen a la luz el legado tóxico de la maquinaria del poder dictatorial sobre las normas de género y sexualidad al tiempo que destacan la proliferación de las prácticas sexuales *queer* en el ambiente urbano al comienzo del nuevo milenio. Así, las dos novelas retratan la caída de Santo Domingo como ciudad trujillista homogeneizadora y moralizadora; en su lugar surge una ciudad nueva donde prevalece lo fragmentario y donde se destruye la división estricta de lugares adscritos a cada género, lo que contribuye a la aparición de identidades ambiguas y de personajes principales ambisexuales. Por un lado, *El hombre triángulo* subvierte la imagen de la masculinidad hegemónica del legado trujillista que se basa en las imágenes heteropatriarcales del soldado viril, el padre, el mujeriego y el *tíguere*. Al mostrar su impacto tóxico sobre Pedro Pérez, el protagonista, la novela muestra cómo la institucionalización de la virilización proveniente de las academias militares y policiales originadas en la dictadura trujillista controla la sexualidad sin

Introducción

aceptar masculinidades alternativas a su forma hegemónica. Por el otro, en *La estrategia de Chochueca* el espacio urbano fragmentado por los procesos urbanísticos y arquitectónicos explica la dificultad de la flanería que se realiza a base de paseos en carro, divagaciones y giras sin punto determinado de llegada. Silvia, la protagonista, una *flâneuse* que remplaza al *flâneur* benjamiano, se apropia del *tigueraje*—características masculinas, su lenguaje y el comportamiento callejero—para recuperar las calles tradicionalmente vistas como un espacio masculino, reflejando con esto el desencanto generacional con la política dictatorial anterior y el estancamiento político.

Conversaciones con Aurelia (2007) de Daniel Torres y *No quiero quedarme sola y vacía* (2006) de Ángel Lozada, las novelas que estudio en el Capítulo 3, "El estadolibrismo trans," describen la experiencia puertorriqueña *queer* en un contexto isleño y diaspórico y canalizan la frustración que provoca la insistencia en heteronormas y la irresolución política. Publicadas una década después del plebiscito de 1998 sobre el estado político de Puerto Rico que cuestionó el debate del estatus de la isla, ambas novelas emplean la sexualidad de sus personajes trans como estrategia para revelar a Puerto Rico como un lugar políticamente *queer* que vacila entre las opciones políticas de independencia, estadidad, o asociación libre. La ambigüedad sexual y corporal de los personajes trans simboliza entonces la ambigüedad política de la isla. En la novela de Torres, a principios del siglo XXI, la docilidad puertorriqueña colectiva—un concepto acuñado por René Marqués en los años 60—consiste en la sumisión de los personajes machos a las normas heterosexuales que inevitablemente los hacen actuar la masculinidad normativa, presentada como una conducta exagerada que duplica el travestismo. Con el propósito de mostrar su naturaleza performativa originada en la sociedad excluyente homofóbica, los personajes trans emplean la política de jaibería—entendida como prácticas de no confrontación y de evasión (Grosfoguel, Negrón-Muntaner y Georas 28–30)—que invierte las relaciones de poder y les permite manipular a los personajes masculinos al involucrarlos en triángulos amorosos en el espacio travestido de un bar que estos frecuentan. La novela de Lozada remite a la poesía de Manuel Ramos Otero, una figura icónica para la presentación de temas tales como la homosexualidad, el SIDA y la relación con lo nacional. *No quiero quedarme sola y vacía* relata la experiencia puertorriqueña *queer* cuando la Loca, el personaje principal, excluida de la isla, tampoco puede inscribirse dentro de la comunidad LGBTQ estadounidense en Nueva York por ser un sujeto colonial y racializado. Esquivando cualquier identificación sexual, la Loca apunta hacia la irresolución política de la isla. Por eso la analidad, el cuerpo trans y la amenaza del contagio del SIDA son las tretas del débil con las que la Loca desafía los lazos neocoloniales entre Puerto Rico, los Estados Unidos y la diáspora.

La década de los 90 inicia la reestructuración económica y el crecimiento de la industria turística en el Caribe que aparece en todos los textos analizados en *Las ciudades del deseo*. "Intimidades antifundacionales," el cuarto capítulo, por lo tanto, retoma el análisis de algunas de las novelas ya analizadas en capítulos anteriores para abordar la problemática del turismo sexual que funciona como escenario para la reinscripción de los romances nacionales fundacionales, inicialmente descritos por Doris Sommer como una pasión heterosexual en una pareja interracial del siglo XIX. Si antes las historias de amor decimonónicas fomentaban la consolidación racial como una vía a la consolidación nacional, a principios del tercer milenio se usa la atracción sexual por el otro racializado para recrear una ilusión del romance nacional. Las obras que se estudian en este capítulo retratan a trabajadores sexuales con identidades sexualmente fluidas—conocidos como *sanky-pankies* y jineteras. Motivados por su propio beneficio financiero entran en relaciones hetero y homosexuales, las últimas muy estigmatizadas en el Caribe, perpetuando las vías de la dependencia económica y estimulando la migración basada en las relaciones sexo-afectivas. Al mismo tiempo, nuevos romances transnacionales incorporan la raza y la homosexualidad anteriormente excluidas de los proyectos homogeneizadores nacionales, reproduciendo y redefiniendo los estereotipos raciales y sexuales para resistir las influencias neoliberales. En *Contrabando de sombras* la atracción de un turista libanés por una mulata joven simboliza la entrada de Cuba en el orden capitalista rechazado anteriormente por el proyecto revolucionario; en *La estrategia de Chochueca* la presencia del *sanky-panky* marca un cambio en los roles de género, puesto que al ser hombre y trabajador sexual el *sanky-panky* empieza a hacer un trabajo que tradicionalmente se adscribe a las mujeres y con esto problematiza la representación de la masculinidad hegemónica; en *Conversaciones con Aurelia* el matrimonio entre un trabajador

Introducción

sexual puertorriqueño y un turista norteamericano se convierte en una metáfora que reafirma el estado neocolonial de Puerto Rico. Estas similitudes y diferencias me permiten examinar la reescritura de las ficciones fundacionales que a principios del siglo XXI remplazan la idea de la consolidación nacional con la de la fluidez y la disolución de las fronteras e identidades.

Bajo el sol caliente en las ciudades del Caribe, la precariedad del deseo homoerótico se evapora, concretizando el goce homoerótico del pájaro travestido que abre sus tres alas en deleite. La rareza de esa mascota caribeña materializa los *saberes raros* que sexualizan la política y politizan la sexualidad que *Las ciudades del deseo* explora.

Capítulo uno

Revolución fue construir

… siempre hemos tenido fe en los intersticios, en aquello que se cuela secretamente por las rendijas …

Hacernos visible [sic] a través de un espacio tan altamente significativo como el de una habitación en la que convivir en un país donde es casi imposible no compartir la intimidad con familiares, vecinos y compañeros de trabajo porque las clásicas fronteras entre espacio privado y espacio público han sido fuertemente dinamitadas

"Otras isleñas en Lesbos," Mabel Cuesta

Una caja de fósforos entreabierta y dispuesta verticalmente recuerda un edificio cuyos pedazos están flotando en el aire; en el centro de la cubierta se lee "revolución fue construir." La imagen pertenece a *Revolución es construir* (2014), cuadro al óleo del artista cubano René Francisco. Como el título de la obra, la inscripción en la cubierta proviene de la frase del ya fallecido Fidel Castro que aparece en lo más alto del edificio que alberga el Ministerio de la Construcción de Cuba. Pero la inscripción que asegura desde hace una treintena de años que "Revolución es construir" contrasta drásticamente con la realidad circundante. Las mejores instalaciones del país cuentan ya con más de medio siglo, mientras que nuevas construcciones se han paralizado y La Habana misma, que ha crecido poco después del triunfo de la revolución de 1959, se cae a pedazos. Además, el éxodo de arquitectos en los años 60 y la falta de materiales agravada por el embargo desaceleraron las construcciones convirtiendo la política habitacional en un área poco exitosa de la revolución.[1] Esta situación se agudiza aún más durante la década

Capítulo uno

de 1990 cuando Cuba entra en el "Período Especial en Tiempos de Paz" (1991) causado por el colapso de la Unión Soviética en 1991 y la subsiguiente destrucción del bloque socialista que desencadena en la isla una severa crisis económica, industrial e ideológica.[2]

El arruinamiento, el derrumbe y el mantenimiento deficiente de edificios durante los años 90 profundizan la reducción de la vivienda, ya escasa, debido a la inadecuada distribución de domicilios en los años anteriores a la crisis. Esta situación perpetúa las desigualdades de raza, pobreza y de género, priorizando la asignación de viviendas a las parejas heterosexuales (Hamilton 220–25). Como consecuencia, las dificultades de tener un lugar propio para relaciones íntimas entre la población LGBTQ se convierte, por un lado, en un motivo principal de la emigración (Hamilton 218). Por el otro, como bien acierta Mabel Cuesta en el epígrafe a este capítulo, la falta de un espacio propio diluye las fronteras ya contestatarias entre lo público y privado. Como la sexualidad disidente ya ocupa un lugar ambivalente en la sociedad cubana, los intentos de confinarla a un espacio privado resultan contradictorios debido a la hipervisibilidad en el ámbito nacional e internacional que le dio la agenda homofóbica del gobierno revolucionario (Quiroga, "Homosexualities" 135–36). Si bien tener un espacio propio se considera un privilegio en las condiciones precarias del Período Especial, reclamar el derecho a tenerlo termina siendo un acto político que permite ejercer la ciudadanía sexual dentro del espacio nacional. Por lo tanto, "aquello" a lo que refiere Cuesta ya no se cuela por las rendijas, secretamente, sino que se manifiesta abierta y públicamente. Este es el trasfondo histórico en que se desarrolla *Contrabando de sombras* (2002) de Antonio José Ponte. La novela presenta el Período Especial como una ruptura lacerante por la que se evaporan tanto la cosmología de la Revolución cubana como las promesas que motivaron las primeras décadas de la Revolución de 1959.[3]

En *Contrabando de sombras* el personaje principal es un escritor homosexual que se mueve por la superficie urbana de La Habana con sus ruinas y cementerios de los años 90 que simbolizan el fracaso de la Revolución cubana de 1959. Pero sus traslados por espacios heterotópicos y sexualizados se convierten en una manera nueva de narrar el presente del país y permiten la infiltración del nuevo sujeto *queer* en la nación al mismo tiempo que él va descubriendo la larga historia de la homofobia en Cuba. Las ruinas habaneras, como una marca multidimensional, combinan la reificación del fracaso del mito revolucionario y la nostalgia evocada por el glorioso pasado cubano y se extienden hacia las ruinas simbólicas representadas por las instituciones educativas y familiares. Tras transformarse la familia heteropatriarcal, se forman comunidades alternativas que incorporan al nuevo sujeto cubano nacional que corresponde a una persona *queer* representada por el personaje principal de la novela. Al mismo tiempo, al representar rupturas históricas y arquitectónicas y provocando la búsqueda de una realidad alternativa, esos espacios generan y canalizan las divagaciones de los personajes que rescatan la memoria rota y reconstruyen la historia extraoficial de la homosexualidad en Cuba.

Aunque fue publicada en 2002, poco antes del fin del Período Especial, los eventos en el texto ocurren entre 1991 y 2002. En cuatro capítulos, la novela retrata a Vladimir, un escritor homosexual que nunca ha publicado ni siquiera un texto y que, para ganarse la vida, trabaja con un fotógrafo libanés que llega a Cuba para retratar sus ruinas arquitectónicas. *Contrabando de sombras* se abre con una conversación entre Vladimir, Susan, una amiga suya que perdió a su hijo mayor y ahora vive cerca del cementerio, y Renán, también homosexual, que les cuenta sobre sus aventuras amorosas en un cementerio con un joven dibujante y que muere misteriosamente al día siguiente. Al regresar al cementerio varios días después del funeral de Renán para una sesión fotográfica, Vladimir conoce a César, un joven homosexual que intentó, sin suerte, emigrar de la isla y que ahora frecuenta el mismo cementerio escondiéndose en el panteón familiar. Además, César se parece a Miranda, un muchacho con quien Vladimir tenía relaciones en el internado en que ambos estudiaban. Al ser descubiertos por los maestros, Vladimir niega su atracción hacia Miranda y lo denuncia por ser homosexual, tras lo cual Miranda muere bajo circunstancias misteriosas y Vladimir se siente culpable de su muerte. Atraído por César, Vladimir sigue regresando al cementerio en busca del muchacho. En uno de esos paseos, Vladimir conoce a Criatura, un viejo homosexual que se convierte en su guía espiritual hacia la liberación sexual y al descubrimiento de la larga historia de la homofobia cubana. Este encuentro con Criatura provoca en Vladimir un sueño recurrente en el que en la Cuba colonial los hombres afeminados son llevados en un barco a un islote llamado Cayo Puto donde son ejecutados en la hoguera.

Capítulo uno

El cambio del "es" en el título de la obra—que coincide con el eslogan revolucionario—al "fue" que se lee en la fachada del edificio reproducida en la pintura de René Francisco subraya una frustración que no es exclusiva de la política de la vivienda sino también de múltiples intentos fallidos de crear una sociedad revolucionaria en Cuba. Con el colapso del sistema socialista crece la desconfianza y se pierden los referentes tradicionales revolucionarios, creando el vacío y la deriva existencial (Casamayor-Cisneros, *Utopía* 16). Pero el desencanto y otros sentimientos de la misma índole que dominan en el Período Especial empiezan a sentirse a partir de las primeras décadas de la Revolución.[4] Sin embargo solo luego de varias décadas, el 19 de abril de 1986, el gobierno cubano lanza "el proceso de rectificación de errores y tendencias negativas" que revisa y enmienda los llamados errores de la Revolución. El abandono de las políticas represivas del pasado resulta en la tolerancia hacia perspectivas políticas distintas de la oficial y oficializa la apertura hacia la disidencia sexual que da lugar a la celebración de autores previamente silenciados, la incorporación de personajes y temáticas *queer* y trans en las artes y permite avances relativos y contradictorios del Centro Nacional para la Educación Sexual (CENESEX).[5]

En las letras cubanas de los años 90, ejemplificadas por la generación de los "novísimos" a los que, puede afirmarse, pertenece Ponte, se eliminan las restricciones sociales y culturales de los años anteriores y se emprende la exploración de temas previamente considerados tabú a través de personajes que pertenecen a las minorías sexuales.[6] Como consecuencia, siguiendo la estética del desencanto, la literatura cubana traza una geografía de subalternidad que relega espacios, sujetos y prácticas humanas al margen de la ley y la sociedad que contradicen la Revolución cubana (Puñales-Alpizar, "La Habana de Antonio José Ponte" 49). Así, con el Período Especial a punto de estallar, en 1988 se publican dos textos importantes para la representación de la homosexualidad en las letras cubanas puesto que sus autores, como argumenta Víctor Fowler Calzada, revelan "una aproximación a la sexualidad de la que están ausentes muchos de los prejuicios de quienes les preceden" (*Maldición* 143). El primero es un poema, "Vestido de novia" de un cuaderno de Norge Espinosa Mendoza titulado *Las pequeñas tribulaciones*, que recibe el premio "Caimán Barbudo"; el segundo, un cuento, "¿Por qué llora Leslie Caron?" de Roberto

Urías Hernández. A partir de este año la literatura homoerótica se divide en dos campos: en el primero, el personaje homosexual opera como una metáfora de la historia e impugna el proyecto revolucionario cubano; el segundo campo se basa en el momento de su "salida del clóset" pública y el reconocimiento de su identidad sexual (Fowler Calzada, *Maldición* 144).

En *Contrabando de sombras* coinciden los dos campos cuando el personaje principal, Vladimir, enfrenta su orientación sexual problemática y apunta hacia el fracaso del proyecto social revolucionario de la nación cubana. Pero el desencanto como distintivo del Período Especial se articula en la metáfora de la muerte que, por un lado, se traduce en la pérdida de amor e ilusiones, la muerte física de los amigos del personaje principal, sus paseos por la necrópolis y la muerte simbólica de la Revolución. El desencanto también condiciona los movimientos de Vladimir por el espacio urbano caótico que ejemplifican la falta de un lugar propio y aluden a la crisis de la vivienda y a la crisis ideológica del Período Especial que, a su vez, manda a la nación cubana a la deriva. Por otro lado, la novela se diferencia de los textos de los novísimos que recrean la geografía de la subalternidad porque Vladimir, un intelectual homosexual, no es solamente una figura emblemática de la crisis, sino que también combate el olvido histórico y literario de la homosexualidad en la Cuba postsoviética. Si bien la literatura del Período Especial combina un mundo sin memoria que evita el doloroso pasado (en este caso, homofóbico) con un mundo del olvido orientado a dejar de lado los rencores (Casamayor-Cisneros, *Utopía* 63), el texto de Ponte reelabora un mundo con memoria y sin olvido. Por esta razón, la novela devuelve del silencio a importantes escritores excluidos del canon literario impuesto por el régimen revolucionario. A través de múltiples referencias, paralelos y alusiones, la novela de Ponte dialoga con las obras de Arenas, Piñera, Lezama Lima y Montenegro, protestando en contra de su reapropiación y "normativización" por el régimen cubano durante el proceso de la rectificación como una forma sutil de imponer el control.[7]

Además, a pesar de la apertura y el discurso de tolerancia en las décadas de 1980 y 1990, no existe una memoria colectiva que permita construir una contranarrativa a la oficial sobre la homosexualidad.[8] Las décadas de 1960 y 1970, las de la mayor persecución de los homosexuales y abominadas, por ejemplo, en las obras

Capítulo uno

de Reinaldo Arenas y el documental *Conducta Impropia* (1984), pertenecen a la memoria fracturada para aquellos que han crecido en el Período Especial (Hamilton 144–45).[9] La recuperación de esta memoria en la novela de Ponte se convierte en la manera de enfrentar el resquebrajamiento de la cosmología revolucionaria. Dentro del caos postsoviético los sujetos literarios están en la búsqueda de una escatología posible que justifique su existencia y que se adquiere a través de los paseos por la ciudad caótica y de los modelos alternativos familiares y la amistad homoafectiva. Partiendo de esas premisas, me gustaría ofrecer mi lectura de la novela como un "viaje a la semilla," es decir, un viaje hacia y una recuperación del doloroso pasado. En este contexto, la desviación de Vladimir no solamente se entiende como la pérdida del camino en la ciudad, el fortalecimiento de la sexualidad disidente, sino también como la emancipación del proyecto colectivo revolucionario. Resulta que, parafraseando el título del famoso libro de Lourdes Casal, *Palabras juntan revolución*, en *Contrabando de sombras* la desviación desjunta revolución. La figura del letrado cubano emana de la desidentificación del modelo utópico cubano del hombre nuevo y de un intelectual militante en la defensa del bastión literario y nacional.

El letrado a la deriva

En *Contrabando de sombras* Vladimir pertenece a la primera generación de artistas e intelectuales formada por la Revolución según sus moldes utópicos: el intelectual revolucionario y el hombre nuevo. El primer modelo se origina después del triunfo de la Revolución cubana que ve en la literatura su bastión político e ideológico. Durante su discurso "Palabras a los intelectuales" del 30 de junio de 1961 Fidel Castro pronuncia la famosa frase "Dentro de la Revolución, todo; fuera de la Revolución, nada." Este hito marcó la desconfianza de los artistas por el régimen y el fin de la libertad de expresión para los intelectuales cubanos que tenían una actitud crítica sobre la revolución, como, por ejemplo, sucede en el caso Padilla.[10] A partir ese momento, como señala Rafael Rojas, el escritor es un eco de la voz revolucionaria colectiva según la cual se ajustan las necesidades creativas personales (*Isla* 195). El segundo molde, el del hombre nuevo, conceptualizado por Ernesto "Che" Guevara en "El socialismo y el hombre en Cuba" (1965), es un modelo de la identidad ideal revolucionaria que promovía los cambios radicales implementados por el régimen castrista. De acuerdo a Guevara, el hombre estará definido por la solidaridad, el bien común y el trabajo voluntario complaciente, que no es visto como un sacrificio (7–17). Inspirado por el espíritu revolucionario, el hombre nuevo orientado hacia las mejoras sociales actúa con una mente fría y calculadora para eliminar las fallas de generaciones anteriores. Con el tiempo, la imagen del hombre nuevo empezó a promover la supremacía masculina (la importancia de las figuras paternas y los maestros) en el proceso educativo de la juventud socialista.

Sin embargo, en la novela de Ponte, a pesar de que Vladimir pertenece a la primera generación postrevolucionaria de jóvenes que estudian en un internado cuya misión es fortalecer la imagen del hombre nuevo, él se desvía del camino de convertirse en un hombre guevariano. Desde joven, se opone al poder constructivo de revoluciones utópicas escribiendo junto con sus compañeros una carta de contenido político subversivo. Con esto Vladimir muestra su postura individual y se niega a participar en la legitimación nacional sobre la que escribe Rojas. Como consecuencia, estas acciones causan su expulsión de la universidad y la imposibilidad de publicar su obra. En algún momento Vladimir reflexiona: "Las conversaciones resultaban constructivas, las asociaciones estaban en crecimiento … ¿hacia dónde iba todo? Los de la asociación de jóvenes escritores deseaban que él se les sumara, que mostrara lo que escribía" (53). Vladimir no quiso participar en esa construcción ya que nunca se unió a la asociación de escritores jóvenes para que publicaran sus libros.[11] Por eso Vladimir nunca encarna a Calibán que, en el contexto cubano, simboliza un intelectual emancipado, insurgente y revolucionario similar al hombre nuevo según lo conceptualiza Roberto Fernández Retamar en su famoso ensayo "Calibán." Tampoco encarna la supremacía masculina como parte esencial de la imagen del hombre nuevo. Desidentificándose de la masculinidad hegemónica militante del hombre nuevo, Vladimir actúa una masculinidad subalterna que le permite pasar como un hombre heterosexual. Por ejemplo, durante el entierro de Renán, Vladimir es el único amigo "masculino" cuya presencia es autorizada por la familia de Renán puesto que junto con Susan "podían pasar como un matrimonio" (13). Aunque la *performance* masculina no es el enfoque principal en la novela, como lo es en los textos de Rey Andújar y Daniel Torres

Capítulo uno

que analizaré en los capítulos 2 y 3, esa conducta performativa insinúa la emergente crisis de la masculinidad como epítome de la crisis del poder, como la describe Cuesta en 2004: "junto a la crisis del poder, se instaura, con pausa, una crisis de la masculinidad."

Resulta, pues, que el personaje de Vladimir ejemplifica la trasformación del intelectual orgánico de los 60 y 70 en su apóstata y antihéroe en los 90.[12] Como afirma Hernández Salván, el hombre nuevo guevariano en sí ya es una utopía que se pierde con el colapso del socialismo:

> What was the fantasy that future generations would inherit, then? For them, utopia was an undefined and unattainable object of desire for which they nonetheless had to fight. Moreover, the New Man's Guevarian tropology had actually replaced utopia (an object or a place) with a subject (the revolutionary New Man). The symbolic loss of that object, which resulted from the end of socialism was indeed the loss of the subject himself. (7)

Siguiendo esa lógica, Vladimir encarna la pérdida de la utopía inalcanzable personificada en la imagen del hombre nuevo por la que lucharon las generaciones anteriores. Como la imposibilidad de encarnar esa utopía se hace visible en el Período Especial, la novela de Ponte sugiere que en vez de ella surge un nuevo tipo de personaje: un hombre homosexual que se ve como abyecto. Parafraseando a Cruz-Malavé, Vladimir, como el sujeto nacional abyecto, es incapaz de superar el vacío creado por la pérdida de una utopía y, paradójicamente, la empieza a encarnar.[13]

Despojado del heroísmo, el sacrificio y la solidaridad del hombre nuevo guevariano y de la actitud militante de los intelectuales, Vladimir se retrata como un sujeto posmoderno que padece un estado de ingravidez ética que, a su vez, determina la trayectoria de sus traslados por La Habana. Casamayor-Cisneros afirma que la ingravidez resulta de la incertidumbre postsoviética cuando el sujeto cubano siente indiferencia ante la Historia, es incapaz de organizar escatológicamente su existencia que se rompe en pedazos y cuestiona las afirmaciones totalizadoras como el estado-nación (*Utopía* 22–25). En otras palabras, sin abrazar la cosmología revolucionaria desde su juventud, Vladimir desconfía de la ideología y va flotando por la vida y la ciudad, sin dirección.

El mismo estado de flotación le concede a Vladimir las funciones de un *flâneur* posmoderno. A diferencia del *flâneur* benjaminiano, un habitante burgués urbano que holgazanea en las calles de Paris, Vladimir frecuenta lugares heterotópicos. Sus caminatas, que tienen que ver con el contexto histórico del Período Especial cuando simplemente no había empleo, aluden a la larga tradición contra la vagancia en Cuba contrapuesta al discurso de la lucha y la productividad. Por un lado, el tema de la vagancia remite al ensayo decimonónico *Memoria sobre la vagancia en Cuba* (1831) de José Antonio Saco que la describe como una enfermedad moral (7). Sin embargo, si, según Saco, es responsabilidad del gobierno combatir el problema (11), el gobierno castrista no es capaz de crear nuevos puestos de trabajo debido a las severas condiciones económicas que atraviesa el país, lo cual, a su vez, produce una economía ilícita en la que Vladimir se involucra.

Por otro lado, las caminatas de Vladimir canalizan una crítica oculta de la Ley contra la vagancia (Ley 1231) adoptada en 1971—anunciado como el año de productividad—para imponer penas criminales por desempleo por un tiempo prolongado.[14] En la década de 90, con esa ley se controla a los jóvenes desocupados, vistos como peligrosos y antisociales debido a que no trabajan ni han entrado a la universidad o al ejército. Por esta razón, desde la perspectiva de los compromisos con el Estado socialista, Vladimir fracasa no solamente porque le falta la disposición militar del intelectual y del "hombre nuevo," sino también la de un ciudadano de bien, productivo y reputado. Sin embargo, propongo ver en este fracaso una manifestación de resistencia, de no asimilación o desidentificación del poder. Como argumenta Jack Halberstam, el arte *queer* del fracaso es una forma de rechazo que deshace o interrumpe con la pasividad, el guion prescrito del éxito en una sociedad heteronormativa (*Queer Art* 87–89). Cuestionando la narrativa compulsiva del éxito, el fracaso se convierte en una forma creativa, y a la vez política, eficaz para combatir la lógica del poder. A través del fracaso y la supresión de las pautas sociales postsoviéticas, Vladimir escapa a la imposición estatal de la productividad sobre los ciudadanos, amparándose en lo que Guillermina De Ferrari llama "the liberation of literary conscience" (*Community* 22) que en el Período Especial refería a la publicación de los textos fuera de Cuba para obtener ganancia personal y fama internacional. En el caso de Vladimir, el nuevo "vago" no está impulsado solo por el placer de la holgazanería, sino que es un cuentapropista que trabaja con el fotógrafo libanés escribiendo comentarios para sus fotografías.

Capítulo uno

Ahora bien, siendo una completa antítesis del hombre nuevo, Vladimir tampoco forma parte de la oposición, asemejándose a un *homo sacer*. Según Giorgio Agamben, el *homo sacer*, una figura del derecho romano, es un individuo que está excluido y a la vez incluido dentro de la ley. Al cometer un crimen, este individuo, cuyos derechos han sido revocados, está proscrito de la sociedad que puede deshacerse de él sin ser vista como asesina. Al mismo tiempo, el *homo sacer*, cuya vida se considera como sagrada, no puede ser sacrificado en un ritual (71–83). Para el sistema socialista cubano, el crimen de Vladimir consiste en su orientación y preferencia homosexual. Aunque es tolerado por el gobierno gracias al proceso de la rectificación de errores, tampoco dispone de todos sus derechos, lo cual lo hace susceptible a que se aplique la ley y se lo margine de la sociedad. Como resultado, Vladimir termina no siendo un revolucionario, ni tampoco rectificado. Su existencia, fuera y a la vez dentro de las leyes, se reduce a su vagabundeo por la ciudad de La Habana que refleja el ambiente de la época y la atmósfera de la pérdida del rumbo del país reflejada, como mostraré más delante, en la fragmentación del pasaje urbano.

El hecho de ser un *homo sacer-flâneur* posmoderno flotante cambia la trayectoria de sus paseos por La Habana pontiana, ordenada por una red simbólica que Ángel Rama describe en *La ciudad letrada*:

> Las ciudades despliegan suntuosamente un lenguaje mediante dos redes diferentes y superpuestas: la física que el visitante común recorre hasta perderse en su multiplicidad y fragmentación, y la simbólica que la ordena y la interpreta aunque sólo para aquellos espíritus afines capaces de leer como significaciones lo que no son nada más que significantes sensibles para los demás, y merced a esa lectura reconstruir su orden. Hay un laberinto de las calles y un laberinto de los signos que solo la inteligencia razonante puede descifrar, encontrando su orden. (40)

De esta manera, el laberinto de las calles sobre el que escribe Rama incorpora el laberinto de signos creados por los cambios políticos y reflejados en el diseño de la ciudad y más específicamente, en los cambios de los nombres de las calles en el texto de Ponte. Por ejemplo, en Cayo Hueso las calles aparecen bajo sus nombres pre-revolucionarios: "En el cruce de *Reina con Belascoaín*, donde la avenida cambiaba su nombre de mujer por uno masculino y la reina se convertía en *Carlos Tercero*, el semáforo funcionaba para un tráfico que no existía" (Ponte 19; énfasis mío). Ahora bien, el Paseo de la Reina fue renombrado como Avenida de Bolívar, mientras que la avenida de Carlos III, también conocida como el Paseo de Tacón fue renombrada en honor de Salvador Allende bajo el régimen castrista (Scarpaci, Segre y Coyula 33). A pesar de que los mapas actuales de la capital cubana no reflejan esos cambios de género tal como los presenta Ponte, irónicamente añaden un subtexto homoerótico al paisaje urbano. Dado que la calle Belascoaín (o Carlos III) hoy en día es la Salvador Allende y que la Reina es la Avenida de Bolívar, resulta que Bolívar se transforma en Allende. Si antes de 1959 La Habana fue una ciudad letrada, con la Revolución llegó el fin de la uniformidad de su paisaje urbano y su integridad conceptual. Y aunque Vladimir a menudo anda perdido, el rol de encontrar el orden en el laberinto de signos—que antes cumplía la inteligencia razonante—, en la novela de Ponte, pertenece a un personaje anteriormente excluido del proyecto nacional. Las caminatas de un transeúnte intelectual *queer* recrean el palimpsesto habanero que permite desideologizar La Habana como una ciudad revolucionaria y politizada, parafraseando a Ángel Rama (86).

Al mismo tiempo, los traslados de los personajes principales transforman la retórica del paseo en una ciudad finisecular en la que el objetivo del discurrir es ordenar el caos de espacios (y acontecimientos) desarticulados y fragmentados (J. Ramos 126). Si el ambiente de pérdida, angustia y desencanto imposibilitan dar una interpretación razonable de la realidad del Período Especial, dicho ambiente provoca una fuga del personaje principal y el constante cruce de fronteras, lugares de encuentro, breves paradas y una falta común del sentido de pertenencia a un lugar. Por lo tanto, en sus paseos por la ciudad, tanto Vladimir como César se parecen a los vagabundos. Vladimir siempre lleva encima la mochila con todas sus pertenencias y se aloja en el panteón, en el apartamento de Susan o en el suyo, mientras que César siempre anda de paso. En su análisis de la novela de Ponte, José Javier Maristany ofrece la idea del pasaje que canaliza los movimientos espaciales en el texto, explicando que hay muchas "zonas de contacto, espacios fronterizos, murallas, huecos, puertas, líneas que separan espacios y dan otras dimensiones" (137). Por ejemplo, en el cementerio, Vladimir se topa con tres sepultureros que revisan sus pertenencias en el

Capítulo uno

cruce de los dos caminos principales. Cuando ellos le preguntan si él entra o sale, Vladimir contesta, "Atravieso" (102). También, cuando Vladimir y Criatura son detenidos en el cementerio y llevados a la estación de la policía, el narrador indica que "ninguno tenía idea de por dónde atravesaban" (113).

En el contexto más amplio de la narrativa de los 90 y principios del siglo XXI esa idea de atravesar o cruzar es lo que caracteriza el espacio urbano, conforme a Leonardo Padura: "[es] un verdadero campo minado en el cual se sobrevive más que se vive, por el cual se transita, más que se crea, y del cual muchas veces se huye, hacia un exilio marcado por la imposibilidad del regreso" (48–49). En *Contrabando de sombras* los cruces de diferentes personajes entre unos y otros espacios también producen en Vladimir un estado emocional similar a la enajenación y se asemejan a las circunstancias del exilio que se convierte en una condición y práctica sostenida de la cultura cubana a partir de 1959 (Rojas, *Tumbas* 24). Pero es más preciso llamar su insilio (el exilio dentro de Cuba) como sexilio ya que está desterrado en su país por sus preferencias sexuales. La imposibilidad, tanto de Vladimir como de César, de conjugar la disidencia sexual y la afiliación nacional, resuena en el famoso eslogan revolucionario "Patria o muerte, Venceremos" enfocado en el sacrificio para mantener la patria independiente de los poderes imperialistas. Estos personajes no aceptan la patria con su sistema socialista represivo de control y discriminación y, al mismo tiempo, no pueden renunciar a ella abandonando la isla. Al encontrarse en el sexilio, en el cementerio, César y Vladimir se colocan como los sujetos simbólicamente "muertos," lo cual corresponde a la poética de la muerte particular del Período Especial. De ahí que el nombre de César es un homónimo del verbo *cesar* o acabarse que sugiere el rechazo de la reconciliación y conformismo con la realidad circundante. A su vez, Vladimir simboliza un fantasma de lo muerto que persigue el presente de Cuba, porque su nombre alude a Vladimir Ilyich Lenin, cuyo cadáver colocado en el mausoleo en el centro de la Plaza Roja en Moscú sigue siendo una prueba vigente del pasado.[15]

Como consecuencia, los sexilios de Vladimir y César son diferentes porque representan dos tipos distintos del desencanto que sale a la luz en el Período Especial. Si al crecer justamente después del triunfo de la revolución Vladimir fue testigo de su estasis inicial y la frustración subsiguiente, César solamente observa la desilusión y las promesas fallidas. Según el instructor policial que habla con César, la calle es similar a una prisión (Ponte 96) y, por extensión, también lo es la isla entera. Por eso César, repetidamente, trata de emigrar de la isla como balsero, mientras que Vladimir nunca intenta abandonarla. Si César prefiere la muerte antes que la patria, Vladimir navega entre las dos. Por esta razón, en su condición coinciden dos sexilios: el insilio basado en su sexualidad y una negociación del espacio insular.[16] Al abandonar su propio apartamento para frecuentar el cementerio y otros lugares, Vladimir no se queda en ningún lugar y está en todos a la vez, lo cual resulta ser una alternativa de lo que Sierra Madero llama un "habitus homofóbico" (*Del otro lado* 243) aplicando la idea de Pierre Bourdieu al contexto cubano. En la novela,—aunque en el cementerio Vladimir es guiado a menudo por César quien está consignado principalmente a dos lugares, el cementerio/el panteón—es Vladimir quien conoce bien las calles habaneras y recorre todos los espacios. Por eso, a este *homo sacer* corresponden los espacios heterotópicos que le ayudan a tener un espacio íntimo autónomo y, con esto, recuperar la memoria rota por la homofobia institucionalizada.

Heterotopías sexualizadas

Los constantes traslados de Vladimir por distintos lugares habaneros siguen la lógica de la metodología de búsqueda de quien revuelve en la basura para recoger objetos que otros han descartado. Gayatri Gopinath la describe como "a kind of scavenger methodology that finds evidence of queer ... lives and cultures, and the oppositional strategies they enact, in the most unlikely of places" (22). Al mismo tiempo, la superficie urbana de La Habana con sus ruinas y cementerios simboliza, en los años 90, el vacío del mito revolucionario y el fracaso del proyecto socialista, reflejando también el aislamiento de la isla. *Contrabando de sombras* reproduce ese ambiente a través de un sistema de los círculos concéntricos formado por lugares heterotópicos: la isla de Cuba, La Habana en la isla, el cementerio dentro de La Habana frecuentado por Renán y Vladimir, la escotilla dentro del panteón de la familia de César que está en el cementerio, el cine donde éste y Vladimir tienen relaciones íntimas y Cayo Puto, un islote al que un barco lleva a los hombres afeminados en el sueño de Vladimir. Cada uno de

Capítulo uno

estos espacios son islas dentro de otra isla, mutuamente representativas unas de otras, que sirven de escape de la vida exterior, que aceptan y acogen el deseo sexual y con esto desarman la vigilancia del sistema exterior impuesto por el aparato del Estado castrista. Por ejemplo, el cementerio sirve de espejo de la ciudad y refleja lo que está pasando fuera de sus muros. También tiene calles con "las mismas denominaciones en letras y números en la ciudad de afuera" (Ponte 41) y muestra "cómo la vida se nutría de lo no vivo para seguir" (101) porque tiene sus circuitos de negociantes, los sepultureros-contrabandistas. Al mismo tiempo, según César, el cementerio es un lugar vigilado, pero no se trata de la vigilancia policial en el cementerio, sino que allí surge otro tipo de control, esta vez, a la policía. Así, el cementerio vuelve a presentarse como un lugar que esconde relaciones homosexuales y produce corrientes contra-hegemónicas.

Por eso mismo, los lugares dentro del sistema de los círculos concéntricos se destacan como una heterotopía de desviación porque encierran a los individuos cuya conducta difiere de las normas requeridas (Foucault, "Different Spaces" 180). Presentes en el mapa de la ciudad, esas heterotopías, como el cementerio en la novela de Ponte, están excluidas del imaginario común por violar la conducta apropiada. Quiero proponer que estas heterotopías de desviación son heterotopías sexualizadas porque acogen las manifestaciones de la sexualidad que no encaja dentro de las normas requeridas por la sociedad heterosexual patriarcal. De esta manera, en *Contrabando de sombras*, los lugares heterotópicos presuponen principalmente la destrucción de la utopía de la revolución cubana y la propuesta de una alternativa que con el deseo sexual llene el vacío creado por el fracaso del mito revolucionario.

A estos lugares heterotópicos Ponte les asigna el nombre de "lugares imposibles" cuya definición aparece en la conversación entre Vladimir y Renán en el primer capítulo titulado "Una advertencia":

> Esa noche hablaron de lugares imposibles en la terraza que da al cementerio. Enumeraron *rincones* donde no volverían a meterse de estar en sus cabales, adonde los había llevado la urgencia del deseo, el dictado de un aquí y un ahora. Vladimir y Renán compitieron por el recuerdo más disparatado, y Susan no dejó de reírse de las ocurrencias de ambos. (Ponte 7; énfasis mío)

La urgencia del deseo que lleva a los personajes a los rincones remite a los "espacios de sociabilidad y socialización" característicos del "ambiente homoerótico habanero" que, como sostiene Sierra Madero, es un ambiente "nocturno, informal, inestable, itinerante, que se reconfigura y se desplaza constantemente por el mapa de la ciudad, debido a las redadas policiales" (*Del otro lado* 225–27). Allá, se reúnen los individuos de diferentes orientaciones, identidades sexuales y formaciones culturales. Como los espacios de sociabilidad y socialización, en *Contrabando de sombras* el lugar imposible presupone el vínculo de un lugar físico y el deseo anteriormente disociado de cualquier asociación espacial. Como consecuencia, para cada personaje homosexual existen lugares-rincones imposibles en el ambiente homoerótico habanero, excepto para Vladimir que se mueve entre varios. Por ejemplo, para César el lugar imposible es el panteón dentro del cementerio; para Renán, es el cementerio mismo porque le facilita encuentros con un dibujante con quien mantiene relaciones sexuales. Por eso, después de terminar su relación con él, Renán sigue regresando al cementerio: "Renán se había metido en el cementerio por no disponer de otro sitio. Pero esos encuentros con tipos dentro del campo santo no eran más que un pretexto, y había regresado allí únicamente por el lugar. Por algo que el lugar despertaba en él" (11). Siendo lugares imposibles, los "rincones" indican que no se trata de un lugar cualquiera, sino relacionado con el deseo. Al mismo tiempo, la palabra "rincones" indica la exclusión de la comunidad homosexual de la sociedad homofóbica habanera y la falta de privacidad debido a la política de vivienda y a la ineficiencia de los proyectos habitacionales y su política gubernamental (Lumsden 189; Larson 70–71). Sin disponer de otro lugar o tener escape de esa situación, Renán está obligado a ir al cementerio con el fin de satisfacer sus ansias sexuales y, al principio, para proteger la identidad del dibujante, más tarde también la suya, y evitar que ambos sean castigados institucionalmente. Por esta razón, la palabra "rincones" enfatiza el carácter multifacético que se adscribe a los lugares físicos a lo largo de la novela: el rincón como el escondite, una esquina—como un lugar de cruce, un lugar donde no hay escape, un lugar de castigo y un lugar en que florece la oposición al régimen gobernante.

Para Vladimir la búsqueda de su "lugar imposible"—que inicia su vagabundeo por los derrumbes—rescata otra historia extraoficial de la homosexualidad al mismo tiempo que muestra la

Capítulo uno

responsabilidad oficial del gobierno cubano en la decadencia urbana. Precisamente, el estado arruinado de La Habana causado por la falta de mantenimiento suficiente y apropiado y el derrumbe de edificios permite la filtración de la sexualidad disidente. Estas fracturas materiales y alegóricas, que son las rendijas materiales a las que alude Cuesta, canalizan las voces de los personajes *queer* cubanos que salen a pasear y a reivindicar su espacio en la ciudad en ruinas en la que florece la oposición al régimen gubernamental. Como se puede ver, a causa del rechazo de la sociedad y, literalmente, por la falta de un espacio físico privado y público para la población homosexual, el espacio en la novela se conceptualiza como la apropiación de una serie de lugares-escondites que están fuera del alcance de la vigilancia estatal cubana: el cementerio y el panteón primero y el cine y el apartamento de Vladimir después.

El cementerio es uno de los sitios de los paseos de Vladimir por la ciudad que presagian las acciones a lo largo de la novela. La conversación con Renán y su muerte posterior, relatadas al principio de *Contrabando de sombras*, funcionan como una advertencia para Vladimir tal como lo sugiere el título del primer capítulo, "Una advertencia": "La historia de Renán era el tipo de comentario que hace quien va a morir, el último recuerdo que deja en los demás, aun sin proponérselo. Algo que, de ser significativo en el momento en que sucede, se hacía más significativo aún debido a la muerte" (13). Si la historia del dibujante fue un preludio al "viaje" de Vladimir, la muerte de Renán es el evento que lo inicia, puesto que es durante su funeral cuando Vladimir ve a César por primera vez y nota su parecido con Miranda. El comentario de Renán y, luego, su entierro hacen que Vladimir piense en el cementerio y comience su continuo retorno en busca de César. Tradicionalmente asociado con el *memento mori*, ese sitio también graba el nacimiento de una relación entre Vladimir y César que permite combatir al necropolítica estatal.

El cementerio acoge a los sujetos exterminados socialmente por la necropolítica estatal cubana dado que, como sostengo en la introducción, el Estado cubano legitima su derecho para tomar decisiones de vida o muerte en un permanente estado de excepción frente a la amenaza de la invasión estadounidense.[17] En la novela la necropolítica se observa en la eliminación física y simbólica de los enemigos ficcionales y reales, exteriores e interiores. Los personajes se esconden de las redadas policiales en el cementerio ya que se les puede inculpar de peligrosidad social, definida por el infame Artículo 72 del Código penal: "Se considera estado peligroso la especial proclividad en que se halla una persona para cometer delitos, demostrada por la conducta que observa en contradicción manifiesta con las normas de la moral socialista" (citado en Sierra Madero, *Del otro lado* 150). Como la conducta antisocial y los vicios socialmente reprehensibles son categorías vagas, se toma la decisión subjetiva y arbitraria que permite encarcelar, hasta por cuatro años, a alguien que no ha cometido ningún delito. Aunque esa ley no criminaliza directamente a las minorías sexuales, enciende la homofobia e iguala la homosexualidad a la criminalidad e impropiedad, ejemplificando con esto la aplicación del necropoder que también causa la muerte simbólica. Como sostiene De Ferrari, la censura que incluye la estigmatización, difamación y negligencia forman parte de la "ningunificación" que lleva a la muerte social del artista (*Community* 9), como sucede en el caso de Virgilio Piñera. Al respecto, José Quiroga destaca elocuentemente la importancia del silencio en la obra de Piñera. A su juicio, los últimos diez años de su vida fueron marcados por un exilio interior que puede ser entendido como su negación a abandonar el "armario literario" o, incluso, como un acto heroico de resistencia ("Fleshing" 170). De manera similar, el hecho de que Vladimir no haya publicado nada en los últimos años es el resultado de la necropolítica estatal cubana que lo condena al silencio creativo y a la muerte social. Asimismo, su restricción a la necrópolis puede considerarse también como una estrategia aislante del necropoder.

Por esta razón, en la conversación con Susan, Vladimir llega a explicar que el cementerio es un lugar sin salidas: "Un cementerio es el final del mundo, pero el mundo todavía. No empieza nada en él, no comunica con ningún otro sitio" (109). El cementerio simboliza el estancamiento general en la isla y así se convierte en la metáfora del aislamiento de Cuba. Como consecuencia, los personajes se reinventan a partir de la imaginación insular asociada con la cubanía—el sentido de pertenencia al país. Aislados en la isla del mundo exterior y excluidos de la sociedad cubana por sus preferencias sexuales, Vladimir, César y, luego, Criatura enfrentan la necropolítica explorando los espacios del cementerio, como unas islas dentro de la isla. El panteón y la escotilla en su interior, descubierta por César, se ofrecen como un posible rescate de esa situación sin salidas. En sus traslados dentro de estos espacios,

Capítulo uno

Vladimir y César ejemplifican lo que Ponte opina sobre la cubanía en la entrevista con Néstor Rodríguez: "No es posible negar la vida a quienes se van de la isla ni a quienes se han quedado dentro de ella. Pienso que en este momento histórico el país tiene que transitarse doblemente. Circunscrito a la frontera debes ir hacia adentro, hacia lo hondo del país, pero también hacia afuera" ("Arte" 181). Vladimir y César van hacia adentro (el cementerio-el laberinto/el panteón y la escotilla) para rescatar su cubanía, mientras que traspasan las fronteras geográficas e imaginarias para dejar su huella en el tiempo histórico en una ciudad en la que los espacios se multiplican hacia adentro.

Siendo un espacio liminal entre la vida y la muerte, entre el antes y el después, el cementerio es un espacio heterotópico. Como señala Foucault, inicialmente considerados lugares sagrados, los cementerios fueron trasladados a los rincones alejados o incluso hacia fuera de los límites de la ciudad en el siglo XIX, bajo la amenaza de la muerte y la contaminación ("Different Spaces" 180–81). En el caso cubano, la homosexualidad asociada con la contaminación corporal y moral—y por eso privada de su propio espacio—, se instala en el cementerio acogedor de los sujetos *queer* que tienen relaciones sexuales allí. Simbolizando, además, el placer sin fines de reproducción, con el tiempo, el cementerio se convierte en *el* lugar para las existencias homosexuales. Precisamente su liminalidad abre las posibilidades de subvertir jerarquías heteronormativas y permite la infiltración de subjetividades *queer* que empiezan a recuperar otras áreas de la vida cubana.

Ahora bien, el lugar donde Vladimir y César se reúnen a menudo y que se convierte en un punto que inicia la investigación del territorio del cementerio es un panteón que pertenece a la familia de César. El interior del panteón está marcado por la decadencia y la destrucción causadas por el paso del tiempo. En sus nichos hay inscripciones a las que les faltan letras de bronce mientras que los nombres familiares son ilegibles. Lo único que Vladimir puede leer es la palabra latina *omnis* (63) que proviene de la frase *non omnis moriar* "no moriré del todo" de Horacio. Contrario a la idea de pervivencia en el recuerdo que implica la frase, el panteón como el espacio de la memoria también puede ser un espacio del olvido que vincula la muerte física con la simbólica. No es casual que el panteón pertenezca a la familia de César cuyo apellido Vladimir no puede leer en la pared. Esa desaparición del nombre paterno simboliza la borradura del pasado del país y los restos de la Cuba prerrevolucionaria cuyos representantes—personificados en la familia de César—querían irse, pero tuvieron que quedarse a la fuerza. Como el panteón esconde, además, los actos homosexuales que tienen lugar en otras partes del cementerio, puede leerse como un rincón-escondite que acoge las alternativas y resiste el necropoder del régimen en la isla. Por eso, la intimidad y el nombre paterno de la familia de César, asociados con este lugar, literalmente se transforman en innombrables en la sociedad cubana homofóbica, puesto que ambos, los actos homosexuales y los intentos de abandonar el país asociados con la familia de César, se consideran contrarrevolucionarios.

Tampoco se pueden descartar las asociaciones que surgen con el panteón nacional que, venerado por el Estado y representativo de la nación, preserva los cuerpos e imágenes de los héroes caídos. Como afirma Rojas, el panteón nacional provoca una constante disputa entre los grupos fuera y dentro de la revolución (*Tumbas* 13–16). En cambio, Fowler Calzada reconstruye la historia literaria del deseo homoerótico inscribiéndolo dentro del panteón literario (*Maldición* 30–39). Por eso, en *Contrabando de sombras*, el panteón donde se esconden César y Vladimir marca la redefinición del panteón dinástico, nacional y literario como un espacio incluyente de los disidentes intelectuales y sexuales y de la cubanía que se dispersa entre la isla y la diáspora. El nombre dinástico, literalmente borrado, crea un espacio preparado para que se escriban los nombres de nuevos héroes a quienes se excluye y, así, se entierra a la sociedad homofóbica. Si bien antes la nación ha sido representada por el cuerpo masculino del héroe nacional, ahora da indicios de la presencia de nuevos representantes de la nación personificados por Vladimir y César. Pero el cementerio no es el único lugar multifacético que evade el olvido y nutre la memoria. Es solamente una de las capas del palimpsesto habanero que cuenta con un sinfín de significados y alusiones simbólicas: la muerte de la utopía moderna del hombre nuevo y de la revolución, la reinvención de Cuba en un lugar diferente y la acogida de sujetos marginados. Similar al cementerio, las superficies urbanas de La Habana y las corporales de los personajes sirven como recordatorio de la política represiva del Estado y guían a los personajes para evadir el olvido que los predestina a una muerte simbólica prematura.

Capítulo uno

Cartografías del deseo

> No es asombroso que el cuerpo, el sacrificado de nuestra cultura, regrese con la violencia de lo reprimido, a la escena de la exclusión.
>
> "La simulación," Severo Sarduy

En *Contrabando de sombras* las marcas e inscripciones urbanas recuerdan la conceptualización de Sarduy para quien el cuerpo es una superficie llena de códigos y signos a través de la cual se manifiesta lo indecible que no tiene acceso al lenguaje. Al mismo tiempo, estos códigos no solamente se relacionan con el proceso del desmembramiento y fragmentación corporal, sino que también devuelven al momento de una experiencia traumática, violencia y exclusión (Sarduy 1295). Me parece importante mostrar cómo múltiples marcas en el paisaje habanero (las ruinas) y en los cuerpos de los personajes (las cicatrices y los lunares) remiten a las escenas de la exclusión donde se entrecruzan la compleja historia urbanística y la institucionalización de la homofobia, además del fracaso de la utopía revolucionaria, la división del país en la isla y la diáspora y entre el gobierno y los intelectuales.

En el texto pontiano Renán tiene un gran lunar en una de las nalgas, mientras que la marca que distingue a César es una cicatriz en el torso adquirida en una pelea carcelaria. En contraste con ellos, el cuerpo de Vladimir es indefinible en el sentido de que no está marcado por cicatrices y es más bien una superficie lista para que escriban sobre ella. Al mismo tiempo, las marcas e inscripciones de otros personajes guían a Vladimir en su viaje para restaurar la historia extraoficial de la comunidad LGBTQ cubana. Partiendo de las premisas de Elizabeth Grosz, propongo ver las cicatrices y lunares como un modo de inscripciones corporales que hacen que el cuerpo sea susceptible a las exigencias del poder se construya como una red de sentidos sociales ("Inscriptions" 62–65). En la novela, tales marcas corporales graban el funcionamiento de la homofobia cubana y la aplicación del poder. Por un lado, los lunares y cicatrices son aquellos signos imborrables que identifican al homosexual como débil, subordinado y deshonroso, según Brad Epps (232–33). El gran lunar de Renán lo marca desde su nacimiento como un hombre homosexual que tiene una relación problemática con su familia que lo desaprueba por su orientación sexual. La cicatriz en el torso de César remite primeramente a la violencia simbólica que separa su familia y, por extensión, divide la isla y la diáspora. Como se relata, César está en prisión a causa de varios intentos fallidos de irse del país mientras que el primer intento fracasado de salir de Cuba durante los años 60 incluye a la familia entera de César y causa, indirectamente, el suicido del padre. Esa marca en el cuerpo de César revela la aplicación de la necropolítica en el contexto histórico de las peleas carcelarias a menudo provocadas por razones homoeróticas.

Por otro lado, me parece útil usar la metáfora de Daniel Balderston de la "cicatriz luminosa" como el símbolo del deseo homoerótico.[18] La cicatriz en el torso de César tienta a Vladimir a tocarla: "Tiene una cicatriz en el torso. Paso la punta de los dedos por esa cicatriz como si tratara de un mensaje en relieve que debería entender, como escritura para ciegos, un subrayado" (108). Se produce, pues, una marca multifacética en la epidermis que brilla por su presencia. Como sostiene Quiroga, la violencia física que ha causado la herida y la cicatriz resucita en la memoria cuando surge el deseo de tocarlas ("Introduction" ix–x). Esa luminosidad de la cicatriz de César seduce a Vladimir y le sirve como un recordatorio lacerante de su propia marca metafórica que queda grabada en el cuerpo del otro, creando una anotación alternativa a la historia oficial.

De la misma manera, en la novela hay varias marcas en distintas superficies que apuntan a la existencia marginal y a la sobrevivencia de lo *queer* como una conducta transgresora y de enfrentamiento, como afirma Espinosa Mendoza en "Queer Cuban Nation":

> Lo *queer*, en tanto se manifiesta como un subrayado en todo lo que pervive en los márgenes, en la no aceptación tácita de un rol dictado ni siquiera desde una postura que disfrace bajo una capa de tolerancia su conservadurismo, es mucho más arduo de localizar en esa Cuba donde tal proyección se enlazaría fácilmente a un concepto de disidencia, lo cual, según la órbita política de la Revolución es algo más explosivo, peligroso y grave. (132–33)

Lo *queer* como un subrayado se materializa en el texto de Ponte en los subrayados en los libros, en las palabras raspadas en las paredes y en el remiendo en la pantalla del cine donde Vladimir y César tienen sexo. Cuando Vladimir regresa a su apartamento después

Capítulo uno

de un paseo, se asusta al encontrar la palabra *maricón* raspada en la pared (88). Esto, a su vez, lo devuelve mentalmente al internado donde la misma palabra fue escrita con pasta de dientes después de la muerte de Miranda. En otro momento, cuando los amigos de Renán excluidos del cortejo funerario llaman a Vladimir para que se junte con ellos, éste los ignora. Por eso, los amigos de Renán lo insultan llamándolo "maricón" (15). Esa triple aparición de la misma palabra sugiere que ésta no se usa para referirse solamente a la orientación sexual, sino también al miedo que siente Vladimir de manifestarla abiertamente. Esa marca expresa la postura oficial negativa hacia los homosexuales y la homofobia multigeneracional en el contexto cubano. La palabra maricón también revela la postura táctica de Vladimir que nunca ha sido capaz de aceptar abiertamente sus relaciones secretas con Miranda, al mismo tiempo que muestra la internalización del discurso oficial homofóbico por la comunidad LGBTQ que lo aplica a uno de sus posibles miembros.

Ahora bien, cuando César lleva a Vladimir por los pasillos a la parte de atrás de la pantalla de cine mientras están dando una película ambientada en el Pacífico, en la pantalla aparece un remiendo grande.[19] Al encontrarse detrás de la pantalla, los personajes de la novela parecen sumergidos en el agua: "Las olas encrespadas hasta el techo rompían silenciosamente. Vladimir siguió con la vista los movimientos de aquel torso entre las olas" (Ponte 150). De esta manera, el remiendo ofrece una salida simbólica hacia la libertad ya que divide el espacio acuático proyectado en la pantalla en dos partes: las aguas de Cuba y las aguas neutrales (Maristany 139). De Ferrari, a su vez, señala que solamente la luz proyectada en la pantalla, que revela el remiendo y la cicatriz de César, puede visibilizar el amor homosexual trágico en Cuba que no se expresa con el lenguaje (*Community* 91–93). En este momento, Vladimir y César tienen relaciones sexuales que terminan con la eyaculación cuando Vladimir "atendió al recorrido que el disparo de leche hacía por el reverso de la pantalla" (Ponte 150). En la mente of Vladimir, César se asemeja a Miranda que muere bajo circunstancias misteriosas en el internado donde estudia con Vladimir: "cualquiera de los dos que hubiera sido, César o Miranda, había nadado hasta encontrar su libertad" (151). Pero, resbalando por la pantalla, el disparo del semen cruza el remiendo y forma con él una equis. De esta manera, aniquila la división creada por el remiendo y por el espacio acuático considerado como una condición aisladora o "maldita circunstancia por todas partes," usando las palabras de Virgilio Piñera en su *La isla en peso*.[20] Es decir, la equis tacha todas las limitaciones asociadas con la invisibilización de la población LGBTQ y el ambiente aislante y homofóbico de la isla.

Otra marca que canaliza la memoria de la discriminación de la homosexualidad es un texto subrayado en un libro de Vladimir que describe un caso real del siglo XVI cuando varios hombres acusados por la Inquisición del pecado nefando fueron llevados en un barco a un islote llamado Cayo Puto para perecer allí en la hoguera: "'En esta tierra, que separamos, no hubo más auto de fe que uno celebrado a fines del siglo XVI,' decía el subrayado. Allí se hablaba de dieciocho hombres quemados por el cargo de amujeramiento" (54).[21] Cayo Puto, conocido hoy en día como Cayo Cruz y ubicado en la bahía de La Habana, se caracteriza como una "heterotopía de desviación." Aunque existe en el mapa urbano, Cayo Puto incorpora a los excluidos—primero, a las prostitutas y homosexuales, y luego a los políticos—de la sociedad cubana.[22] Por lo tanto, el islote funciona como un lugar de castigo dependiendo del grado de violación de la conducta aceptada y refleja las prácticas usadas para aislar a los enfermos—la expulsión del espacio compartido con la comunidad, la purificación del ambiente urbano, la intervención médica, la eliminación de desechos—, ejemplificando con esto un abanico de actitudes homofóbicas.[23] Además, el hecho de ser una heterotopía de desviación implica la división entre *nosotros* y *ellos*.[24] Fue el *nosotros* que separó el islote para que cumpliera una función de lugar de ejecución. Al ser una colectividad masiva que representa la heterocracia homofóbica, el *nosotros* redefine la insularidad, convirtiendo la orientación sexual en una condición aislante. Con esto, la isla en peso de Piñera termina materializándose en un islote real.

De esta manera, la historia de Cayo Puto en *Contrabando de sombras* tiene un rol simbólico. Al aludir a la escena de exclusión, la novela recupera su espacio en el archivo *queer*. Entrevistado por Rodríguez, Ponte reconoce que extrajo una noticia histórica sobre Cayo Puto del caso inquisitorial descrito en *Historia de una pelea cubana contra los demonios* de Fernando Ortiz (186). Según Ortiz, la ejecución se iniciaba en el lugar que ahora se llama la Plaza de Armas. Desde el momento de su fundación, este lugar acogía las luchas entre los militares, la población y los intelectuales. La Plaza de las Armas recibió su nombre actual a causa del conflicto

Capítulo uno

de poderes entre el gobernador Luján y el Capitán de la Guardia Diego Fernández de Quiñones que quería usar la plaza como un sitio para desfiles militares (Lightfoot 69–70). Es más, la Plaza de Armas funcionó como un mercado de libros y artesanías que el gobierno volvía a cerrar (Scarpaci, Segre y Coyula 327; Kapcia 194). Por lo tanto, la quema de libros soñada por Vladimir es paralela a la quema de los hombres afeminados y se relaciona con el momento de la eliminación de la desviación sexual y la borradura del archivo *queer*, la fundación del concepto de la nación machista y patriarcal, uniformada por los intelectuales en ejercicio del poder.

Los eventos en Cayo Puto y el barco en que los homosexuales eran trasladados al islote que sigue apareciendo a los sueños de Vladimir provocan otras asociaciones. Por un lado, al ser una heterotopía *par excellence* (Foucault, "Different Spaces" 185), el barco acoge relaciones contradictorias que van de la violencia al afecto e intimidad. Partiendo del estudio de Paul Gilroy sobre "la ruta del esclavo" (lo que en inglés se denomina *middle passage*), Omise'eke Natasha Tinsley propone ver el barco negrero como un momento *queer* debido a las relaciones sexuales entre personas del mismo sexo, no solamente entre los marineros. Conforme a Tinsley, los esclavos transportados se consolaban entablando relaciones íntimas y de amistad como una práctica de sobrevivencia y resistencia frente a la violencia (199). Además, el barco vuelve a connotar la condición insular de Cuba que se describe a menudo como un barco a la deriva (Casamayor-Cisneros, *Utopía* 149). En este contexto, los hombres afeminados a punto de ser ejecutados también evocan el éxodo del puerto de Mariel en 1980, cuando un porcentaje significativo de los cubanos *queer* salió en barcos hacia los Estados Unidos con dos destinos en Florida: Miami y Key West, o como lo llaman en Cuba, Cayo Hueso. Esa noticia histórica también puede ser una referencia al fenómeno de los balseros que salieron por miles de Cuba en 1994 y a las restricciones de la migración cubana impuestas por los Estados Unidos durante el Período Especial.[25] A causa de la leve similitud en los nombres—Cayo Puto y Cayo Hueso—, la partida de los homosexuales debido a su exclusión y expulsión por el régimen castrista marca el inicio de su camino hacia la libertad. Tomando todo esto en cuenta, en la novela de Ponte, el espacio del barco acoge los lazos homoeróticos, la necropolítica y el momento *queer*, o la amistad de distanciamiento, de la que hablaré más adelante.

Revolución fue construir

De manera similar a los cuerpos de los personajes en *Contrabando de sombras*, está marcada la superficie de La Habana que se presenta como una ciudad fragmentada cuya integridad quebrada se materializa en las ruinas. En una entrevista con Anna Solana y Mercedes Serna, Ponte reconoce que las ruinas son una metáfora de Cuba (131).[26] En su artículo dedicado a las ruinas en las culturas hispánicas, Francine Masiello define "la estética del encuadre" como el placer estético producido por las ruinas que describen la ruptura de la linealidad donde el antes y el después, el pasado y el presente, están dentro del mismo marco temporal (105). A causa de esa "estética del encuadre," en *Contrabando de sombras* se establece lo que Foucault llama "an ensemble of relations that define emplacements" ("Different Spaces" 178), o en otras palabras, una cadena de relaciones entre La Habana, las ruinas y las experiencias homosexuales, en la que cada eslabón es representativo del otro e interdependiente. Al ser, por eso, una heterotopía, las ruinas cumplen múltiples funciones metafóricas en la novela porque son representativas de varios aspectos de la vida y la historia cubanas: la metáfora del país, de la lucha revolucionaria, del régimen y sus utopías, de la arquitectura poco lograda, monótona y gris del régimen, de la nostalgia y el turismo, del futuro en ruinas que nunca fue realizado. Debido a su carácter heterotópico, estas cicatrices urbanas de La Habana incorporan varias temporalidades y espacialidades.

Primeramente, las ruinas habaneras simbolizan el fracaso de los proyectos de vivienda propiciados por el gobierno socialista que no pudieron llevarse a cabo debido al embargo de los Estados Unidos de América.[27] Por eso mismo, como acierta Whitfield: "The dilapidating structures and peeling facades that compose much of Cuba's capital are not the remains of a distant past and a departed civilization" (133). Son el resultado de la negligencia humana y el deterioro urbano y, por consiguiente, la imposibilidad de mantenerlas—y en el nivel simbólico, la imposibilidad de mantener y preservar el mito revolucionario—, las predestina al permanente e incesante arruinamiento.

Asimismo, las ruinas representan el pasado de una ciudad colonial celebrada en la larga tradición cubana de la escritura urbana y evocan la nostalgia del pasado glorioso de la Revolución cubana, el discurso revolucionario y la lucha permanente.[28] En el nivel metafórico, la devastación del pasaje urbano establece una relación entre las ruinas arquitectónicas y el discurso bélico revolucionario, cuyo objetivo es convencer a la población cubana de que el país se encuentra en un estado de guerra constante.²⁹ Sin embargo, las ruinas como recuerdo de la gloria revolucionaria llegan a ser una confabulación debido a la ausencia de la guerra en la historia contemporánea cubana. Las ruinas de La Habana, con sus vacíos y agujeros, también simbolizan las promesas de la Revolución de 1959 y los mitos revolucionarios que inicialmente estaban vacíos, es decir, prometían una utopía inalcanzable. Aunque en el texto pontiano La Habana se ha transformado en un cementerio de ilusiones revolucionarias y en las ruinas de un mundo imposible, también es una ciudad imposible porque sigue viva, porque, según el Ponte mismo, son "ruinas habitadas" (Solana y Serna 131). El único personaje capaz de moverse entre los edificios desplomados y las ruinas como heridas rotas en la epidermis urbana es Vladimir para quien volver a la ciudad en ruinas significa una búsqueda de la cicatrización de sus heridas y las de su país.

El hogar *queer* y la amistad como desarraigo compartido

En *Contrabando de sombras* el proceso de la cicatrización simbólica empieza con la caída del sistema educativo guevariano que a su vez reemplaza la familia heteropatriarcal para construir la imagen del hombre nuevo. En la novela el joven Vladimir estudia en el internado que forma parte de lo que Sierra Madero llama la "ingeniería social" que involucró a los aparatos judicial, militar, educacional, médico y psiquiátrico con el fin de mantener la masculinización que se traducía en la homogeneización social y la reproducción del hombre nuevo, la depuración dentro de las instituciones oficiales, su corrección y la movilización de las masas ("'Camionero'"). Pero las ruinas del internado en el Período Especial que retrata *Contrabando de sombras* simbolizan la decadencia del sistema educativo guevariano. Por lo tanto, quiero proponer que en su lugar se crea un nuevo hogar *queer* y una familia no basada en lazos de sangre, sino en amistad y relaciones homoafectivas que permiten enfrentar la historia doliente de Cuba.

En 1964 Fidel Castro anuncia el fracaso de la institución familiar glorificando la formación militar: "Pues bien, lo que no pudieron enseñarles en la casa—señalaba—, lo que no pudieron enseñarles en la escuela, lo que no pudieron enseñarles en el instituto, lo aprendieron en el ejército, lo aprendieron en una unidad militar" (Castro citado en Sierra Madero, "Academias"). En la novela, abandonado por su padre, Vladimir vive privado de un entorno familiar en el internado al que se caracteriza como un lugar que "no iba a ser, de ningún modo, la casa de la que venían" (Ponte 56). En el internado la educación y la disciplina, según las presenta Ponte, son similares a las del colegio militar donde enseñan cómo se debe ser el "hombre nuevo." La escuela militar, y el internado específicamente, practican la profilaxis del quehacer masculino para evitar que los hombres jóvenes heterosexuales se contagien de la homosexualidad, que es vista como una enfermedad social. Por ello, la escuela se convierte en un sitio que tiene que hacer hombres a sus alumnos, o las "academias para producir machos": "Tal como le había advertido el padre, tendría que pelear por su acomodo, por dejar marcados límites" (57).[30] Además, el hecho de que Cuba, en aquel momento, esté involucrada en un proceso transnacional de construcción del socialismo junto a la Unión Soviética es un resultado de la militarización caribeña como una oposición contra la invasión estadounidense, un tema que también se verá en el Capítulo 2.

A pesar de eso, el internado de varones, cuyo ambiente Ponte recrea en su novela, corresponde al colegio militar que Foucault caracteriza como una heterotopía de crisis, puesto que no solamente cultiva a los hombres nuevos, sino que en él también florece el ambiente homosocial ("Different Spaces" 180). De este modo, en el espacio de la escuela se reproducen las normas que legitiman la homofobia cubana y la abyección social al mismo tiempo que se refuerzan las relaciones homoeróticas y la pederastia. El internado pertenece al sistema de ingeniería social que impone la heterosexualidad compulsiva y excluye a todos los que no le corresponden, como sucede con Miranda que muere bajo circunstancias misteriosas después de que descubren sus relaciones sexuales con Vladimir. Después de su muerte, Bruno, otro alumno del internado, atemoriza a Vladimir: "Vas a tener que traerme el uniforme que tengo en mi taquilla—dijo. Hizo un bulto con el pantalón manchado—.Y lávame esto.—Lanzó el bulto a Vladimir. Le advirtió, por último, que nunca más intentara adelantársele cuando nadaran" (Ponte 78). El nombre Bruno se asemeja al Brunetto Latino, el famoso pederasta, en el canto decimoquinto de la *Divina comedia* de Dante Alighieri. Pero si el Brunetto Latino es el maestro de Dante, en *Contrabando de sombras* Bruno encarna

Capítulo uno

el abuso de poder, la sujeción y la intimidación originados de la ingeniería social incompatible con el ambiente fraternal que tanto enfatizaba la revolución cubana.

También, se insinúa que después de la muerte de Miranda, entre Vladimir y su maestro de natación hay relaciones íntimas:

> Lo que ocurriera entre dos muchachos o entre un muchacho y un hombre, tenía que ser mantenido en secreto. Pero, del mismo modo en que el maestro advertía a su alumno acerca de los peligros, quería decirle que esas cosas podían resultar maravillosas. Porque eran parte de la vida, aunque mucha gente las negara. A solas en la cátedra deportiva, el maestro de natación cubrió de espuma de jabón la pelvis de Vladimir, le pasó una cuchilla para dejarlo como la primera vez en que lo descubriera sin ropas, detrás de un corro de alumnos mayores, el primer día. (143)

En contraste con Criatura, un hombre homosexual que se convierte en un guía espiritual para Vladimir—como analizo más adelante—, el maestro de natación escapa a las parametraciones debido a su *performance* y aspecto masculinos. Con esto la novela critica el sistema cubano que al querer eliminar lo perverso lo deja en el corazón de una institución educativa. Cuando Vladimir vuelve a visitar el internado varios años más tarde, encuentra sus ruinas como resultado del "aire ruinoso de la arquitectura de esa época" (139) dentro del ambiente caduco de la época. Las ruinas del internado simbolizan el fracaso de la construcción de la imagen del hombre nuevo guevariano. Por lo tanto, el abarcamiento de lo nacional se da a través de la familia que en el Período Especial obtiene nuevo significado.

La historia familiar se entrecruza con la formación nacional de modo similar a las ficciones fundacionales que Doris Sommer explora como alegoría de la consolidación nacional basada en la pasión heterosexual y la hegemonización de la cultura por el Estado a mediados del siglo XIX (18–41). A principios del siglo XXI el carácter de la familia deja de ser puramente heteropatriarcal y homogéneo, al tiempo que las uniones tradicionales se critican, como desarrollaré en el Capítulo 4. Ahora bien, si antes la familia revolucionaria era vista como monolítica y homogénea —unida por lazos de sangre e ideológicos y, por lo tanto, otorgaba a sus miembros el sentido de pertenencia—en el Período Especial se integró la idea de diferencia (Redruello 94). En la novela de Ponte esa diferencia permite crear una familia alternativa e incluir a miembros homosexuales, en este caso Renán y Vladimir, cuestionando así el Código Familiar de 1975 que priorizaba la familia nuclear y el heteropatriarcado.[31] Con esto la ficción pontiana incorpora una visión nueva de la familia cubana que incluye al sujeto *queer* en el momento de la transformación nacional. Por lo tanto, en *Contrabando de sombras* se dificulta, o incluso imposibilita, una filiación natural: Renán es rechazado por su familia que no aprueba sus preferencias sexuales; el padre de Vladimir lo deja en el internado. Con esto se rechaza el orden revolucionario o la familia revolucionaria ya que se enfatiza el abandono, la muerte o la traición de las figuras paternas.

Estos procesos se transparentan en el uso de los apellidos que devela el juego y la aplicación de poderes. El apellido de Vladimir—Varela Quintana—aparece en la novela dos veces: cuando su padre lo deja en el internado donde se dirigen a los alumnos por sus apellidos y cuando es detenido por la policía. El hecho de pronunciar su apellido contiene dos cargas simbólicas. Primero, el nombre paterno coloca a los personajes bajo el poder simbólico del Nombre del Padre, que según Jacques Lacan, impone la Ley que refuerza convenciones sociales que controlan el deseo (*Ecrits* 66–67). Segundo, el hecho que su apellido se pronuncie evoca un llamamiento revolucionario dado que el apellido Varela refiere al padre Félix Varela y Morales (1788–1853), un sacerdote que defendía los derechos del ciudadano y la abolición de la esclavitud. En 1998, en honor a esa figura religiosa, los opositores al régimen castrista fundaron el Proyecto Varela que promovía las reformas políticas democráticas en Cuba, las libertades de expresión y prensa, de asociación, económica, de elecciones libres y la amnistía para los presos políticos. También, el apellido Quintana pertenece a un arquitecto cubano, Nicolás Quintana, fundador del movimiento arquitectónico moderno en la Cuba republicana que se fue de la isla en 1960, pero nunca dejó de pensar en la reconstrucción urbanística de La Habana.[32] Por lo tanto, en el personaje de Vladimir coinciden los dos objetivos de la reconstrucción, la nacional y la urbanística. Teniendo esa herencia cultural simbólica y, por consiguiente, fungiendo como la alternativa al gobierno de Castro, Vladimir se convierte en el nuevo portavoz. En los episodios en que el control policial y estatal está ausente se observa una omisión clara del apellido del personaje principal. Con esto se omite el nombre paterno, es decir del padre de la familia y, por extensión, del padre de la nación, Fidel Castro, y de su régimen. Al alejarse de la filiación natural, el texto pontiano destaca la preferencia de lo materno y la filiación con la familia no biológica.

Contrabando de sombras retrata a Susan, una amiga de Vladimir, como una figura materna que personifica la nación cubana formada por la isla y la diáspora. Mientras su hijo menor va a vivir con su exmarido en los Estados Unidos, ella permanece en Cuba viviendo cerca del cementerio donde está la tumba de su hijo mayor que murió ahogado. Sin embargo, el hecho de que su apartamento tenga terraza hacia el cementerio le concede un indudable rol de guardiana: "Sobresaliente de uno de los muebles de la terraza, se balanceaba en el sueño la cabeza de Susan. El cementerio debajo y ella sentada allí, parecía su guardiana" (74). Por consiguiente, ella protege la tumba de su hijo muerto y como Vladimir frecuenta el cementerio, Susan llega a ser también su guardiana.

La actitud maternal de Susan hacia Vladimir se establece cuando ella pide a Renán que la acompañe a la morgue para identificar el cadáver del hijo ahogado. El texto los describe de la siguiente manera: "los dos salieron de allí [de la morgue] sintiéndose como un verdadero matrimonio" (30). Ese pedido a Renán inicia una nueva familia cubana basada en la filiación no sanguínea. En la búsqueda de consuelo después de la muerte de su hijo mayor, la pareja visita a una curandera que les predice que van a tener otro hijo:

> —¿Y sabes que vas a tener otro hijo? —le preguntó a Susan. Esta sonrió temerosamente.
> —¿Te lo habían dicho?
> —Tengo otro hijo ya —se excusó Susan.
> La cara manchada de la vieja se detuvo por un momento en Renán, pareció pensárselo, y los despidió con un manotazo de confianza para cada uno de ellos.
> —Ustedes tendrán otro—anunció. (32)

Resulta que para Renán y Susan ese hijo (no biológico) es Vladimir a quien ambos tratan como tal. Por ejemplo, cumpliendo las responsabilidades paternas, Renán advierte a Vladimir narrándole la historia del dibujante en la víspera de su propia muerte, lo que a su vez inicia la filiación de Vladimir con Renán y Susan. En este contexto, el nombre Renán resulta simbólicamente cargado y remite a la figura histórica del filósofo francés Ernest Renan (1823–1892). Su conocido discurso "¿Qué es una nación?" (1882) explica que la raza, la lengua, los intereses, la afinidad religiosa, la geografía y las necesidades militares no bastan para crear una nación. En cambio, la fundación nacional se forja a base de un principio espiritual y una conciencia moral constituidos del pasado y el presente: el pasado heroico de gloria, sacrificios y esfuerzos que el pueblo consiente a continuar como parte de su herencia (Renan 64–66). Dentro de esa perspectiva, se concibe la nación como una familia espiritual: "Una nación es un principio espiritual, resultante de las complicaciones profundas de la historia, una familia espiritual, no un grupo determinado por la configuración del suelo" (64). Por lo visto, Renan visualiza una nación heterogénea y diversa en la que la sexualidad no es un principio fundador. Al incluir la referencia al filósofo francés, *Contrabando de sombras* parece adoptar esa imagen de la nación que Vladimir hereda tras la muerte de su amigo.

Asimismo, Susan se describe con gestos maternales: Vladimir tiene su mano en la de Susan cuando se duerme (Ponte 46). A pesar de conocer las verdaderas razones de los constantes peregrinajes de Vladimir al cementerio, Susan termina siendo su guardiana mientras que su apartamento sirve de refugio temporal para Vladimir. Ya después de la partida de Óscar, su segundo hijo, Susan le pide a Vladimir que venga a vivir con ella: "De estar vivo Renán, Susan no le habría hecho a él una petición así. Era a Renán a quien quería tener con ella en el apartamento. Vladimir venía a sustituir a éste del mismo modo en que César ocupaba el sitio de Miranda. Por algo habían tomado Susan y él la cerveza de los muertos" (73). En este contexto la petición de Susan puede leerse como la acogida de una persona homosexual por la madre y, por extensión, por la madre patria. Vladimir empieza a cumplir las funciones del hijo *queer*, creando lo que Hamilton llama el hogar *queer* formado en base a necesidad, solidaridad y amistad por personas de diferentes trasfondos raciales, sexuales, generacionales y de género (229). Al proponer un modelo familiar alternativo, este hogar *queer* contribuye al florecimiento de una multitud de relaciones y de amistad que, como resalta Foucault, es importante para llegar a ser homosexual:

Capítulo uno

> The problem is not to discover in oneself the truth of one's sex, but, rather, to use one's sexuality henceforth to arrive at a multiplicity of relationships. And, no doubt, that's the real reason why homosexuality is not a form of desire but something desirable. Therefore, we have to work at becoming homosexuals and not be obstinate in recognizing that we are. The development toward which the problem of homosexuality tends is the one of friendship. ("Friendship" 135–36)

Como un rasgo distintivo de la poética de los escritores del Período Especial la amistad revolucionaria entre los hombres basada en valores de fraternidad y lealtad se perpetúa en la ética personal y en el compromiso intelectual y alternativo al contrato social revolucionario (De Ferrari, *Community* 3–21). Pero, más que la fraternidad, lo que une a los personajes de Vladimir, Renán, César y Criatura es la resistencia contra la necropolítica. Por lo tanto, propongo ver su amistad como un desarraigo compartido que, como afirma Roach, se abre a la alteridad y crea formas alterativas de relacionarse. Al reconocerse como amigos, los individuos superan las categorías identitarias y participan en una forma de la sociabilidad que escapa del poder regulatorio (136). Para preparar la base para una amistad como un desarraigo compartido, *Contrabando de sombras* evade la categorización y el nombramiento de prácticas y deseos sexuales dado que Vladimir se mueve por La Habana como un *homo sacer*, con el cuerpo sin marcar y sin identificarse como homosexual. A pesar de que el término despectivo "maricón" aparece dos veces en la novela, la preferencia sexual de Vladimir se insinúa a través de conversaciones con otros personajes, sus recuerdos y las menciones de los intentos de la policía de encarcelarlo cuando sospechan que participa en las actividades subversivas en el cementerio. Excepto el encuentro sexual con César en el cine, no hay descripciones explícitas de las escenas íntimas en la necrópolis. El reconocimiento de la *homo-ness* como núcleo de esa amistad de la que escribe Roach (136) se inicia cuando en el texto se funda el hogar *queer* en la casa de Susan, que da al cementerio frecuentado por Renán que tiene allí relaciones sexuales con un joven arquitecto. Precisamente las experiencias de Renán desencadenan el proceso para llegar a ser homosexual que el mismo Vladimir reconoce en una de las conversaciones con Criatura: "Sé el momento en que las cosas empezaron a cambiar para mí—anunció [Vladimir] al abandonar el asiento de la bicicleta—. Yo estaba en una fiesta y un amigo [Renán] me contó que venía aquí, al cementerio" (156). El relato que Renán narra empuja a Vladimir a visitar la necrópolis donde conoce a César, quien se parece a Miranda, su amante fallecido. Gracias a César, Vladimir se sumerge en el mundo oculto de contrabandistas y redadas policiales, lo cual le permite entablar amistad con Criatura que ata todos los cabos para que Vladimir llegue a ser homosexual.

Detenido en el cementerio por la sospecha de una conducta antisocial y metido en el camión policial, Vladimir conoce a Criatura, un hombre viejo cuyo apodo proviene de la costumbre de dirigirse a todos con la palabra "criatura." Mientras espera que lo dejen en libertad, Vladimir sueña por primera vez con los eventos de Cayo Puto y la quema de los dieciocho hombres afeminados por la Inquisición:

> En una de las fogatas calentaban brea como si fueran a emprender la reparación de un bote. En el centro del cayo había una jaula. Dentro de ésta, un grupo de hombres encadenados. Vertieron brea caliente sobre la piel de los hombres. Llenaron de plumas las bocas que gritaban, descargaron sobre las quemaduras puñados de plumas. Brea y plumas formaron un amasijo sobre la piel de aquellos hombres hasta volverlos irreconocibles. (116)

Esta deformidad física lleva a la animalización literal del cuerpo humano y el hecho de tener plumas hace referencia a la palabra que en el idioma español a menudo se usa para señalar la feminización. A continuación, en su sueño Vladimir ve la materialización que hace la sociedad al tildar a la gente homosexual con un término peyorativo: "pájaro."

El hecho de que Vladimir sueñe con los eventos de Cayo Puto justamente después del encuentro con Criatura convierte a éste en su mentor. Aunque desde el principio de la novela los traslados de Vladimir por el sistema de los círculos concéntricos construyen paralelos entre Criatura y el maestro Brunetto Latino de la *Divina comedia* de Dante, en la literatura cubana, un rol parecido desempeña el personaje Oppiano Licario en la novela *Paradiso* de José Lezama Lima: Oppiano Licario es quien está encargado de la educación de José Cemí después de la muerte de su padre. Además, el apodo *Criatura* remite a la diferenciación entre el Creador y lo que éste ha creado, o criaturas, y, por extensión, al tema del catolicismo

Capítulo uno

ridiculizado por Piñera en su obra. Al aludir a varios escritores cubanos con el personaje de Criatura, *Contrabando de sombras* opta por insertarlo en el cementerio, resistiendo la recuperación de estas figuras como una consecuencia de la biopolítica cultural del régimen cubano que se está extinguiendo. Sin embargo, a través del personaje de Criatura, la novela pontiana no solamente restaura la tradición de la tutela y valida el lugar en la educación de un sujeto *queer*, tomando en cuenta que el Piñera mismo sufrió de las parametraciones. La amistad como un desarraigo compartido entre Vladimir y Criatura también permite inspeccionar las raíces de la homofobia en Cuba y con esto proponer a Vladimir como el letrado cubano flotante.

Resulta así que los eventos en Cayo Puto se constituyen en la escena de exclusión que da inicio a la agenda nacional heteropatriarcal que se perpetúa primero en el gobierno colonial, luego en el republicano y al final en el postrevolucionario. Si el sueño de Vladimir es un viaje retrospectivo, es Criatura quien conecta el pasado con el presente, mostrando su interdependencia. Cuando son puestos en libertad estos personajes vuelven a encontrarse en el cementerio, Criatura pregunta a Vladimir sobre la quema de los hombres afeminados en Cayo Puto y las redadas policiales en el cementerio actual: "¿No encuentras ninguna relación entre tu sueño y la visita que hiciste al ministerio? ¿O piensas que no llega a interceptarse lo que hacen dentro de esa villa y lo que ocurre en el cayo cada vez que alguien lo sueña?" (155). La palabra *villa* claramente se refiere a la ciudad del cementerio y a las detenciones de los homosexuales que frecuentan dicho lugar en busca de placeres sexuales. Lo que la novela sugiere, entonces, es que todas las atrocidades del sistema hacia los homosexuales están presentes todavía. Asimismo, cuando Vladimir pregunta por qué fue llevado de la estación de policía al ministerio, Criatura contesta que es porque la policía está buscando el camino a Cayo Puto (155). Esta respuesta explica el ambiente real en Cuba. Por un lado, el gobierno buscaba nuevas maneras de controlar a la población homosexual después del proceso de la rectificación de errores y durante del Período Especial que contribuyeron al ambiente de libertad relativa para una población marginada. En la década del 90 hubo una apertura hacia la homosexualidad en Cuba, de tal forma que los homosexuales podían reunirse abiertamente en bares y discotecas. Pero ya a finales de los años 90, las reuniones fueron prohibidas y reemplazadas por formas clandestinas de encuentros (Sierra Madero, *Del otro lado* 228–29).[33] Por otro lado, Frances Negrón-Muntaner sostiene que el infame Artículo 72 sobre la peligrosidad social se utilizaba para limitar el empleo de individuos en escuelas y universidades con el fin de detener la formación de una esfera política LGBTQ autónoma y, a la vez, purgar y humillar a la comunidad LGBTQ no-conformista ("'Mariconerías'" 107). Por lo tanto, si bien el único auto de fe cuyas víctimas fueron hombres afeminados ocurrió en el siglo XVII en Cayo Puto, el texto de Ponte construye un paralelo entre la Inquisición y las redadas policiales. El carro de la policía que detiene a los homosexuales en el cementerio cumple la función de la barca; lo único que cambia es el lugar y el medio de transporte, pero las funciones y objetivos siguen siendo los mismos. Construyendo una sociedad utópica, el gobierno cubano postrevolucionario duplica una historia de ejecuciones inquisitoriales. Así como se repite el sueño de Vladimir, se multiplica y se enraíza aún más la misma estrategia de control ejercida por un régimen heterocrático. De esa manera, *Contrabando de sombras* anticipa el ambiente más restrictivo que reemplaza la apertura relativa de los 1980 y 1990 porque todos los cambios implementados durante el proceso de rectificación de errores y del Período Especial terminaron siendo una forma de control más eficaz que no cambia la ideología, sino la manera de ejercer el control.[34]

Sin embargo, la amistad como un desarraigo compartido entre Criatura y Vladimir les permite establecer una forma *queer* de relacionarse con la que enfrentan el necropoder. Primero, Criatura ayuda a Vladimir a ver la *common-ness* cuando revela que muchos individuos han soñado con la quema de los hombres afeminados en Cayo Puto: "He tenido ese sueño—confesó—. Otros también lo han tenido. El mismo sueño siempre" (155). Después de esta confesión Vladimir contesta afirmativamente la pregunta que le hace Criatura: "Subir o no a la barca" (156). Subir al barco de la Inquisición en su sueño se presenta como la alegoría de la aceptación de su sexualidad, de la expiación de su culpa por la muerte de Miranda, de hacer un sacrificio y, como consecuencia, de ser excluido y tildado por el régimen puesto que, siendo un espacio heterotópico, el barco se encuentra fuera del orden revolucionario. Después de las conversaciones con Criatura y su explicación del sueño, Vladimir regresa a la casa de Susan y repasa en la memoria

Capítulo uno

todo lo sucedido, inclusive la conversación con Renán antes de su muerte, para declarar su pertenencia al grupo homosexual: "Intentó recordar cada frase de Renán porque sospechaba que este había querido darle a entender algo acerca de ese grupo al que pertenecían Renán, Criatura, él mismo" (157). Al final de la novela, los múltiples peregrinajes de Vladimir por lugares urbanos imposibles por fin terminan en el cementerio al que se decide regresar. Si en la novela el cementerio simboliza el fracaso del régimen cubano y la muerte del sujeto revolucionario, en esta decisión resuena el famoso eslogan revolucionario "Patria o muerte" del que Vladimir escoge la muerte como una estrategia para sobrevivir en la patria homofóbica. Su decisión deliberada de seguir volviendo a la necrópolis a pesar del riesgo de ser inculpado de peligrosidad social inspira la esperanza de que habrá alguien, como Renán y luego Vladimir, para repetir el viaje a Cayo Puto, realizando con esto un sacrificio y un acto heroico que se grabará en la memoria del archivo *queer*. Al acudir a la ambigüedad sexual de Vladimir y a sus divagaciones por los lugares heterotópicos habaneros como los tropos que narran el Período Especial en Cuba, *Contrabando de sombras* muestra que la historia de amor y amistad de Vladimir es la historia del desamor de la revolución.

Capítulo dos

Los fantasmas de Ciudad Trujillo

> Le han entregado el país a los turistas
> que se hospedan en las minas
> que solo claman ¡Silencio! ¡Silencio!
> y tú sigues con tu sonrisa
> cosida a los labios
> cuando en realidad duermes
> en tu cama garaje.
> ...
>
> Váyanse al carajo
> con sus negros vestidos de blanco,
> con sus blancos vestidos de luto,
> con todos y sus indios claros,
> con todos y sus indios oscuros,
> que esto a mí me da vergüenza.
>
> Santo Domingo lo bailo
> en un merengue triste
> aunque los otros
> siempre esconden
> la tristeza.
>
> "Santo Domingo es un merengue triste,"
> Luis "Terror" Días

"Los pájaros no nos vamos del Parque Duarte, aunque quieren sacarnos de la Zona Colonial." Esto dijo el activista dominicano Deivis Ventura luego de que la Policía Nacional arrestara a varios jóvenes LGBTQ el 2 de octubre de 2016 en el parque que lleva el nombre de Juan Pablo Duarte, uno de los Padres de la Patria y fundadores de la República Dominicana. Ubicado en la zona colonial de Santo Domingo y lindante con La Capilla de la Tercera Orden Dominica, el Parque Duarte alberga *de facto* a la desplazada comunidad LGBTQ cuyas reuniones a altas horas de la noche llevan años provocando las quejas de los residentes de la zona y la reprobación de la Iglesia Católica y la prensa oficial. El cardenal Nicolás de Jesús López Rodríguez calificó al parque "como un espacio donde prima todo tipo de insolencias y vulgaridades," El *Listín Diario* lo llamó "un centro de promiscuidad," lleno de "escenas de mal gusto" e invadido por homosexuales, prostitutas y consumidores de drogas que "atentan contra las buenas costumbres de la sociedad" (M. Herrera). A pesar de los arrestos, muchas veces arbitrarios, en otoño de 2016 la comunidad LGBTQ dominicana ocupa un espacio de un valor histórico, reclamando de esta manera su lugar en la nación.[1] Pero debido precisamente a su arbitrariedad, esa detención grabada y subida a Internet produjo una ola de reprobación en la sociedad e inclusive la defensa de los derechos de los homosexuales que hizo James "Wally" Brewster, que había generado controversia en la República Dominicana por ser la primera persona en un matrimonio del mismo sexo que representa a los Estados Unidos como embajador en las Américas. El Parque Duarte, pues, resulta ser un lugar contestatario a la vez que regulado donde convergen los intereses de las minorías sexuales, la Iglesia Católica y el gobierno con su aparato militar. Aunque el juego de estos poderes se remonta a Ciudad Trujillo, sigue acechando la actual Santo Domingo y su literatura a la que pertenecen *El hombre triángulo* (2005) de Rey Emmanuel Andújar (1977) y *La estrategia de Chochueca* (2000) de Rita Indiana Hernández (1977).

Pero estas novelas también subvierten la herencia trujillista que sigue gobernando las normas alrededor del género y la sexualidad. En *El hombre triángulo*, bajo la presión de estas normas, el protagonista—un teniente de policía de virilidad sospechosa y diferente de la hegemónica—actúa como si fuera un heteromacho, una máscara o un cascarón heteronormativo tóxico que proviene de la militarización de la cultura. Pero su cuerpo militar disciplinado, que falla cuando disfruta del sexo anal, revela el fin de la impenetrabilidad del legado trujillista. En contraste, *La estrategia de Chochueca* se caracteriza por una estética andrógina que desafía el masculinismo trujillista y balaguerista desde dos posturas: una femenina y otra ambisexual.[2] A través de su experiencia femenina de vagar por la ciudad, la protagonista se aleja de las expectativas de género que le son asignadas en la sociedad al mismo tiempo que cuestiona la invariabilidad de las identidades sexuales. La piel de la protagonista, como otra superficie en la novela, ofrece la imagen de una nación más tolerante, receptiva y ambisexual después de revelar el impacto tóxico del trujillato.

El cambio de nombre de Santo Domingo a Ciudad Trujillo en 1936 culmina la reconstrucción de la capital dominicana destruida por el ciclón San Zenón en septiembre de 1930, ocurrido meses después de que comenzaran los treinta años de la sangrienta dictadura de Rafael Trujillo (1930–61). Este acto megalómano se convierte en el momento fundacional de la modernidad dominicana.[3] Ciudad Trujillo, resurgida de los escombros de Santo Domingo, epitomiza la nueva nación dominicana encaminada hacia el progreso y nutre la "cultura de desastre" (Anderson 34) que legitima al régimen para sobrellevar los desastres naturales y las amenazas potenciales como el comunismo, la inmigración haitiana y la intervención estadounidense.[4] Por esta razón, con el cambio de nombre de la capital dominicana prevalece el orden político y simbólico que sublima e institucionaliza el ideal patrio erigido en el siglo XIX a la hora de la fundación del Estado dominicano (N. Rodríguez, *Isla* 13–14; Mayes 15–35). Las premisas de este orden se basan en lo que Jacqueline Jiménez Polanco llama la "exclusión de la heterogeneidad del espacio de lo público" para concebir la nación como "una unidad constitucional homogénea, jerárquica y estamental" ("Mujeres" 315).

Con este fin, el régimen trujillista se aprovecha de un aparato de letrados que desempeñan el papel epistémico y panegirista, cuyo mejor ejemplo es la ensayística de Joaquín Balaguer (1906–2002) y Manuel Arturo Peña Batlle (1902–54). Al transmitir la ideología trujillista, los intelectuales al servicio de la dictadura facilitan la cohesión de un "saber monumentalista," una cierta práctica del discurso implementada por el sistema gubernamental que puede denominarse Ciudad Trujillo (N. Rodríguez, *Isla* 17). Aunque Santo Domingo recupera su nombre después del asesinato del dictador, el *ethos* de Ciudad Trujillo como maquinaria y discurso del Estado se prolonga hasta lo que se denomina "los doce años" (1966–78), conocidos como el nuevo trujillato o el balaguerato; este último nombre proviene de Balaguer, un acólito de Trujillo que domina la esfera política dominicana hasta su muerte en

2002.[5] Por eso, en vez de sustentar la modernidad, Ciudad Trujillo materializa la catástrofe que tanto trata de evitar y se rompe en pedazos en las letras dominicanas de los años 90.

Las promesas de cambio que traen consigo los 90 contribuyen a este colapso. Por un lado, la expansión de la industria turística y de los sectores de zona franca en la última década del siglo XX impulsa el crecimiento rápido de la economía dominicana. Por el otro, las elecciones presidenciales de 1996, condicionadas por El Pacto por la Democracia de 1994 y en las que resulta vencedor Leonel Fernández, impiden las reelecciones consecutivas de un Balaguer envejecido. Sin embargo, los avances económicos no reducen la inflación, la pobreza y el desempleo y aumentan aún más la dependencia de la economía global; el nuevo presidente—apadrinado por Balaguer—reproduce la misma retórica paternalista y es otro ejemplo del continuismo político. Como consecuencia, las expectativas fallidas de la década desencadenan el desencanto que está reflejado en la literatura que se transforma en las manos de los escritores jóvenes.

En 1998 se publican dos libros de cuentos que rompen el canon literario dominicano tratando temas escasamente considerados hasta entonces: *Invi's Paradise y otros relatos* de Aurora Arias (1962) y *Rumiantes* de Rita Indiana Hernández. En 1998, también, las editoriales multinacionales recién instaladas, como Alfaguara, transforman el panorama literario que empieza a contrastar con el pasado cuando los autores debían disponer del apoyo institucional o los medios para autopublicarse (Mena 353–54; De Maeseneer, "Dominican Literature" 30–32). Al mismo tiempo, la literatura dominicano-estadounidense cobra popularidad en Europa y en las Américas, incluida la República Dominicana, redefiniendo, de este modo, la dominicanidad.

La escritura posinsular que surge después de 1998 (Mena 353) supera la ciudad trujillista y epitomiza lo que Emily Maguire llama "síntomas de un país—y, dentro de él, discursos y puntos de vista—en plena crisis de transformación" (129).[6] Por un lado, el nuevo grupo de intelectuales y artistas, dentro del cual se encuentran Hernández y Andújar, desmitifica la postura logocéntrica trujillista y balaguerista que por más de 60 años funcionó como el discurso dominante y contribuyó a la legitimación política, social y cultural del país (de Moya 70). Por el otro, su producción literaria en la República Dominicana se desenvuelve en una esfera literaria que Maillo-Pozo caracteriza como "aún muy conservadora y arraigada en viejos patrones ligados a lo político" ("Comunión" 220), mientras que ellos son los escritores internacionales[7] que se ejercitan en la poesía, el video y la *performance*. A pesar de eso, al desilusionarse de los discursos históricos fundacionales, la escritura posinsular emplea una actitud nueva ante la trascendencia histórica. Como deliberadamente concretan el yo suprimido por los intelectuales oficiales de Ciudad Trujillo, las letras posteriores a 1998 optan por describir la cotidianidad y la otredad liberadas del exotismo, dando un nuevo sentido a la urbanidad. Reconfigurada por la migración, las remesas, el narcotráfico, el consumo y la economía frágil (Mena 358), la capital dominicana novelada traza la geografía de una subalternidad que resiste los intentos convocados por la globalización para reconstruir el paraíso, al mismo tiempo que se convierte en el epicentro de conflicto entre varios poderes, similar al ejemplo del Parque Duarte.

En vez de una Santo Domingo como ciudad trujillista homogeneizadora y moralizadora, la escritura posinsular pinta "una ciudad distinta, marcada por el entrecruzamiento de conductas, discursos y niveles de comunicación heterogéneos" (N. Rodríguez, *Escrituras* 127). Al dar voz a sectores olvidados y marginados que reclaman su ciudadanía desde abajo (Sheller, *Citizenship* 22–35), las letras dominicanas recuperan la ciudad, anticipando el espíritu que originaría los eventos del Parque Duarte una veintena de años después. De este modo, los textos de los escritores posinsulares acogen lo que De Maeseneer y Torres-Saillant denominan respectivamente la dominicanidad de mente abierta o democrática, inclusiva de los haitianos, el turismo sexual, los barrios marginales, el *tigueraje*, las distintas interferencias lingüísticas, las subjetividades diaspóricas y la sexualidad transgresora ("Dominican Literature" 33; "No es lo mismo" 18). Gracias al cambio del paradigma urbano y nacional, los nuevos textos vuelven a resaltar que, en la patria de Duarte, similar al parque homónimo, la dominicanidad democrática sigue chocando con las fuerzas políticas conservadoras, los intereses de la Iglesia Católica, el militarismo institucionalizado y los poderes neocoloniales. Pero entre los fragmentos físicos y alegóricos de la Ciudad Trujillo, donde su legado sobrevive, pero pierde el control, ya se levanta una nueva ciudad multicéntrica y sexualizada que cartografían las novelas de Andújar y Hernández.[8] Por un lado, en *La estrategia de Chochueca* de Hernández las caminatas de la protagonista por Santo Domingo muestran una actitud similar a la vagancia posmoderna flotante descrita en el primer capítulo dentro de sitios desacralizados cuyo valor histórico ha sido borrado. Por el otro, *El hombre triángulo* de Andújar yuxtapone los lugares públicos inapropiados, según la lógica trujillista, y los espacios privados descuidados que simbolizan la masculinidad sospechosa del personaje principal que recurre a la hombría militar como una máscara que lo heteronormativiza. Aunque se puede leer la fabricación de esta imagen como una experiencia de la *closetedness* (Sedgwick, *Epistemology* 3), me parece importante analizar el aspecto performativo que intoxica a su actuante, desmitificando con esto la masculinidad y el paternalismo como vestigios del trujillato que restringen la formación de la subjetividad en Ciudad Trujillo.

Los vestigios del trujilliato: la masculinidad hegemónica y el paternalismo

Su Excelencia, el Generalísimo Doctor Rafael Leónidas Trujillo Molina, Benefactor de la Patria y Padre de la Patria Nueva son los títulos ostentados por el dictador que lo reconocen como el jefe, el oficial y el padre. Pero el protagonista mulato de *El hombre triángulo*, el teniente de policía Pedro Pérez, falla en reproducir estas imágenes que cimientan la masculinidad reinante en Ciudad Trujillo. La razón de su fallo es el abuso sexual que sufrió de niño a manos de un militar que frecuentaba la casa de su madre; el trauma impacta su futura vida personal y sexual. Así, para restaurar la reputación dañada de su hombría tras el engaño de una novia, Pérez ingresa a un colegio militar después del cual termina trabajando en un barrio pobre. Al tiempo de casarse, el teniente abandona a su esposa Matilde y al hijo que tuvo con ella, cuya muerte en un accidente de tráfico causa el colapso mental de Matilde que termina internada en un manicomio. Sufriendo por la muerte del niño, el teniente frecuenta los bares locales donde vuelve a encontrarse con Baraka, un individuo de sexualidad ambigua apodado el Hombre Triángulo, a quien Pérez había interrogado por correr desnudo en un parque. En estado de embriaguez, Pérez confiesa sus sufrimientos a Baraka quien lo besa y provoca una violenta reacción del policía que lo golpea. Una vez en su casa, Pérez intenta suicidarse. Pero después de ser salvado por sus vecinos, Pérez se reúne con Rotunda, una prostituta de aspecto masculino a la que frecuenta. Cuando ella le comunica su decisión de irse a trabajar a Holanda, Pérez se echa a llorar desesperadamente. Sin saber cómo consolarlo, Rotunda le da al teniente un placer inconmensurable penetrándolo analmente con los dedos.

Con el fracaso del protagonista para reproducir los roles del padre y el militar, *El hombre triángulo* ejemplifica la desmitificación de la masculinidad hegemónica dominicana que explora Maja Horn, presentándola como una construcción formada a base de una confluencia de factores. Horn insiste en la importancia de reconocer el impacto más amplio de los poderes exteriores en la formación de las nociones de género y la masculinidad dominicana (14–15). La yuxtaposición del imperialismo estadounidense en los conceptos patriarcales preexistentes sobrepasa la masculinidad hiperbólica del dictador y tiene implicaciones perdurables que van más allá del trujillato (17). Por un lado, la ocupación estadounidense (1916–24) contribuye al ascenso de Trujillo al poder (Horn 33) y al establecimiento de un ejército modernizado que crece después de la Revolución cubana de 1959 (Krohn-Hansen 1).[9] Por otro lado, el énfasis en la hipervirilidad en el discurso político da una respuesta a las nociones imperiales y racializadas de la masculinidad que acompaña la presencia estadounidense. Al recurrir al género como herramienta discursiva y simbólica, la hipermasculinidad actuada por Trujillo combate la feminización y la emasculación del pueblo dominicano que las autoridades militares estadounidenses describen en términos femeninos, como gentil y débil (Mayes 139; Derby 63–64; Horn 1). Como consecuencia, la masculinización del poder que destrona el texto de Andújar extiende la militarización literal y figurativa del legado trujillista hacia la vida dominicana, forjando algo semejante a la estratocracia a la que el ejército sirve de modelo para nivelar la sociedad, organizar el discurso oficial y mostrar la solidaridad con el gobierno (Peguero 155–88). Más aún cuando la actitud militar masculina basada en la división de géneros, el heterosexismo y la homofobia agresivos (Morgan 166–68) se cuelan en la vida cotidiana de la sociedad dominicana que ya es, de por sí, heteropatriarcal, católica y homofóbica.[10] Como resultado, la masculinidad militar funda lo que Raewyn Connell llama la masculinidad hegemónica que surge cuando una forma de masculinidad es culturalmente exaltada en contraste con las demás (76–77). La centralidad de la masculinidad militar estructura el imaginario político, público y

Capítulo dos

privado dominicano y está en el centro del conflicto de *El hombre triángulo*. En este sentido, en la novela, la militarización en la que ya subyacen las nociones patriarcales—y que perdura como el legado trujillista en la vida de Pérez—forma parte de la legitimación política del teniente como un macho heterodominicano.

Similar al internado donde estudia Vladimir en *Contrabando de sombras* analizado en el Capítulo 1, el joven Pérez estudia en un colegio militar concebido como una heterotopía de crisis previamente desplazada de la sociedad, pero que ahora se encuentra en el centro de la legitimación política. El colegio forja la estratocracia no oficial iniciada por Trujillo cumpliendo una función de ingeniería social que, según Sierra Madero, en el contexto cubano produce machos ("'Camionero'") y en el dominicano heteronormativiza a sus participantes, particularmente a Pérez, produciendo los militares heterodominicanos. Al mismo tiempo, en este colegio confluyen los poderes exteriores que, como sugiere Horn, tienen un impacto más amplio en la formación de la masculinidad dominicana. En el colegio donde estudia el protagonista se promueven las imágenes masculinas bélicas tomadas de las películas estadounidenses: *Navy Seals*, *Rambo*, y *Un oficial y un caballero*.[11] Si bien en los Estados Unidos la filmación de este último filme dio una respuesta cultural al crecimiento de los movimientos de las mujeres en los años 60 y a la derrota en la guerra en Vietnam (Connell 84), en el contexto dominicano la imposición de esas imágenes viriles extranjeras refleja una invasión cultural en vez de una invasión por las armas suministradas por los Estados Unidos, como sucede durante el régimen de Trujillo. Además, en *El hombre triángulo*, en comparación con los filmes de Hollywood, la masculinidad hegemónica dominicana adquiere connotaciones raciales. Con estas películas concientizan a los cadetes, resaltando una masculinidad blanca, de modo que el servicio militar que permite cierta movilidad socioeconómica se presente como una nueva vía del blanqueamiento que era uno de los pilares de la era de Trujillo.[12] Sin embargo, el mismo Pérez, un guardia afrodescendiente, sigue viviendo y trabajando en un barrio pobre hasta después de entrar en la academia para enfrentar el abuso y la corrupción. Tomando en cuenta esta incongruencia entre las expectativas, las promesas y la realidad, la masculinidad hegemónica blanca resulta inalcanzable para Pérez. Por eso el hecho de que Pérez viva en su propio cuerpo la ilusión de encarnar la masculinidad hegemónica difiere de la realidad y condiciona su consiguiente crisis. La novela muestra que, aunque sigue siendo uno de los vestigios del trujillato, la masculinidad hegemónica deja de ser sostenible.

Además, al entrar en el colegio militar y luego al convertirse en guardia policial, Pérez se somete a "the seductive erotics of war" que le da el necropoder heredado de la economía afectiva del castigo de Ciudad Trujillo (Haritaworn, Kuntsman y Posocco 13).[13] A diferencia de Vladimir que encarna un *homo sacer* sometido al necropoder cubano, tal como analizo en el Capítulo 1 respecto de su muerte social, Pérez se convierte en el agente necropolítico que facilita la distinción entre los sujetos destinados a la vida o a la muerte y es capaz de causar la muerte simbólica. El hecho de tener acceso al necropoder también expone a Pérez a la ética del macho que, según arguye Jason Cortés, consiste en responsabilizarse o reconocer su complicidad con la violencia dado que el uso de la violencia física y simbólica pone a un individuo bajo interrogación ética. Cortés aclara: "This destabilizing effort ultimately undermines the foundation of both masculine and literary authority. As the purging of the oppressive voices of tradition entails the use of violence (even if symbolically), and thus becomes open to an ethical interrogation. This ethical interrogation constitutes the core of an ethic of male-self-representation, or macho ethics (1). La ética del macho se traduce en el caso de Pérez en la decisión de aparentar ser el macho heterodominicano militar y en las relaciones interpersonales cuando muestra una actitud punitiva hacia otros personajes alejados de la sociedad normativa. Por ejemplo, adhiriéndose al necropoder, Pérez no impide la reclusión de Matilde en el manicomio después de que ella sufre el colapso mental tras la muerte de su hijo en un accidente de tráfico. Aunque Pérez la compadece y reconoce que la quiere sacar de allí, no lo hace porque mostrar empatía hacia Matilde se aleja de la masculinidad hegemónica que, como explica John Riofrio, deriva de la ausencia de empatía que permite usar la violencia hacia las mujeres y los hombres más débiles (27).

Dado que Pérez opta por aparentar ser macho, esta misma ética revela la masculinidad hegemónica militar como—parafraseando a Judith Butler—una *performance* construida.[14] En otras palabras, en el espectáculo de la masculinidad de Pérez se entrelazan las actitudes militares, las expectativas sobre la hombría en la cultura dominicana y los valores patriarcales, heterosexuales y heteronormativos como elementos constitutivos. Sin embargo, propongo que *El hombre triángulo* desensambla esa construcción desde una negatividad que apunta hacia una resistencia a identidades concretas, como sugieren Berlant y Edelman: "Negativity for us refers to the psychic and social incoherences and divisions, conscious and unconscious alike, that trouble any totality or fixity of identity ... negativity unleashes the energy that allows for the possibility of change" (vii–viii). Apropiándose de una postura negativa, *El hombre triángulo* muestra la incongruencia entre los rasgos principales del macho heterodominicano hegemónico y los intentos fallidos de Pérez de personificarlos. Con esto, la novela emprende un proyecto desidentificador de los vestigios de la masculinidad militarizada como discurso hegemónico de legitimación.

La imagen masculina se construye con las transformaciones corporales y conductuales del personaje principal. Primero, según Michael Kaufman (63), el ejercicio del poder y el control que nutren la masculinidad se observan en el uso del lenguaje soez de Pérez que, a lo largo del texto, maldice en múltiples ocasiones: "Me cago en Ceuta, cuando coño le van a dejar la vida en paz a uno en este destacamento" (Andújar 12), "¿Qué-mierda-es-eso?" (13), "eso me encojona" (17). Su habla revela la postura logocéntrica, como huella del trujillato, que pertenece al sistema de dominación masculina y refuerza la política de género (Connell 83).[15] Además, para aparentar más virilidad se deja crecer la barba (Andújar 12), pero habla con una voz "entre militar y melodiosa" (12) que no coincide con uno de los parámetros del comportamiento de "hombre verdadero." Estas descripciones no corresponden a su nombre, Pedro, que se asocia con la palabra *piedra*, un material duro, difícil de romper, sugiriendo que Pérez debe personificar una imagen de hombría implacable que en realidad no posee.

Tampoco tiene lugar la legitimación de su hombría proveniente de una red de relaciones interdependientes entre amistades, filiaciones familiares, colegas y el vecindario (Krohn-Hansen 141; Ramírez, *What It Means* 33; Decena 126; de Moya 72–73). El adulterio de la antigua novia de Pérez despierta sospechas acerca de su capacidad viril para satisfacerla y, por extensión, para mantener su virilidad, aún más cuando Pérez no contesta a las acusaciones de los vecinos ni defiende su honor. Los hombres que tienen un comportamiento similar en la República Dominicana sufren el estigma deshonroso del cornudo, "the defiling stigma of a cuckold, a synonym of abjection, of being an outcast" (de Moya 69). Como resultado, Pérez no recibe la aprobación homosocial cuando sus amigos se burlan de él.[16]

Sus compañeros de trabajo tampoco lo ven como el *tíguere,* según el comentario de uno de sus subordinados, a pesar de que se dirige a él como *tigre*: "Usted luce cansado, tigre, póngase en órbita, deje de beber, deje la parranda, que ya me han contado" (Andújar 17). Caracterizado como un pícaro y un buscavidas callejero (Collado 25), el *tíguere* actúa de acuerdo a la situación y es visto como un héroe de la vida cotidiana (Krohn-Hansen 152).[17] Krohn-Hansen destaca cinco rasgos principales en el *tíguere*: es valiente y sabe defenderse; es públicamente visible y dispone de cierta generosidad y la voluntad de hacer favores; es visto como seductor y mujeriego; es verbalmente hábil; y, finalmente, es serio (148–51). El período formativo del *tíguere* coincide con Ciudad Trujillo. Reclutados de las zonas rurales al ejército como una oportunidad para construir su carrera profesional, los *tígueres* cultivan actividades despolitizadas en la calle, bebiendo, jugando dominós, bailando y practicando deportes en la creciente urbanización de Ciudad Trujillo (154). Aunque, como explica Horn, los *tígueres* dan una respuesta transgresora "desde abajo" contra las limitaciones del trujillato, también recuerdan el guion masculino implementado "desde arriba" por el mismo dictador (Horn 46; Derby 174–75). En contraste, la novela desvincula a Pérez del *tigueraje* heterodominicano y del discurso dominante que lo propaga con su mayor ejemplificación en la figura de Trujillo. Reclutado en el barrio pobre, Pérez no es pícaro ni permanece en la calle, sino en su cuartucho o en su oficina. El hecho de beber y parrandear implica la pérdida de la seriedad que es un aspecto importante de la masculinidad normativa dominicana que se entiende como respeto, responsabilidad, legitimación y autoridad (Decena 125–26; Thornton 151–52, 202–11). Como consecuencia, su pérdida no solamente muestra la desidentificación de la figura de autoridad masculina patriarcal, sino que también desecha a Pérez como proveedor del hogar.

Así como *Contrabando de sombras*, analizada en el Capítulo 1, redefine el modelo de Sommer sobre las ficciones fundacionales decimonónicas basadas en el afecto heterosexual, en *El hombre triángulo* la familia como alegoría de la nación dominicana en el siglo XXI critica el legado del proyecto trujillista que aumentó la

Capítulo dos

intervención del Estado en la institución familiar (Mayes 139). Aunque Pérez tiene un hijo, no se preocupa por él, abandonándolo con Matilde: "Matilde sola con el niño, siempre sola con su muchachito incluso tan sola desde ese momento en que Pérez estaba tan encima de mí desde los siglos" (Andújar 34). Tampoco actúa como padre a los ojos de la comunidad que lo reprueba cuando Pérez no reacciona ni llora en el funeral de su niño muerto en el accidente de tránsito. El fracaso de Pérez como *pater familias* alude a la demagogia y al paternalismo estatal cuya encarnación suprema es la figura de Trujillo y a su complicidad con la Iglesia Católica que revigoriza su rol en la política nacional del trujillato. Como explica Maillo-Pozo: al instituir el matrimonio eclesiástico, el país adquiere su estatus como una nación católica además de priorizar los valores familiares ("(Des) marginalización" 249–50). En este contexto, el nombre de Pérez tiene connotaciones bíblicas, aludiendo al apóstol Pedro como el padre y la piedra sobre la cual se funda la Iglesia. Sin embargo, la masculinidad católica construida a manera de la tríada (el Padre, el Hijo y el Espíritu Santo) que apunta a la heterosexualidad y a la procreación no llega a cumplirse en la novela.[18] A pesar de que Pérez fecunda a Matilde, el hecho de tener un hijo no legitima su masculinidad de modo que la vida matrimonial con Matilde parece ser la única posibilidad de Pérez para heteronormativizarse, pero esto tampoco se cumple.

Ahora bien, con la muerte del niño de Matilde y Pérez *El hombre triángulo* aniquila el blanqueamiento como el devenir prediseñado por la dictadura.[19] Resulta reveladora la descripción física del niño; en la novela se dice que heredó los ojos de su padre mulato, pero también "sacó todo de la madre: la boca fina y discreta, el pelo delicioso, la esbeltez natural de generaciones" (34). El hecho de que el niño haya heredado los rasgos europeos de su madre apunta al colorismo—discriminación basada en el color de la piel—como práctica racista arraigada en la sociedad e implementada por el Estado. Según argumenta Reyes-Santos, el régimen impone el matrimonio de la familia burguesa como una institución que duplica las jerarquías elitistas, sexistas y heteropatriarcales (97) y con eso discrepa con la diversidad de clase y raza que existe en la República Dominicana (Horn 24–28, 103–06; Martínez-Vergne 105–25; Mayes 124–37). Por eso, como la muerte del niño de Pérez en el accidente de tráfico se vincula con la violencia callejera, resulta que el niño cae víctima de la misma Ciudad Trujillo que con esta muerte se deshace de su propio futuro. De esta manera, la historia de la familia de Pérez suspende el blanqueamiento, el paternalismo y el heteropatriarcado como los hitos fundacionales de la familia nacional en Ciudad Trujillo.

La ideología del patriarcado como vestigio del trujillato y del balaguerato también se desmorona en *La estrategia de Chochueca* de Rita Indiana Hernández que retrata, desde una perspectiva sexualmente ambigua, la disolución de la familia tradicional dentro de un ambiente urbano fragmentado. *La estrategia de Chochueca*, de la que hablaré más adelante en este capítulo, se arma alrededor de los paseos de Silvia, una joven que se mueve por las zonas marginales de Santo Domingo, haciendo observaciones perspicaces de la realidad urbana y reflejando el aburrimiento generacional de la juventud de los 90. Encargada de devolver a su dueño unas bocinas robadas, una tarea que ninguno de sus compañeros masculinos puede cumplir, Silvia rompe la dinámica binaria de género, presentándose como una persona sexualmente inconforme y liberada. Sus paseos por la capital también despiertan recuerdos de las relaciones enajenadas con su familia incompleta, su amorío con Amanda, una turista escandinava, y el sexo que tuvo lugar entre ella y varios amigos suyos de diferentes estratos sociales: Salim, Octaviano, Julia, Tony, Lorena y Eduard—algunos de los cuales también provienen de familias rotas y asisten a las fiestas de Franco, un amigo homosexual de Silvia.

Como *El hombre triángulo*, el texto de Hernández desafía la ideología familiar que preserva la estabilidad social y los valores morales como solución de los problemas nacionales (Paiewonsky 334). En *La estrategia de Chochueca* Silvia se queda viviendo con su abuela y su tío después del accidente en que mueren su abuelo y su padre. Similar a *El hombre triángulo* que socava la masculinidad para mostrar el impacto de Ciudad Trujillo, la novela de Hernández recurre al ejemplo del tío de Silvia cuyo estado se degrada visiblemente: "Después del accidente en que murieron mi padre y el abuelo, la abuela no estuvo muy bien, tampoco el tío, que dejó de dar consultas y empezó a costarle trabajo irse a bañar o responder una pregunta elaborada" (29). Además, el hecho de que el tío escuche a Pavarotti y llore no corresponde a la masculinidad hegemónica militarizada. Al mismo tiempo, la abuela es la única persona capaz de encabezar la familia, a diferencia de la madre ausente de la narradora o de la narradora misma. Debido a estos cambios emerge una temporalidad *queer* opuesta al tiempo lineal, que, según Halberstam, está relacionado con el marco burgués de reproducción y familia, de longevidad y herencia (*In a Queer Time* 6). Por ejemplo, como de niña Silvia juega con su tío a Simbad, un juego de piratas para varones, desde la niñez se incuba en ella la idea del viaje que elimina el punto de llegada. Por esta razón, después de la destrucción de Ciudad Trujillo, Silvia deambula sin rumbo fijo por la ciudad. Resulta así que el mismo sistema de Ciudad Trujillo, que imponía la familia nuclear y la masculinidad militarizada, impacta una estructura familiar que invalida tanto a los hombres como a las mujeres.

A diferencia de *El hombre triángulo*, en *La estrategia de Chochueca* las relaciones entre los amigos de Silvia ejemplifican la diversidad de la sexualidad caribeña inclusiva, las relaciones no monógamas y poliamorios que rompen con la mononormatividad promovida por el Estado para definir y controlar la sociedad (Kempadoo, *Sexing* 2). La narradora describe a sus amigos de la siguiente manera:

> No es que fuéramos tan necios, era algo en la forma de sonreír, como si con nosotros y nuestro entrar en los baños de tres en tres, nuestro besarnos en la boca hombres y mujeres, nuestro reír con la boca llena, salpicáramos a los que nos miraban con una sustancia insoportable, haciéndolas más mortales aún, porque en nuestra irritante cofradía solo cabíamos nosotros, porque nos habíamos matrimoniado sin saberlo, gracias al Brugal, bajo un aguacero que nos agarró en la avenida Independencia buscando un carro público en que cupiésemos todos. (18)

Al caracterizar a los amigos de Silvia con las palabras "cofradía" y "matrimoniarse," *La estrategia de Chochueca* teje una red de afinidades entrelazadas y experiencias compartidas de la rareza y la cofradía a contracorriente, similar a una rizomática *queer* elaborada por Allen. Según este crítico, un rizoma *queer* "inspires connection beyond a staid, linear genealogy; it rejects old teleologies of heteronormative natural 'progress' from a single root or (family) tree. Feel here the ineluctable association and relatedness with 'intersectionality'" ("Black/Queer" 28–29). Para Allen, el rizoma creativo, promiscuo y contradictorio está fuera del alcance de la distribución jerárquica del poder y la autoridad (30). Aunque en la novela de Hernández los lazos afectivos poseen un marcado carácter sexual, se prioriza la horizontalidad de relaciones y poliamores. Por ejemplo, durante todo el verano Silvia se acuesta con Eduard—que tiene una relación con Adrián bajo el efecto de las drogas—(56–57), mientras que Julia comparte "la cama y los hombres" y "el baño y los sandwiches de salami Genoa" con Franco (35–36). Estos jóvenes que existen fuera de las jerarquías establecidas de clase, raza, género y sexualidad, según Horn, presentan la principal ofensa al *statu quo* (108). Pero su mayor transgresión, propone Odile Ferly, consiste en romper los tabúes alrededor de la muerte (246–47) sirviéndose del ejemplo de un mito urbano sobre un anciano llamado Chochueca que calza los zapatos de los muertos. Aunque concuerdo con Ferly en que con estas transgresiones de los personajes la novela denuncia el fracaso de la retórica del progreso promulgada por Trujillo y reconstruida en Ciudad Trujillo, me parece importante verlas también como una resistencia frente a la necropolítica entendida como el poder de causar la muerte física o simbólica, tal como se analizó en el Capítulo 1 en relación con *Contrabando de sombras*.

En una entrevista, Hernández llama a su generación "los muertos de Balaguer"; esta comparte rasgos con los amigos de Silvia:

> *La estrategia de Chochueca* tiene algo de funeral, pero más bien de bakini (rito mortuorio para infantes en República Dominicana) porque más que un gesto de rebeldía es el fruto de la impotencia en la que crecimos "Los muertos de Balaguer," como me gusta llamar a todos los que nacimos bajo ese signo, que somos muchos, lamentablemente, los que padecemos esa condición *undead* en que nos han dejado el balaguerato y sus herederos. (Clavell Carrasquillo)

En esa condición *undead*, de muertos vivientes, los amigos de Silvia entablan la amistad como un desarraigo compartido que implica una sociabilidad abierta a la alteridad. Al reconocerse como amigos, los individuos aceptan la rareza e inconformidad del otro (Roach 136). De modo similar a los personajes de *Contrabando de sombras*, la amistad como un desarraigo compartido les ayuda a enfrentar el necropoder dominicano. El estancamiento, la negligencia y el abandono generacional también se reflejan en el imaginario apocalíptico del paisaje urbano que perpetúa la cultura del desastre originada en Trujillo y que ejemplifica la cotidianidad de la crisis (Berlant 9–11). Así, esta generación transcurre en el constante revivir de una crisis incrustada en la cotidianidad del presente. Las andanzas de Silvia dentro de la ciudad son una manera de navegarla, trazando un mapa de una capital dominicana desconocida hasta entonces. Este territorio anteriormente invisible de la cultura subalterna, joven y marginal, de las drogas, las escenas de violencia callejeras y la sexualidad explícita presenta la caída de Ciudad Trujillo cuyas ruinas atestiguan varias décadas de inestabilidad e intransigencia política.

La Santo Domingo posinsular: la caída de Ciudad Trujillo y la nueva flanería

> Santo Domingo está en ruinas. Santo Domingo es todo un solo escombro. Santo Domingo es todo un solo lamento.
>
> *Escombros: Huracán del 1930*, Ramón Lugo Lovatón

La Santo Domingo arruinada por la que pasean los personajes de las novelas de Andújar y Hernández no produce la nostalgia de las ruinas habaneras, sino que alude a la imagen de la capital dominicana destruida por San Zenón en 1930. Si antes del huracán Santo Domingo encarna la ciudad letrada de Rama, sus reconstrucciones subsiguientes llevadas a cabo desde cero siguen un plan riguroso para hacer una ciudad moderna que epitomice una nación modernizada y un nuevo orden político y simbólico que a partir de ese momento gobierna la dominicanidad.

La devastación causada por San Zenón también trae la destrucción de la jerarquía social dado que el huracán elimina la segregación del espacio urbano dividido entre la vieja aristocracia alojada en la zona colonial y la nueva clase adinerada de los suburbios (Derby 67–68). Pero ya en la década de 1940, las reformas trujillistas se dirigen al tugurio, un término que abarca la vivienda de la nueva clase baja urbana que emigra de las zonas rurales a los barrios marginales que rodean la ciudad (Derby 102–03).[20] Por ende, surgen en Santo Domingo zonas inapropiadas o asentamientos espontáneos no planeados urbanísticamente, como los barrios marginales de San Carlos, Villa Francisca y Villas Agrícolas mencionados en las novelas de Andújar y Hernández que presentan una larga historia de irrupciones en la superficie urbana.[21]

Sus construcciones desordenadas revelan el caos producido por los proyectos habitacionales y el rol exclusivo del gobierno en el desarrollo de los barrios obreros.[22] Por esta razón, los traslados de los personajes de Andújar y Hernández por estos espacios a principios de los años 2000 indican lo que Maillo-Pozo interpreta como la reubicación de los sujetos marginados de la periferia al centro no solo como estrategia para obtener más visibilidad, sino también como una herramienta alternativa a los levantamientos (motines, huelgas, conciertos reivindicativos) de las décadas del 70 y 80 ("Comunión" 231). Quiero proponer que este levantamiento metafórico de los personajes marginales que circulan en distintas zonas de la ciudad contradice la retórica del progreso de Ciudad Trujillo, sus valores e hitos, sobre todo cuando su legado aún permanece vivo en la superficie urbana.

La Santo Domingo de la época de Pérez y Silvia, los personajes de las novelas que estudio en este capítulo, está disociada de una dominicanidad homogénea ya que el nuevo espacio urbano se vuelve más dinámico y diverso (N. Rodríguez, *Isla* 40–41). Al mismo tiempo, la heterogeneidad que caracteriza a Santo Domingo como un lugar de desencuentros abre paso a subjetividades *queer* que empiezan a llenar la ciudad. Los personajes en las novelas de Andújar y Hernández emprenden diferentes caminos para explorar las intersecciones de la sexualidad y el espacio urbano. Por un lado, en *El hombre triángulo* estallan las zonas inapropiadas de los entornos mugrientos y despreciables que simbolizan el trauma de Pérez, la masculinidad tóxica y su disidencia sexual. Por otro lado, en *La estrategia de Chochueca* la flanería posmoderna flotante ayuda a enfrentar el necropoder en la ciudad fragmentada, mientras que el discurrir peatonal *queer* traza una cartografía subversiva sociosexual.

En la Santo Domingo de la novela de Hernández prevalece el ambiente híbrido y fragmentario que produce "subjetividades nómadas" (N. Rodríguez, *Escrituras* 143). Una de ellas es Silvia. En contraste con el *flâneur* indolente de Benjamin, con su mirada distanciada y estetizante, Silvia es una *flâneuse* tropical perspicaz cuyas caminatas más bien indican la carencia de lugar. Ella confiesa que nunca está en la casa, donde a lo sumo duerme (Hernández 32), que la abuela "no se acostumbraría nunca a mí, a mi poco hablar, poco comer, poco reír, tampoco hizo mucho esfuerzo en sermonearme" (31). Con esto su sensación de no-pertenencia a un lugar se hace representativa de una generación de jóvenes dominicanos. Es más, Silvia describe los traslados de los habitantes de Santo Domingo como "el infame cabalgar de la gente, gente sola que no va a ninguna parte" (32). Resulta que las caminatas interminables de Silvia representan la carencia de un lugar propio de los jóvenes disidentes e inconformes en la nación, mientras que las divagaciones e incapacidades de sus habitantes para encontrar su propio lugar reflejan un pasaje urbano como incompleto o roto.

Por lo tanto, el *discurrir* del paseo por el paisaje capitalino que, según Ramos, antes ordenaba el caos de la ciudad finisecular (126), rompe con la lógica de una ciudad ordenada, cartografiando sus fragmentos. El mosaico urbano que se recrea a través de los paseos de Silvia, a su vez, indica la dificultad de flanear en Santo Domingo.[23] Por ejemplo, en las caminatas de Silvia junto con sus amigos, la capital se percibe como un laberinto: "Recorríamos la ciudad en círculos perfectos e inservibles, escarbando este laberinto de pelusas que es Santo Domingo" (Hernández 20). A ese ambiente sin salida al que alude la mención del laberinto contribuye el carácter circular de las caminatas de Silvia, similares a lo que de Certeau llama *giras*: movimientos espaciales con explicaciones de sus rutas, sin tener una meta final (118–22).

Estas giras de Silvia entre los fragmentos de la ciudad aumentan el sentimiento de desesperación causado por el aislamiento del país, cuando la narradora reconoce la imposibilidad de llegar a algún lugar, porque la isla está rodeada por "el mar insoportable por todos lados" (Hernández 23). Como en *Contrabando de sombras*, la conceptualización de la insularidad proviene de la primera línea de *La isla en peso*, el texto de Piñera: "la maldita circunstancia del agua por todas partes" (37). Aunque el insularismo forma parte de la homopoética o la poética de relación de las novelas que analizo en este libro, Hernández pertenece a la generación de los escritores posinsulares, para quienes la insularidad se conceptualiza como algo movible, que no es exclusivo, sino perteneciente a la comunidad global (Mena 349–54). Por esta razón, se tuerce la imagen tradicional del mar como límite que, en cambio, se presenta como un ente comunicante en movimiento. Es el mar picadísimo con olas fantasmagóricas (Hernández 34), que se puede cruzar en balsas (24) y surfear guiando a "los otros por entre el mar picado hacia la tierra prometida" (25–26). En contraste, resultan estáticos el país y la ciudad fragmentada donde los traslados de la protagonista-*flâneuse*—que es la única que se mueve—se desvinculan de la necesidad de tener tierra firme bajo los pies.[24] De esta manera, la novela devalúa la herencia de los discursos coloniales y del trujillato obsesionado con una dominicanidad arraigada en tierra firme, una condición limitante.[25]

Semejante a la flanería posmoderna flotante de Vladimir en *Contrabando de sombras*, en el caso de Silvia, se deambula por deambular: "La sola acción de andar ofrece posibilidades inevitables, se camina sin pensar que se camina, más bien tintineamos las caderas acompasando las piernas a la cadencia autómata" (Ponte 13). Pero si en el texto de Ponte la vagancia representa aún un desafío para la productividad colectiva y está sujeta a consecuencias legales, la vagancia en *La estrategia* se origina en la pérdida generacional, pero se realiza para enfrentar la cotidianidad de la crisis y resistir la necropolítica. Deambular se convierte en la estrategia de sobrevivencia en el ambiente necropolítico de una ciudad cuya dejadez, abandono y monstruosidad amenazan con mortificar al sujeto flotante.[26] Similar a Chochueca, que usa los zapatos de los muertos, Silvia "camina sin pensar que se camina"; con esto la novela de Hernández vuelve a establecer una poética de relación caribeña que cuestiona la legitimación del poder. La flanería de Silvia recuerda la descripción de Antonio Benítez Rojo de cierta manera de caminar que refuerza la cultura caribeña como no apocalíptica, disociada de la muerte: "Mientras la burocracia estatal buscaba noticias de onda corta y el ejército se atrincheraba inflamado por los discursos patrióticos y los comunicados oficiales, dos negras viejas pasaron 'de cierta manera' bajo mi balcón ... Entonces supe de golpe que no ocurriría el apocalipsis" (xiii). En contraste, *La estrategia de Chochueca* evoca el imaginario apocalíptico, porque, arguyo, con esto destruye Ciudad Trujillo erguida por los letrados trujillistas como el discurso fundacional que establece el orden simbólico identitario. Silvia imagina:

> La ciudad en llamas es un sueño que siempre tengo, el de un fuego apocalíptico que se come a Santo Domingo. Hay otro en el que la isla se hunde por aquello de Duarte. Nadie me cree cuando les digo que arde, que los fuegos llegan a los techos del Alcázar de Colón y que el Obelisco es una inmensa vela ennegrecida. De todos modos se mueren todos cuando yo ya me he despertado, siempre se quedan parados haciendo fila para entrar a una venta de pasillos, me despierto antes de que se joda definitivamente la cosa. (46)

Capítulo dos

Aunque todos estos monumentos están cargados de historicidad y conmemoran los eventos y el discurso histórico fundacional que forjaron la dominicanidad, la novela desacraliza estos nombres, imágenes y espacios.[27] El fuego se imagina a la manera de una purificación que borra todas las huellas identitarias nacionales. Apelando a la cultura del desastre mantenida por el discurso oficial trujillista, Silvia se apropia de ese mismo discurso para resistir su necropolítica y eliminar el gran desastre que era Ciudad Trujillo.

Además, las enunciaciones *queer* peatonales de Silvia, como las llama Palacios (568),[28] transforman toda la superficie de Santo Domingo en una esfera contra-pública en la que, según la definición de Rita Felski, florece la oposición a la discriminación y opresión de la cultura predominantemente masculina (167). En la novela de Hernández, la esfera contra-pública de la capital dominicana no se basa solo en cuestiones de género, sino que introduce exploraciones ambisexuales del ambiente citadino, haciendo algo semejante a un *tigueraje* andrógino.

Con la caída de Ciudad Trujillo, se destruye la división del espacio urbano según los roles de género y se crean puntos de entrecruce de lo urbano y lo sexual. Aunque en sus caminatas Silvia recorre Santo Domingo con Tony o Salim, asemejándose a la *flâneuse* decimonónica acompañada en lugares públicos, es una mujer que no sigue al hombre, sino que elige el camino y su propio comportamiento y adopta el *tigueraje* masculino. A diferencia de Pérez que fracasa como *tíguere* en *El hombre triángulo*, Silvia recurre al lenguaje soez tradicionalmente visto como una característica masculina y navega las calles como el lugar de la socialización e iniciación a la hombría. Ella es la que está "bregando" en la calle para devolver las bocinas robadas en vez de sus amigos masculinos que, en comparación con ella, parecen más débiles y no encarnan la masculinidad hegemónica. Por ejemplo, Manuel está a punto de llorar cuando Silvia insiste en dejarle a él las bocinas robadas; también Tony se echa a llorar después de que lo golpea su novia. Al mismo tiempo, Franco es homosexual mientras que Octaviano y Salim son *sanky-pankies*, trabajadores sexuales que poseen una masculinidad precaria porque tienen relaciones con clientes de ambos sexos, como analizo en el Capítulo 4. Por lo tanto, el *tigueraje* que antes fue un modelo de masculinidad nacional, según lo define Krohn-Hansen (127), ahora empieza a incorporar otras subjetividades. Con el *tigueraje* andrógino de Silvia, la novela hereda una reacción "desde abajo" contra el régimen político trujillista incluida en ese modelo. Pero a principios del siglo XXI su desafío consiste en romper con la postura patriarcal excluyente para incluir lo ambisexual anteriormente disociado del *tigueraje* como marca de la identidad nacional.

La inscripción de la sexualidad ambigua en el proyecto nacional va en paralelo a la invasión mutua de diferentes espacios públicos y privados que permite transgredir normas sexuales para evadir la necropolítica. En *La estrategia de Chochueca* la casa de la abuela de Silvia y el apartamento de Franco son dos lugares interiores que no escapan de la cotidianidad de la crisis. Por un lado, la tranquilidad de la casa de la abuela es "un espacio instalado sobre el movimiento" que está constantemente perturbado por los ruidos de "un mundo aparatoso y terriblemente árido" (Hernández 32). Por el otro, el apartamento de Franco es el hogar *queer* libre de heteronormas: "Cuando Julia vivía con él le tenía el apartamento de capa caída, un reguero de pushers y rockeritos que estaban del otro lado, por eso empezó lo de los *raves*, ese afán de Franco por armar estas fuera de su casa, y empezamos todos a habitar un mundo nocturno ya definitivamente" (65). A diferencia del que forman Vladimir y Susan en *Contrabando de sombras*, este hogar *queer* constantemente cambia de lugar, pese a que sirve de refugio relativo para Silvia y sus amigos. Así, Silvia comenta: "cuando Franco no estaba de mal humor y nos dejaba tocando la puerta una hora o no abría nunca, porque siempre acababan echándonos él o sus vecinos; siempre acababan echándonos de todos lados" (18). Su tranquilidad ilusoria permanece bajo la amenaza destructiva de los vecinos o del mismo Franco, de modo que vuelve a apuntar a la carencia de un lugar generacional. En su análisis de la novela, Palacios denomina a estos sitios como espacios *queer* porque son móviles y casi efímeros (574). Pero me parece importante destacar que precisamente esa precariedad los asemeja al "ambiente homoerótico habanero" que analizo en el Capítulo 1 y que, como caracteriza Sierra Madero, acoge sitios inestables e itinerantes constantemente que se desplazan por el mapa de la ciudad para escapar el control del heteromundo (*Del otro lado* 225–27). Por eso, el hogar *queer* en el apartamento de Franco es una semilla de la que brota una comunidad disidente, una familia nacional nueva y diferente que reclama su lugar, así como sucede en el Parque Duarte en otoño de 2016.

Capítulo dos

La concurrencia de lo público y lo privado también traza una cartografía subversiva de Santo Domingo en la que se entrecruzan lo sexual y lo urbano presentándola como una ciudad sexualizada. De acuerdo con Guerra, las intersecciones de las prácticas sexuales, las identidades *queer* y el espacio demuestran la presencia de una territorialidad llena de códigos, silencios y negociaciones (300). Por un lado, la novela menciona la práctica de *cruising* por sexo en los lugares de encuentro que frecuenta la gente local de cierta clase. Por ejemplo, en un parque Silvia y Franco observaban a los muchachos jóvenes jugar baloncesto y Franco "rogaba a un dios de carne que le concediera uno de aquellos culitos negros, tan duros y espigados, mejillas de cielo" (Hernández 35). También se menciona el parque Colón "lleno de palomas y locos" (57) que se considera un lugar de encuentro de la población *queer*. Por otro lado, los lugares de prostitución femenina y masculina abiertamente controlados por la policía alejan la imagen de Ciudad Trujillo como una ciudad moralizante; uno de ellos es el Malecón: "Y están los policías que mantienen el hilo que separa el orden de esa orgía en el Malecón; separando a los novios que se besan pegados a los almendros, escondiendo a los palomos adictos al cemento para que no los vean los turistas y tumbando a los choferes alguna borona" (34). Además, los espacios dominicanos se transforman bajo la influencia de la globalización: "Una pareja perfecta que venía a sentarse en la mesa donde antes los poetas de la ciudad refunfuñaban" (57–58). Con esto el texto da una referencia a la cafetería El Conde famosa anteriormente por su ambiente poético-bohemio y hoy en día invadida por los turistas extranjeros que analizo en el Capítulo 4. Como resultado, aunque la maquinaria de Ciudad Trujillo se ha infiltrado en múltiples niveles de la sociedad, *La estrategia de Chochueca* revela que a principios del siglo XXI se destruye la división estricta entre los espacios públicos y privados y se crea un ambiente fragmentado que permite la consecuente irrupción de lo *queer* en el paisaje urbano.

Ahora bien, en *El hombre triángulo* de Andújar la fragmentación urbana se manifiesta en la distinción entre espacio apropiado e inapropiado. Según Marzena Grzegorczyk, la ciudad apropiada, o la ciudad letrada de Rama, es un producto del orden construido desde cero con un plan riguroso; una ciudad así no fue erigida debido a las necesidades del pueblo, sino que obedeció a una orden impuesta desde afuera o desde arriba. Por lo tanto, perpetuada por el poder, la ciudad apropiada preserva las estructuras socioeconómicas y culturales, mientras que la ciudad inapropiada graba los momentos de la erupción de la subsconsciencia urbana que rompen el orden establecido (55–57).

En la novela, estas dos ciudades coinciden dentro del espacio de Santo Domingo. Si la capital dominicana como ciudad apropiada, después del huracán San Zenón, es un espacio extradiegético que aparece en las referencias de los personajes, las zonas de erupciones inapropiadas son causadas por la ruptura del control heteronormativo y por el fracaso de la ideología militarizada implementada por Trujillo. Por ejemplo, el apodo "el Hombre Triángulo" resalta la complejidad de las identidades sexuales ya que rompe un sistema binario femenino/masculino: "este hombre fue expulsado del reino geométrico por amar la belleza por ser honesto por besar donde no debía y bebía y aspiraba lo que no estaba permitido para los círculos cuadrados rectángulos polígonos y trigonométricamente comió de lo prohibido y le gustó" (Andújar 60). Aunque el triángulo se convierte en la metáfora de las experiencias *queer* expulsadas del reino geométrico, también se contrapone al embellecimiento que tiene lugar después del huracán y a la arquitectura monumental del trujillato que sigue patrones geométricos, según explica Anderson (50). Si el reino geométrico simboliza una ciudad apropiada, es decir, el espacio urbano de Santo Domingo distribuido conforme a la "voluntad falogocéntrica" (Guerra 290), al mismo tiempo sirve como una referencia histórica a la homofobia durante la dictadura de Trujillo. Por ende, la disparidad de Baraka apodado "el Hombre Triángulo" representa la ruptura con ese sistema moralizador y la consiguiente represión y ocultamiento de los cuartuchos y bares gay que desestabilizan ese orden arquitectónico.

Aún más interesante resulta la división de la ciudad inapropiada en espacios interiores (privados) y exteriores (públicos). Los primeros son espacios cerrados cuyo ambiente de dejadez y mugre simbolizan la decadencia del discurso paternalista militar y la masculinidad en crisis de Pérez. El cuarto y oficina de Pérez se describen como sitios cerrados donde no circula el aire: "La oficina de Pérez es un dos por dos. El aire acondicionado no opera desde la Semana Santa pasada ... El mobiliario lo completan: un escritorio que tuvo mejores días, una silla que solo aquel que la conoce bien no tiene la desconfianza de verse en el piso en un instante cualquiera" (Andújar 20–21). Asimismo, según su ambiente, el bar Cementerio que Pérez frecuenta pertenece a una zona inapropiada: "La pintura del local en cuestión deja mucho que desear. La puerta está abierta y un estante con botellas se improvisa en lo que sería la sala de una casa como tal. Después de la cortina de lagrimitas de plástico están los muebles vueltos una mierda de viejos y que ya no dan más, es sencillo, te sientas y el culo te queda de una manera que puedes tocar tu barbilla con las rodillas" (25–26). El bar-burdel Cementerio se *queerifica*, porque la referencia directa a la muerte que aparece en su nombre alude al placer no-reproductivo, similar al cementerio en *Contrabando de sombras*. También como en la novela cubana, este bar representa la muerte simbólica de Pérez como macho heterodominicano y el nacimiento de su sexualidad.

De una manera similar, los espacios exteriores en la novela heredan la tradición de resistencia contra la maquinaria de Ciudad Trujillo. Robert González sostiene que muchos lugares en Santo Domingo están permeados por la memoria del régimen trujillista y que las historias personales a menudo desafían las historias oficiales (223–25). Tal como sucede en *Contrabando de sombras* y *La estrategia de Chochueca*, los traslados de los personajes de *El hombre triángulo* por esos lugares señalan la irrupción de las subjetividades *queer* en la superficie urbana para reclamar su presencia en los espacios públicos. Los espacios exteriores de la Feria, el Malecón, la Duarte figuran en la novela como lugares de prostitución, mientras que la calle Conde y el parque Enriquillo representan el fracaso de la urbanización monolítica.[29] Históricamente, la calle El Conde, anteriormente llamada la calle de la Separación, dividía la ciudad colonial según la condición social de sus habitantes. Por eso, cuando los personajes de *El hombre triángulo* van del barrio pobre a la ciudad colonial adquieren su voz en el espacio dominante. La mención del parque Enriquillo donde detienen a Baraka que corre desnudo refiere a la redefinición de su espacio en los años 20 del siglo XX (Derby 87). Si antes se lo consideraba como un sitio público de la naturaleza, a partir de la era de Trujillo se percibe como un espacio monumentalista de la cultura que incita la conducta apropiada. Derby explica: "a series of ordinances to eliminate unseemly behavior from these public sites, such as picking flowers, stepping on the grass, the presence of loud food sellers, and disorderly conduct" (87). Permeados por el espíritu rebelde y la contestación política, en la novela de Andújar la calle El Conde y el parque Enriquillo se convierten en los espacios transgresores que dan la bienvenida a la intervención de sexualidades *queer*, como sucede con Baraka que circula por estos lugares. Otra intervención sucede en la superficie corporal. Si el trauma generacional causado por Ciudad Trujillo se refleja en los espacios mugrientos y el caos capitalino, la incapacidad de goce sexual de Pérez y el desenfreno sexual de Silvia se graban en los cuerpos de los personajes que son contenedores de subjetividades nómadas y sexualidades precarias.

El gran destape de los cuerpos vulnerables

> The body implies mortality, vulnerability, agency: the skin and the flesh expose us to the gaze of others, but also to touch, and to violence, and bodies put us at risk of becoming the agency and instrument of these as well. Althoug we struggle for rights over our own bodies, the very bodies for which we struggle are not quite ever only our own. The body has an invariably public dimension.
>
> *Precarious Life*, Judith Butler

El trauma causado por Ciudad Trujillo persiste como una violencia palpitante que en las novelas de Andújar y Hernández se dirige a los cuerpos de los personajes. Estos cuerpos reproducen y rehúsan las heteronormas, es decir se someten a la vigilancia estatal al mismo tiempo que rompen con ella, produciendo el reconocimiento de otras formas de sexualidad en la República Dominicana. En *El hombre triángulo* el cuerpo militar disciplinado de Pérez materializa lo que Sara Ahmed llama "queer skin, straight masks" (*Cultural Politics* 150) y Antonio de Moya denomina la camisa de fuerza (72–73) porque la masculinidad que Pérez reproduce con su cuerpo contiene su sexualidad dentro de límites estrictos. Esa actuación también refleja la internalización que hace el protagonista del poder heteronormativizador de los gobiernos totalitarios de Trujillo y Balaguer.

En el texto de Andújar la taxonomía somática—que varía de un cuerpo racializado, disciplinado y agredido a un cuerpo que falla—permite ver varias experiencias grabadas en el cuerpo de Pérez.[30] Me gustaría proponer que al haber sido agredido sexual-

Capítulo dos

mente durante la infancia Pérez recurre a la masculinidad militar como una máscara del macho heterodominicano que termina intoxicando su cuerpo. El error somático empieza con el desbordamiento de las secreciones corporales y culmina con su fallo mental (el intento de suicidio). Con el abuso sexual del protagonista que está en la raíz de sus sufrimientos, la novela apunta a lo que Linda Alcoff llama una nueva epistemología de la violación sexual (2). Al desafiar ideas convencionales y normas heterosexuales que excusan la violación como una muestra inevitable de un deseo sexual o de una masculinidad normativa, la nueva epistemología aboga por el conocimiento colectivo del problema de modo que las voces de las víctimas permanezcan en el centro. En la novela de Andújar la voz central que denuncia la violación pertenece a Pérez que desde los siete hasta los diez años fue acosado por un militar destacado, apodado Maricón, que venía a beber cerveza a la casa de su madre. En la figura de este militar se desmitifica el hombre viril dominicano, *pater familias* y, por extensión, el padre de la nación ejemplificado por Trujillo y Balaguer. Por ejemplo, a cada apodo del militar abusador se le van agregando varios adjetivos calificativos: al principio lo llaman Maricón, después el Monstruo Maricón, el Gran Monstruo Maricón, luego el Indomable Gran Monstruo Maricón, el Violador Indomable Gran Monstruo Maricón, el Militar Indomable Gran Monstruo Maricón y, por fin, el Maldito Militar Violador Indomable Gran Monstruo Maricón (Andújar 46–49). Esta lista creciente de apodos construye un paralelismo con el culto a la personalidad de Trujillo, tristemente célebre por múltiples relaciones extramaritales y por su apodo "el Jefe" con mayúscula también. Resulta que el mismo sistema que impone los valores familiares y confía al núcleo familiar la preservación de las normas del heteropatriarcado se destruye a sí mismo. Además, la novela insinúa que la impunidad del abusador y la ignorancia del abuso por parte de la madre de Pérez se deben al imaginario colectivo de la sociedad dominicana en el que ser militar equivale a ser masculino y heterosexual, destacando el aspecto performativo y construido de la heteromasculinidad como máscara.

En cambio, al ser un niño abusado sexualmente, Pérez se convierte en la metáfora de la nación dominicana maltratada por el régimen. Al comentar el asesinato del Maricón durante la manifestación de 1984,[31] Pérez declara: "y todos los niños a los que tocaste te matamos en aquella manifestación aunque no podamos dormir ni masturbarnos aún ahora que yo también soy militar" (Andújar 49). El uso de *nosotros* iguala el trauma sexual personal con el trauma colectivo y nacional del trujillato. Al mismo tiempo, el impacto traumático se observa en la formación de las normas alrededor de la masculinidad y la corporalidad, porque el trauma no solamente permanece en la conciencia y la subsconciencia, sino que también se revela en el cuerpo (Brison 45).

Por lo tanto, propongo que el trauma sufrido por Pérez condiciona su obsesión con la masculinidad como una máscara tóxica que puede explicarse con el optimismo cruel que, afirma Berlant, describe un apego a un objeto problemático que habilita al mismo tiempo que inhabilita a un individuo. En otras palabras, el sentimiento optimista deriva de un apego a una condición cuya materialización es imposible, tóxica o es pura fantasía, mientras que la crueldad deriva de la imposibilidad de un individuo de sobrellevar la pérdida de esa condición que termina siendo intoxicante (Berlant 24). En la novela, el apego de Pérez a la imagen del macho heterodominicano funciona como una tecnología del yo que se basa en la conducta viril y en la construcción de un cuerpo-máquina en perfecto estado de funcionamiento, disciplinado y programado para reproducir las normas heteronormativas.[32] No obstante, debido a la incapacidad de quitarse la máscara masculina, Pérez termina intoxicado, literal y figurativamente. Así, *El hombre triángulo* presenta el mal funcionamiento de esa máquina corporal que se contamina gradualmente y muestra la autosubversión del optimismo cruel y de Ciudad Trujillo.

Al principio, la imposibilidad de Pérez de expulsar las secreciones simboliza una vida literalmente tapada y una existencia contaminada por la represión de la sexualidad. El hecho de que Pérez no vomite después de embriagarse simboliza la materialización del optimismo cruel porque la actuación de la imagen del macho heterodominicano lo intoxica. Como el alcohol que se queda en su cuerpo y envenena su organismo, así el miedo de quitarse la máscara del macho contamina su existencia y lo obliga a llevar una doble vida: "Un hombre acosado por la inmadurez y la falta de esperanza solo puede desarrollarse dentro de dos aspectos de su vida: el cuartel, donde él es el que manda o en la pensión donde mal duerme *intoxicado* y tranquilo" (Andújar 24; énfasis mío). Sin embargo, esa intoxicación con la heteromasculinidad lleva al destape simbólico que saca a la luz la homosexualidad de Pérez.

Las secreciones corporales, como lágrimas, vómitos y sangre que forman una de las isotopías del texto, son también el primer indicio de ese malfuncionamiento. Este proceso empieza en el bar Parada 77 donde, bajo la influencia del alcohol, Baraka besa a Pérez. Movido por el pánico homosexual, éste lo golpea recurriendo a la violencia para restaurar la masculinidad dañada de su cuerpo-máquina no programado para responder al placer homoerótico.[33] Pero el golpe también provoca una hemorragia en el cuerpo de Baraka y las lágrimas de ambos: "Lágrimas: lo que salía por los ojos de Pérez al salir corriendo del bar ... El llanto de la huida. El llanto del miedo de aceptar que alguien en este mundo podría adorarle hasta arriesgarlo todo. Baraka se quedó en el bar llorando, consciente. Pérez se fue llorando, decidido" (Andújar 50–51). Aunque las lágrimas en el caso del personaje principal vuelven a cuestionar su imagen viril ante la sociedad, puede afirmarse que inician la purificación de la máscara heteronormativa, ya que las secreciones corporales contribuyen a la purificación corporal (Douglas 126).

La dificultad de enfrentar su sexualidad y de purificar el cuerpo de Ciudad Trujillo se presenta en el lenguaje corporal de Pérez. Después de que Pérez se va del bar con intenciones de suicidarse, sus vecinos lo encuentran en su cuartucho con espuma en la boca, en un estado de intoxicación que había degenerado en una embolia, una obstrucción por un coágulo de sangre que impide el riego sanguíneo normal. Resulta que la masculinidad hegemónica de Ciudad Trujillo está literalmente encerrada en su cuerpo, pero el destape simbólico sucede cuando Rotunda lo penetra analmente con dos dedos. Pérez rompe el silencio y se libra del tapón verbalmente: "Primero, primero será la sangre, sangre intoxicada que brotará de mí a caudales y se extenderá por la faz de la tierra" (Andújar 64). Por lo tanto, el vómito simbólico de palabras en el caso de Pérez marca el fracaso del cuerpo-máquina, un fracaso que tiene un potencial subversivo similar a *Contrabando de sombras*. Pero si la novela cubana enfrenta la imposición del discurso de la productividad colectiva con la vagancia, en el texto de Andújar el fracaso purifica del sistema trujillista y balaguerista que contamina el cuerpo con su política disciplinaria y las heteronormas.

Aunque *La estrategia de Chochueca* también se caracteriza por la poética somática, la novela de Hernández prioriza la formación de la subjetividad basada en las experiencias del cuerpo y la piel que va más allá de ser solo una membrana permeable. Al desafiar la postulación lacaniana de que el subconsciente se estructura como el lenguaje, el psicoanalista francés Didier Anzieu modela la subjetividad basada en la corporalidad (66). De una manera similar, al destronar el logocentrismo de Ciudad Trujillo, la novela presenta la piel de Silvia como un *"skinscape,"* en términos de Jay Posser (65), del que emanan recuerdos intercorpóreos (*interembodied*) y que provee una "doble sensación," al ser la superficie que toca y es tocada por el mundo exterior.

En la novela, el primer recuerdo y experiencia sensorial de la piel está relacionado con el sarpullido que la narradora padece de niña y al que alivian con algodones embebidos en agua fría (Hernández 30). El sarpullido brota poco tiempo después del accidente en que mueren su padre y su abuelo. Dado que es un momento que inicia la disolución de la familia de Silvia, el sarpullido es un resultado de la contaminación de Ciudad Trujillo que se externaliza en la piel mientras que el agua se convierte en la esencia purificadora. De esta manera, con el tacto y la vista el primer contacto destructor con Ciudad Trujillo se inscribe somáticamente en el fundamento del yo de Silvia.

Por lo tanto, al ser a la vez un sitio de exposición y conexión, la piel contribuye a las experiencias intercorpóreas de modo que la frontera entre los cuerpos, o el cuerpo y el mundo, sea un lugar de cruce con la otredad y la diferencia. Mientras sigue duchándose, la narradora reflexiona: "El líquido tibio me lame las heridas y respiro capaz de tragarme todo el aire del mundo. Estoy hasta el cuello y el agua me dio, como a Frida, toda una serie de memorias" (31). Al evocar a Frida Kahlo, la autora da una referencia a su cuadro "Lo que el agua me dio" (1938) que no tiene una imagen central, sino que se enfoca en múltiples eventos de la vida de la artista, tal como lo hace la novela cuando Silvia narra los eventos de su vida de una manera fragmentada. La repetida presencia del agua en la novela, sea en el contacto con la piel o en la representación de la insularidad, apunta a lo que Rebeca Hey-Colón llama una genealogía femenina del uso del agua (180). El imaginario acuático que enfatiza la fluidez y el devenir de identidades es una estrategia a la que recurren las escritoras para quienes el arraigo en tierra firme es una condición limitante moldeada por los poderes coloniales y masculinos. Esa fluidez acuática rompe con una postura masculinista y promueve una perspectiva sexualmente ambigua en la novela de Hernández. Las sensaciones despertadas por el contacto con la piel no marcan su cuerpo con ningún género, sino que contribuyen al aumento de la ambigüedad, puesto que tanto los cuerpos masculinos como los femeninos pueden reaccionar al roce. A través de esa experiencia intercorpórea y sexualmente ambigua grabada en la piel de Silvia, me atrevo a proponer, se ofrece la nueva piel de la nación, es decir, la imagen de la nación permeable, tolerante, que acepta la diferencia, en contraste con el cascarón autocontaminador de la masculinidad militarizada del texto de Andújar.[34] Así como se rompe en fragmentos el espacio urbano de la capital dominicana, se explota el cascarón de la masculinidad militarizada y se permea la piel nacional para liberar de Ciudad Trujillo a las subjetividades de los personajes.

Cómo reconocerse en el otro: hacia una subjetividad *queer*

En los textos de Andújar y Hernández la subjetividad *queer* se produce en la triangulación del deseo y en las relaciones poliamorosas gracias a la presencia de dobles en los que los personajes se reconocen a sí mismos. *El hombre triángulo* dispone de varios triángulos amorosos que rompen con el orden heteronormativo que Ciudad Trujillo impone sobre el individuo. Por ejemplo, las relaciones entre Matilde-Rotunda-Pérez duplican los "triángulos de dramatización," el esposo-la esposa-la amante, que se daban en la familia de Trujillo en particular, y en las familias dominicanas en general (Derby 114).[35] Pero si las relaciones de Pérez con Matilde y Rotunda apuntan más bien a la diversidad de la sexualidad caribeña que abarca un abanico de relaciones monógamas, monogamia en serie, poligamia informal, relaciones bisexuales y entre personas del mismo sexo (Kempadoo, *Sexing* 2), ninguna de las dos mujeres lo heternomativiza.

En otro triángulo, constituido por Matilde, Baraka y Pérez, el esquema amoroso sufre cambios dado que uno de los rivales pertenece al mismo sexo que la persona deseada. Como sugiere Sedgwick repensando el triángulo amoroso de René Girard en el que el deseo del sujeto deseante por el sujeto deseado es determinado por el deseo de un rival, la triangulación se convierte en una manera de reforzar lazos homoafectivos entre hombres para negociar el poder (*Between Men* 25–26). Sin dejar de pensar en Matilde que está en el manicomio, Pérez comparte sus sufrimientos con Baraka. Por lo tanto, la ausencia de Matilde ayuda a establecer el vínculo homosocial entre Pérez y Baraka.

Dicho psicoanalíticamente, en estos triángulos el superyó (Matilde que representa las normas y expectativas heteronormativas) se impone sobre el yo (Pérez) adherido a una doble vida y reprime el ello (Rotunda y Baraka que simbolizan los deseos ocultos de Pérez). Pero en el tercer triángulo de Pérez-Baraka-Rotunda, el ello (Baraka y Rotunda) predomina sobre el yo (Pérez), posibilitando una manifestación del deseo subconsciente. Pero si Baraka, retratado como el doble de Pérez, le permite desidentificarse del heteropatriarcado y enfrentar su sexualidad, Rotunda realiza sus deseos íntimos.

Si bien Pérez recurre a su cuerpo como máscara para corresponder a la imagen del heteromacho, Baraka puede considerarse lo que Decena llama el sujeto tácito, cuya homosexualidad es tácitamente comprendida por la familia y la comunidad y su reconocimiento explícito puede romper los lazos sociales cruciales (Decena 17–22). Por eso la homosexualidad de Baraka no es un secreto ni se silencia, pero dos actividades que él realiza lo marcan como un sujeto sexualmente ambiguo: el correr desnudo en el parque Enriquillo que sirve de motivo para su detención en el destacamento policial y la escritura que inspira a otros guardias.[36] Su desnudez corporal no solamente habla por su sexualidad silenciada, sino que se convierte en la metáfora de la visibilidad de la transgresión sexual y, más específicamente, de la negación a fingir ser un hombre heterosexual en la República Dominicana. Correr desnudo en un lugar público no le parece ningún delito a Baraka. Por eso, ante la pregunta de Pérez de por qué lo hace, Baraka responde con otra pregunta: "¿Pero cuál es el delito que he cometido?" (Andújar 21).

El motivo de la desnudez como algo liberador vuelve a repetirse en la parte final del texto cuando Baraka llega a Danbury, un pueblo real en Connecticut, con gran cantidad de población dominicana. Es más, en Danbury existía un bar real con un nombre parecido al apodo de Baraka: Triangles Cafe.[37] Al llegar al pueblo, Baraka repite las acciones que explican el motivo de su detención en la isla: "El hecho de que apareciera desnudo en el frío piso de la estación de tren no era noticia ya que hay una de las muchachas que desde que se da dos tragos suele caminar encuera de la cintura para abajo como si nada" (60). Dado que su desnudez se presenta como un estado natural que indica la ausencia de clósets, su llegada no perturba la tranquilidad del pueblo donde aceptan prácticas excéntricas.

Tampoco es casual que su nombre aparezca en el periódico *Diario de Navegación* porque Baraka es un errante, viajante, navegante: "yo estoy condenado a vagar, a ser errante" (21). Su desnudez y las divagaciones lo retratan como un sujeto que, por sus preferencias sexuales, literalmente no tiene un lugar en la nación y encuentra refugio en la diáspora. Por eso, por un lado, la aparición del Hombre Triángulo en lugares públicos conocidos por su ambiente familiar transforma a estos sitios en espacios de transgresión sexual. Por el otro, siendo un sujeto que va y viene, Baraka causa en Pérez lo que Danny Méndez llama la transformación afectiva que cambia los códigos que esconden el secreto, lo vergonzoso, exponiendo las reglas tácitas (6). Si Méndez explora ese aspecto en la narrativa dominicana-americana, *El hombre triángulo* ilumina cómo Baraka, el sujeto diaspórico, es la fuente de la transformación afectiva de Pérez.

El nombre del Hombre Triángulo es significativo en ese contexto. Por un lado, Baraka es un anagrama de *aka-bar* (o *aca-bar*). Dividida en dos partes, esa palabra indica el fin de la totalidad y la integridad de los proyectos monolíticos de un régimen totalitario. Más específicamente, el anagrama implica que Pérez es un sujeto incompleto y predice la destrucción de su máscara heteronormativa como guardia de Ciudad Trujillo. Por otro lado, como explica Douglas, en la religión islámica "sometimes *baraka* can be a free-floating benign power, working independently of the formal distribution of power and allegiance in society" (110). Para Pérez, la disidencia sexual de Baraka resulta ser esa fuerza que lo libera de la masculinidad militar impuesta por Ciudad Trujillo. Por lo tanto, la novela construye varios paralelos entre Baraka y Pérez que los presentan como dobles y conducen al proceso de identificación entre Pérez y Baraka, destacando la doble vida de Pérez y sus deseos sexuales reprimidos.

Ya durante su primer encuentro se establece el primer paralelo entre los dos personajes, cuando se dice que Pérez nunca abusaba de su poder policial, porque "era un civil en ropa de militar, un hombre *atormentado*" (Andújar 24; énfasis mío). La misma descripción se da con respecto a Baraka cuando, más tarde en el texto, en el bar, Pérez narra la historia de Matilde y Baraka confiesa que "[vuelve] a ser aquel hombre *atormentado* por el deseo" (43; énfasis mío). Pero el tormento de Baraka como sujeto libre proviene de la imposibilidad de satisfacer ese deseo debido a los obstáculos de las fuerzas homofóbicas externas. Además, su tormento es representativo de la no-aceptación de las minorías sexuales afectadas por la implementación multigeneracional de la cultura militarizada y homofóbica en Santo Domingo. En contraste, Pérez es la causa de su propio tormento porque silencia su sexualidad para mantener una imagen viril. Foucault insiste en la importancia de saber interpretar el silencio acerca de lo sexual, porque las maneras de no decir son estrategias que ponen en claro la sexualidad humana (*History* 27). Así, Baraka se convierte en el único personaje que sabe leer el silencio de Pérez: "Sé que sufres, se te nota, tienes un tormento, pero eres mucho más que eso" (Andújar 22).

El momento clave de ese proceso es el segundo encuentro de Pérez y Baraka que tiene lugar en el bar Parada 77, un lugar real en Santo Domingo conocido por su ambiente sexualmente transgresor: "La realidad era que ese bar para Pérez era una porquería, siempre estaba lleno de maricones, aunque la música era buena, los tragos eran baratos" (36). Primero, si Pérez va allá deliberadamente, reconoce que ese lugar lo deja marcado como un hombre de cierta reputación sexual. Pero también, en el espacio cerrado del bar, Baraka se convierte en el doble de Pérez: "Pérez veía al Hombre Triángulo sufrir y era como mirarse en un espejo" (45).

La observación que Pérez hace sobre Baraka puede explicarse con el estadio del espejo que Lacan describe como una etapa importante en la formación del yo. Viéndose en el espejo, el niño pequeño descubre su subjetividad a través de la separación de la imagen en el espejo y su propio cuerpo (3–10). Al mirar a Baraka, Pérez se reconoce a sí mismo y a su deseo prohibido. El beso de Baraka que culmina la identificación de Pérez con su *alter ego* es el momento en que el hombre se contrapone al guardia para poder mantener su imagen de hombría: "Coño, qué es eso, *un hombre* besando a *un guardia* ... Machismo en toda la extensión de la palabra" (50; énfasis mío). Pero, aunque golpeando a Baraka Pérez trata de sostener su dominancia por medio de la violencia, mostrando que la masculinidad militar es incompatible con las prácticas homosexuales, también se da cuenta de su fracaso como macho heterodominicano. Similar al eslogan "Patria o muerte" que enfrenta Vladimir en *Contrabando de sombras*, Pérez enfrenta

Capítulo dos

el dilema de pajaridad o muerte (hombría) que lo lleva a intentar suicidarse con pastillas. El hecho de ser un guardia militar de masculinidad sospechosa no solo lo presenta como el sujeto, sino también como el objeto del necropoder. Todo esto pone bajo una nueva luz su intento de suicidio. Bajo la presión necropolítica de seguir el orden heteronormativo, Pérez debe eliminarse a sí mismo. Pero ese intento de suicidio se convierte en un acto marcado por el género femenino que definitivamente aniquila su masculinidad ya que el acto de quitarse la vida con fármacos es una conducta femenina, según el estudio de Louis A. Pérez Jr. sobre el contexto cubano (5). Al escoger la muerte Pérez quiere rechazar su propia *queernees*, pero en realidad elimina la máscara de masculinidad hegemónica, mientras que con el sexo anal con Rotunda llega a la "pajaridad" y realiza un acto político exento del imperativo heteronormativo.

Desde el principio de la novela los encuentros en privado entre Pérez y Rotunda anticipan la masculinindad sospechosa del teniente y socavan su imagen como el macho heterodominicano. Además del aspecto físico masculino con vello de hombre en las piernas, bigotitos naturales y la voz ronca (26), el personaje de Rotunda se caracteriza por una masculinidad residual, categoría definida por de Moya que se usa para referirse a mujeres masculinas: "'mannish' females (not necessarily lesbians), virilized by attitudes, hormones or medication, stereotypically regarded and treated by hegemonic males as males or 'social men'" (81). Para Pérez, Rotunda se convierte en ese "hombre social," el compañero, con quien él habla y que por eso sabe más que el mismo jefe de la policía (Andújar 26). En comparación con ella, la masculinidad de Pérez deja de ser hegemónica y se subordina ya que, según Keith Nurse, la masculinidad subordinada es presentada como infantil (7). Por eso, Rotunda lo trata muy maternalmente, cuando lo desnuda como a un niño, le lava el ripio, lo escucha atentamente y lo lleva a la cama: "¿Y tú porqué estás tan callado hoy?, preguntaba Rotunda mientras empezaba a desnudarlo como un niño … Rotunda ahora llevaba al Pérez desnudo hasta el baño y con movimientos mecánicos le lavaba el ripio con jabón de cuaba y agua fría" (Andújar 27).

Por la misma razón, cuando Pérez se entera de que Rotunda ha decidido irse a Holanda, se comporta como si tuviera una rabieta: "Rotunda no tenía miedo pero nunca había visto a Pérez así, llorando, tirado en el piso babeando con un llanto que le salía de alguna constelación en el pecho desnudo que golpeaba con un puño cada vez que hablaba" (63). Se destruye así la visión del cuerpo masculino como el falo, erecto, duro, puro músculo según la imagen creada por la ingeniería social de reproducción de los machos en Ciudad Trujillo. Como consecuencia Pérez no tiene una erección (64) y Rotunda lo tranquiliza actuando como la madre: "Rotunda trató de ayudarlo. Se acercó para besarlo con cariño; como una buena madre le cantó cancioncitas al oído y lo fue acostando despacio, boca abajo en la cama: su hijo, su tesorito, su bebé" (64–65). Y con sus dedos ella le penetra el ano: "la mujer detrás, encima, intentaba, experimentaba sin vergüenza primero con un dedo, luego con otro, un entrar y salir, subir y bajar circular" (65). Siendo la madre *queer*, Rotunda inicia a Pérez en la homosexualidad, mientras que el goce de Pérez termina su constipación simbólica, llevándolo al destape verbal y marcando su receptividad corporal y mental.[38]

El retrato maternal de Rotunda vuelve *queer* la figura de la prostituta dado que tradicionalmente está disociada de la maternidad. Si en *Contrabando de sombras*, analizada en el primer capítulo, tiene lugar la inscripción del sujeto *queer* en una nueva familia no-biológica, en el texto dominicano se disuelve la familia tradicional y se rechaza cualquier posibilidad de reconciliación con lo nacional a través de la familia. Este vacío se llena, como sugiere el texto de Andújar, con una relación no reproductiva y no heterosexual. Al someterse a Rotunda, Pérez ejemplifica la *jouissance* intransigente sobre la que escribe Edelman: "queerness embodies this death drive, this intransigent jouissance, by figuring sexuality's implication in the senseless pulsions of that drive" (27). Con el sexo anal Pérez opta por otra muerte conceptualizada por Edelman como la contraposición y el rechazo de la reproducción futura y el orden social que expulsan a los individuos *queer* para asegurar su viabilidad (3–4). La pulsión de muerte se traduce en "pajaridad" y *queerness* que van en contra del futuro reproductivo de Ciudad Trujillo. En este contexto, todo el ambiente de abandono y dejadez que reina en la novela no solamente funciona como una crítica al régimen, sino que simboliza también su muerte.

Ahora bien, al ser penetrado analmente con los dedos, Pérez no solamente renuncia al poder, como bien lo indica Leo Bersani: "to be penetrated is to abdicate power" (*Is the Rectum* 19), sino que muestra la penetrabilidad, es decir la receptividad corporal y

Capítulo dos

mental previamente imposible debido a la masculinidad de Pérez como camisa de fuerza. Con esto la novela evoca la centralidad de la narrativa del ano como "the very ground zero of gayness," divorciando la geografía del placer de la conceptualización de la sexualidad masculina aunada con el valor del falo como parte de la anatomía política (Allan 5–19). Rechazando el falo y la primacía de la homofobia como constitutivo de la masculinidad, la preferencia por el orificio anal rechaza el falocentrismo de la sociedad dominicana, virando al macho heterodominicano y desafiando a Ciudad Trujillo.

Si la identificación con Baraka y la penetración anal por Rotunda liberan a Pérez de la masculinidad como una camisa de fuerza impenetrable, *La estrategia de Chochueca* se aleja del falologocentrismo de Ciudad Trujillo cediendo lugar a la formación de lo ambisexual a través de lo visual. La yuxtaposición de lo visual y lo sexual recupera el yo perdido en Ciudad Trujillo que se apega a las expectativas sociales que aseguran el bienestar colectivo, suprimiendo el individualismo (Mena 351–52). Esa recuperación simbólica empieza con la producción de la subjetividad sexual de Silvia cuando se identifica con la imagen de Amanda, una turista escandinava en la República Dominicana: "Conocí a Amanda una noche a principios del verano anterior. Tantas veces la vi mirarme y mirarse y despertarse de algún misterio escandinavito que en algún segundo … supo que era yo, que yo era su versión descansada, su reflejo en un espejo torpe, en el que de una u otra forma éramos la misma" (Hernández 17). Aunque en este momento Silvia aún cumple un rol pasivo en el proceso voyerístico porque es observada, ya a través de sus miradas se destruye la jerarquía de lo masculino y femenino como observador y observado. Sin embargo, más tarde en la novela, Silvia reivindica un rol activo y se convierte en *voyeur* cuando observa a Salim bailar con Amanda: "Salim no aguantó y se paró a bailar con ella que tenía los ojos cerrados y la boca entreabierta, la empezó a tocar, y yo con él desde mi asiento, la punta de los dedos en su costado, la otra mano en la cintura luego en la cadera, como un dolor frío cuando sus labios rosiblandos en mi dedo pulgar que era el de Salim" (40).

En su análisis de la novela Palacios sostiene que "siguiendo la heterológica, la intimidad que comparten los miembros de la cofradía no es privada en términos heteronormativos, ya que hay un tercero presente en la unidad básica (hetero)sexual" (570). En contraste, arguyo, que precisamente este tercer elemento permite la entrada de una subjetividad que desarticula el heteromundo. La presencia de Salim en la escena que observa Silvia construye el triángulo conceptualizado por Sedgwick donde, sin embargo, la presencia de Salim refuerza los lazos homoafectivos entre dos mujeres.

En *La estrategia*, pues, la triangulación del deseo de los personajes invierte esas prácticas para dar prioridad a la perspectiva ambisexual. En dicho fragmento la mirada erótica de Silvia se dirige hacia Amanda que funciona como el objeto del deseo homoerótico y hacia Salim cuyas acciones guían la mirada erótica de Silvia. Al ser una turista, Amanda se ve como el otro exotizado. Para obtener acceso al otro, Silvia necesita a Salim, su intermediario en la esfera sexual cuyas reglas todavía son dictadas por el mundo patriarcal que está colapsando. Al mismo tiempo, se cuestiona la autoridad sexual masculina de Salim y se revela su posicionalidad susceptible, puesto que él no se presenta exclusivamente como una persona que debe llevar la conquista sexual hasta el final, sino más bien como un mediador que posibilita a Silvia establecer el contacto sexual imaginario con Amanda a través de la mirada. Para estar con Amanda, Silvia se ve a sí misma en Salim y con su mirada queerifica una relación a primera vista heterosexual.

Solamente hacia el final de la novela Silvia ejerce un rol activo cuando tiene una experiencia íntima con Amanda: "Ven, vamos a movernos un poco, me decía Amanda que le fascinaba esa vaina, 'get up, you slimpy frog,' me decía, y cuando me tocaba era una ducha tibia que me subía … Amanda Amanda Amandísima, le decía yo y le besaba los labios con paciencia" (Hernández 66). Esa relación sexual añade aún más ambigüedad al personaje de Silvia. La palabra *frog* que Amanda usa para apodar a Silvia se refiere a un anfibio ambiguo de algunas especies que tienen la capacidad de cambiar su sexo. Como la piel permeable del anfibio permite que el oxígeno pase a la sangre, asimismo la evocación del agua durante el encuentro íntimo entre Silvia y Amanda resulta una experiencia purificadora y curativa de la heteronormatividad tóxica. El imaginario acuático, además, resalta la genealogía femenina del uso el agua que ayuda a recuperar el erotismo femenino y el yo perdido. Como el nombre Amanda es un gerundio del verbo *amar* que demuestra una acción en progreso, resulta que la pulsión de amor instiga las acciones de Silvia y condiciona su ambisexualidad.

Precisamente esta pulsión de amar, sostengo, saca a la luz el anhelo de amor que faltaba durante el trujillato. Al reconocerse en Amanda, Silvia se siente atraída hacia ella. Queriendo a Amanda, ella se quiere a sí misma, recuperando el amor añorado, es decir el yo suprimido durante el trujillato, pero rescatado de los fragmentos de Ciudad Trujillo.

La estrategia de Chochueca y *El hombre triángulo* son parte de la contranarrativa que supera el discurso paternalista masculino de Ciudad Trujillo e interviene en la sociedad y la cultura dominicanas que siguen siendo patriarcales, heterosexuales y heteronormativas y que estigmatizan las relaciones *queer*. El campo de la batalla es, pues, la ciudad de Santo Domingo que ya no se lee como una ciudad letrada íntegra, sino que se caracteriza por su espacio híbrido y fragmentado. La destrucción de la estricta división entre lugares públicos y privados produce una fragmentación que facilita la salida de lo sexual del espacio doméstico y lo introduce en el escenario urbano y nacional. Los traslados constantes de los personajes por el espacio urbano ponen en crisis su imagen viril y femenina y problematizan su sexualidad. Sus identidades precarias los capacitan para infiltrarse en un mundo urbano subalterno lleno de *tigueraje,* dominicanidad barrial, violencia callejera y sexualidad explícita. Aunque por ello Santo Domingo sigue siendo un merengue triste, recordando la canción de Luis "Terror" Días que abre este capítulo, ya tiene los *flâneurs posinsulares* que hacen su camino al andar.

Capítulo tres

El estadolibrismo trans

> Al extranjero se fue Simón
> Lejos de casa, se le olvidó aquel sermón
> Cambió la forma de caminar
> Usaba falda, lápiz labial, y un carterón
> …
> En la sala de un hospital
> De una extraña enfermedad murió Simón
> Es el verano del '86
> Al enfermo de la cama 10 nadie lloró
> Simón, Simón
>
> "El Gran Varón," Willie Colón

Una de las 50 mejores canciones latinas según *Billboard*, la salsa "El Gran Varón" cuenta la vida de Simón que emigra a los Estados Unidos donde abraza su sexualidad. Rechazado por su padre por ser transexual, Simón muere de SIDA en soledad con solamente 30 años. Lanzada en junio de 1989, en plena psicosis y prejuicios hacia la comunidad gay, la canción aborda la homofobia, el machismo, el sexilio y el SIDA. Estos temas también toman cuerpo en *Conversaciones con Aurelia* (2007) de Daniel Torres y *No quiero quedarme sola y vacía* (2006) de Ángel Lozada. Como Simón en la canción, los personajes de estos autores puertorriqueños ya no son simplemente hetero u homosexuales, sino que son sujetos trans cuya transmutación corporal inacabada, opuesta al sistema binario de género hombre-mujer, es como Puerto Rico, que media entre la autonomía y la independencia. La ambigüedad sexual de los personajes, por consiguiente, destaca a Puerto Rico como un lugar políticamente *queer* (Negrón-Muntaner, "Introduction" 1) por no ser ni extranjero ni nacional[1] y por enfrentar la pregunta sobre

Capítulo tres

su futuro debatida en una serie de plebiscitos realizados en 1967, 1991 y 1998. En el plebiscito de 1998 de las cinco opciones que se ofrecían para definir del estatuto político—Estado Libre Asociado, Libre Asociación, Estadidad, Independencia y Ninguna de las anteriores—, fue esta última, "Ninguna de las anteriores," la que obtuvo una mayoría absoluta de votos. Este resultado cuestionó totalmente el debate y apuntó a la irresolución del estado político de Puerto Rico. Publicadas una década más tarde del último plebiscito y casi dos después del lanzamiento de la salsa "El Gran Varón," las novelas de Torres y Lozada recurren a la sexualidad trans como una herramienta que interviene para expresar el desencanto sobre la situación política de Puerto Rico.

La ambigüedad sexual y corporal de los personajes de Lozada y Torres desnivela la matriz heterosexual y el discurso totalizante heteronormativo de la *gran familia puertorriqueña* fundada en los pilares de la armonía social y la democracia racial, la glorificación del pasado y el culto del patriarcado (Moreno 13). Por un lado, *Conversaciones con Aurelia* retrata la masculinidad puertorriqueña como una conducta similar al travestismo porque los personajes machos que se sienten atraídos por las travestis se ven obligados a llevar una doble vida debido a la homofobia isleña. Esa máscara que consiste en la debilidad frente a las heteronormas simboliza la nueva docilidad puertorriqueña que inicialmente fue definida por René Marqués como la sumisión vis-a-vis el colonialismo. El cabaret que alberga los espectáculos de travestismo remplaza la casa nacional de la familia y funciona como un tropo para hablar sobre la ambigüedad política de Puerto Rico. Por otro lado, los eventos que suceden en *No quiero quedarme sola y vacía* reescriben la narrativa fundacional del viaje del personaje trans la Loca, un sexiliado puertorriqueño en Nueva York. Al ser un sujeto subalterno, la Loca se esfuerza en formar parte de las comunidades estadounidense y puertorriqueña diaspórica de las que está excluida. Sus vaivenes entre el radicalismo *queer* y la normalización del deseo sexual simbolizan la ambigüedad política de la isla. Como la Loca ostenta la analidad como un rasgo de su subalternidad, su cuerpo susceptible al SIDA funciona como una metáfora del colonialismo a principios del siglo XXI, mientras que la constante pulsión por definir el estatus del VIH se hace paralelo al deseo de definir el estatus de la isla.

La confluencia de la sexualidad, la geografía de subalternidad, la problemática del SIDA y la agenda postcolonial no solamente distingue a Torres y Lozada de sus coetáneos, sino de la producción literaria que aborda la temática *queer* anterior a 2000 en Puerto Rico. En los años 60 y 70 varios activistas, performeros y cineastas en la isla y numerosos artistas puertorriqueños en los Estados Unidos que escriben en inglés trabajan con las cuestiones de género y sexualidad. Esa relativa apertura se debe al acercamiento a los Estados Unidos y a la imposición del Estado Libre Asociado (ELA) en 1952. En la narrativa puertorriqueña de los años 60 toma forma una inflexión particular del discurso sobre lo sexual *queer* y lo urbano con la producción literaria de Luis Rafael Sánchez, tendencia que se solidifica en la década del 80 a través de los textos de Manuel Ramos Otero, uno de los autores que se identifica abiertamente como homosexual y que explora las razones de su migración y sexilio.[2]

Sin embargo, la ambigüedad política de la isla es la fuente de la frustración que define la literatura puertorriqueña publicada a partir de 2000. Jugando con el lema turístico "la isla del encanto," Daniel Torres, por ejemplo, caracteriza la nueva literatura de Puerto Rico con el (des)encanto: "La nueva literatura boricua habla precisamente de esa profunda decepción postcolonial, pero sin olvidarse del todo del encanto de una Isla que sirve como acicate para todo un corpus de escritura que también apunta hacia nuevos horizontes, más allá de los escritores que preceden a los que ahora escriben" (*Isla* 15). A diferencia de otros escritores que tocan el tema, como Sánchez y Ramos Otero, para Torres el desencanto no es puramente político, sino que proviene de la obsesión de hablar sobre la puertorriqueñidad desde la heteronorma, mientras que el encanto deriva de la presencia de sujetos marginales en roles protagónicos que remplazan el discurso heteronormativo.[3]

Al trazar nuevas cartografías urbanas y sexuales, Torres y Lozada pueden considerarse los precursores de lo que Rubén Ríos Ávila llama pornoliteratura que concreta la visibilidad de escritores puertorriqueños isleños *queer* tales como Luis Negrón, David Caleb Acevedo y Yolanda Arroyo Pizarro ("Pornoliteratura"). Además, la revisión crítica de Torres y Lozada del estado político de Puerto Rico y su relación con los Estados Unidos a través del lente sexual-urbano coincide con una década tumultuosa en la que se produce el fortalecimiento de los derechos LGBTQ y de las discusiones públicas sobre la orientación sexual, la identidad de género, los derechos humanos y la pandemia de VIH/SIDA.[4]

Capítulo tres

Reconociendo otras agendas políticas, sociales y culturales, *Conversaciones con Aurelia* y *No quiero quedarme sola y vacía* articulan la posición de la heterogeneidad alejada de lo nacional como estrategia fundadora del Estado. Por lo tanto, estas novelas incitan una agenda *loca-lizada*, un término que acuña Marcia Ochoa, combinando el significado de varias palabras que suenan similar: localizar, local y *loca* entendido tanto como una mujer loca y como un término peyorativo referido a hombre homosexual (241). Ochoa se posiciona (se localiza) para cuestionar el entrecruce y las negociaciones en el entorno político local y transnacional, incluyendo a *las locas* y privilegiando su ciudadanía para politizar la sexualidad y enloquecer (sexualizar) la política (241). De la misma manera, las novelas de Torres y Lozada privilegian la perspectiva de sus protagonistas trans que absorben las tendencias globales y locales, metropolitanas y coloniales, isleñas y diaspóricas, enfrentando la política heteromundista y creando lo que Ríos Ávila llama el estadolibrismo trans ("Estadolibrismo").

El travestismo del macho puertorriqueño en *Conversaciones con Aurelia* de Daniel Torres

> Por eso también la masculinidad, más que una ideología o un concepto, es un dispositivo afectivo, una geografía de las emociones.
>
> "Sobre la masculinidad," Rubén Ríos Ávila

Conversaciones con Aurelia compila las conversaciones entre Aurelia, la madama travesti del bar-cabaret llamado Pájaro azul, sus artistas trans y los clientes machos que, atraídos por ellas, frecuentan el bar. Las conversaciones comentan los triángulos amorosos, intrigas y chismes que entretejen los hechos narrados y los eventos anteriores. La trama principal se desarrolla alrededor del triángulo amoroso entre Remedios, Miguel y Delirio. Remedios, una de las artistas del cabaret, se somete a una operación de cambio de sexo para convertirse en una mujer porque quiere regresar con su examante Miguel pensando que él quiere estar con una mujer de verdad. En cambio, Miguel mantiene una reputación de ser un hombre activo en una relación íntima, aunque en realidad no lo es, y por eso prefiere la ambigüedad sexual de una nueva estrella del espectáculo de las travestis, llamada Delirio, a quien conquista después de cortejarla por mucho tiempo. Mientras tanto, X-kalín, el pretendiente mexicano de Remedios, graba un encuentro sexual entre Miguel y uno de sus amigos y con esto persuade a Remedios de que olvide a su examante y se vaya con él a México. Simultáneamente, varias artistas trans desafían a Fifí, el dueño del Pájaro azul que antes solía travestirse también. Así, Aurelia, la madama del cabaret, orquesta el triángulo de Remedios-Miguel-Delirio para provocar los celos de Fifí—quien se siente atraído por Delirio—y con esto mostrar su heteromasculinidad fallida a pesar de toda la apariencia en contrario. Nani, otra mujer transexual operada y artista novicia del bar, también reta el poder económico de Fifí, dándole una bofetada y estableciendo sus propios negocios y servicios sexuales para competir con los de él, pero fracasa al final. La novela culmina con la boda entre otros dos visitantes del Pájaro azul: un trabajador sexual puertorriqueño llamado Bebo Salgado que solía acostarse con otras travestis y un turista estadounidense, Mr. Smith, que se convierte en el propietario del imperio erótico que antes pertenecía a Fifí.

Conversaciones con Aurelia subvierte la visión de la masculinidad asumida *a priori* como un dato y traza una geografía de las emociones que se entrelazan para iluminar un espectro de masculinidades posibles. Con este fin, Torres proporciona breves características de los personajes-machos en la lista de intérpretes que abre la novela, lo que la asemeja a una obra teatral dividida en tres partes o actos. Esta lista que cataloga a los machos en tres grupos de acuerdo a su nacionalidad construye una jerarquía basada en el grado de su masculinidad y en el alejamiento de las prácticas de travestirse para aparentar ser macho. Los machos aparecen en el siguiente orden: los primeros son Fifí y Miguel que fingen corresponder a la imagen de la masculinidad puertorriqueña normativa. Luego van Ojos Azules y Mr. Smith que son turistas provenientes de los Estados Unidos a los que analizo más detalladamente en el Capítulo 4. Atraídos por los travestis puertorriqueños y la liberación sexual que implica la isla para ellos, ambos se quedan a vivir allá. Al final de la lista de los machos, se encuentran el puertorriqueño Bebo Salgado y el mexicano X-kalín que tienden a heteronormativizar sus relaciones íntimas para obtener una ganancia económica.

Con la presencia de diferentes personajes machos, la novela canaliza el desencanto con la idea de recurrir al macho como respuesta al colonialismo. Como se ha visto en los Capítulos 1 y 2, la militarización y la masculinización de la figura del macho se vincula estrechamente con la agenda política nacionalista que enfrenta el imperialismo y el neocolonialismo. En Puerto Rico la fantasía fundacional de la soberanía perdida (Ríos Ávila, "Sobre la masculinidad") después del establecimiento del ELA también nutre la figura del macho, pero forma parte del nacionalismo cultural propagado por intelectuales tales como Antonio S. Pedreira y René Marqués. La novela de Torres dialoga con "El puertorriqueño dócil," el ensayo seminal de 1961 de Marqués que caracteriza al hombre puertorriqueño como dócil, obediente y sumiso. Según Marqués, el machismo puede combatir la docilidad colectiva puertorriqueña condicionada por el colonialismo y el capitalismo estadounidenses y el consumo ejemplificado por una mujer puertorriqueña fálica que dispone de poder adquisitivo (154). Sin embargo, como la soberanía se recupera vía el hombre-macho, la visión marquesiana del nacionalismo y la masculinidad termina siendo machista y homofóbica. Por lo tanto, aunque el texto de Torres, a primera vista, cuenta con machos que han recuperado su virilidad, como sueña Marqués, la docilidad del macho de Torres radica en la sociedad homofóbica y excluyente y nutre el desencanto alrededor de la heteronormatividad y el estado político de la isla a principios del siglo XXI.

Como esa nueva forma de la docilidad puertorriqueña se basa en la pulsión de seguir las heternormas, Torres retrata la conducta de los personajes-machos que duplica el travestismo. Al someterse a las normas heterosexuales los personajes masculinos de la novela llevan una doble vida realizando la *performance* de la masculinidad normativa, semejante a Pérez que aparenta ser un militar viril en *El hombre triángulo* analizado en el Capítulo 2.[5] Ben Sifuentes-Jáuregui elabora al respecto: "masculinity in its exaggerated form—in other words, machismo—doubles the project of transvestism. Hypermasculinity and its obsession 'to act like a man' mirrors the very practices of transvestite subject formation" (12). Por lo tanto, si la masculinidad y el machismo se entienden como otra forma de travestismo,[6] los personajes de Torres actúan diferentes guiones que se asemejan a la *performance* draga o transformista y pueden explicarse con las teorías de Butler sobre la construcción y la performatividad del género: "drag enacts the very structure of impersonation by which *any* gender is assumed" (21; énfasis mío). La construcción de identidades heterosexuales se basa en la constante imitación y repetición de sí misma que, aunque se aproxima a su propio ideal, está predestinada al fracaso, incapaz de conseguirlo ("Imitation" 21). Aplicando lo dicho por Butler al texto de Torres, resulta que la heteromasculinidad normativa que los personajes machos quieren aparentar para esconder relaciones homosexuales es una aproximación predestinada al fracaso. La *performance* fallida de cada macho-travesti desmitifica lo que Ramírez define como los rasgos esenciales del macho puertorriqueño que incluyen las nociones de la promiscuidad, relaciones heterosexuales, posiciones activas, culto fálico y la procreación (*What It Means* 43–78). Como resultado, de modo similar a *El hombre triángulo*, *Conversaciones con Aurelia* asigna a sus personajes los roles de *paterfamilia*, mujeriego, sostén de la familia y heteromacho que muestran la masculinidad como una construcción que se erige a base del poder económico y simbólico y a la destreza en el sexo.

El travestismo de Fifí, el dueño del Pájaro azul, se fundamenta en su posicionamiento simbólico como el padre de la familia formada por las artistas travestis. Fifí mantiene el cabaret como un hogar *queer* que posibilita las existencias trans y condiciona su prosperidad económica. Su masculinidad, codificada en términos de poder económico, se aniquila cuando Fifí pierde el control de los lugares que él administra y donde se realiza el trabajo sexual. La voz narrativa comenta: "Se te habían ido de las manos las riendas de La Casa primero, las del apartamento en Miramar, después, y, ahora, casi casi pierdes toda la autoridad frente a las travestis del Pájaro azul" (Torres 43). Posteriormente Fifí también pierde el poder simbólico como padre de la familia travestida, cuando Nani le da una bofetada y decide establecer su propio imperio erótico que al fin y al cabo cae en las manos de Mr. Smith. El hecho de que al final de la novela Aurelia confiese que Fifí se vestía para participar en los espectáculos de las travestis y de que este retenga hasta hoy su nombre artístico resalta aún más su masculinidad heterosexual como *performance* o como una máscara. Por esta razón, Aurelia sigue refiriéndose a él con la forma femenina de su nombre artístico: "*Querida* Fifí: Ya sé que te molesta tanto el femenino, pero bien sabes que así es una, siempre negándole el masculino a *las que como tú* se salieron de draga para vestirse de burdos machos" (104; énfasis mío). El personaje de Fifí traza la trayectoria del doble travestismo: es un hombre que solía vestirse de mujer y ahora aparenta ser un burdo macho.

Capítulo tres

Miguel actúa la masculinidad heterosexual del mujeriego cuya pulsión sexual le prescribe una conducta de macho ejemplar que, sostiene Barradas, "funciona por las ganas, porque las cosas le salen de los cojones" ("Macho" 143). Como revela su apodo, "la copia del macho," Miguel repite en su conducta los elementos constitutivos de la imagen heteromasculina. Por ejemplo, cuando en las calles de San Juan Delirio ve a Miguel, éste finge no reconocerla para mantener su imagen masculina heterosexual pública y evitar cualquier asociación con la travesti: "él parecía que estaba haciéndose el que no te había visto ... ése era su cuerpo, el que caminaba en la distancia y sorpresivamente miró tres veces para atrás" (Torres 23). Aunque al mantener el rol activo en las relaciones sexuales con las travestis Miguel es visto como un hombre heterosexual, la confesión de una de las travestis que lo penetra analmente reafirma la posición pasiva de Miguel en una relación sexual. Además, la videograbación comprometedora que hace X-kalín del encuentro homosexual entre Miguel y uno de sus amigos definitivamente marca su fracaso como heteromacho.

En contraste con Miguel, Bebo Salgado, caracterizado como un macho de pacotilla que se casa con un turista estadounidense, es un bugarrón que cumple un rol activo en la relación homosexual y articula su sexualidad en el espacio urbano: "ese deambular por los clientes en el juego al esconder de la esquina, del bar, de la calle arriba y hacia abajo hasta llegar a la avenida Ashford y saber a ciencia cierta a lo que ibas" (89). Sus andanzas por las calles y los cuerpos lo convierten en el "propietario virtual [del] espacio," asemejándolo a Fifí (51). Pero el poder simbólico de Bebo deriva de la *performance* fundada en la ideología masculina: "La ideología masculina se materializa en los genitales y se articula con la sexualidad y el poder" (Ramírez, "Nosotros" 104). Ese culto fálico se materializa en los comentarios de las travestis acerca del tamaño del pene de Bebo como la "verga kilométrica" (Torres 50). Aunque Bebo cumple un rol activo en el sexo anal, económicamente ocupa el rol pasivo por ser mantenido por sus parejas de ambos sexos. Por lo tanto, el hecho de ser el bugarrón cuya conducta conlleva una relación ambigua respecto de los conceptos masculinos normativos lo aleja de ser una encarnación del heteromacho y sostén económico a pesar de su hipermasculinidad.[7]

Por último, el personaje del negociante mexicano X-kalín, el antagonista de Miguel en la conquista sexual de Remedios, se presenta como una alternativa a la docilidad puertorriqueña. Su apodo *Mero-mero* proviene de un pez hermafrodita que a lo largo de su vida cambia de sexo, pasando de hembra a macho. Esta transformación se observa cuando, enamorado de Remedios, X-kalín se convierte en un ser sentimental, racional y domesticado dejando de ser macho, según la explicación de Barradas ("Macho" 143; "Machismo" 75). Gracias a su practicismo, planifica el ataque a Miguel grabándolo con otro hombre homosexual y persuade a Remedios de que se quede con él. Al llevarla a México, X-kalín normativiza su relación con la artista trans. Su racionalidad y perseverancia, pues, socavan la docilidad puertorriqueña basada en los vaivenes entre una necesidad de llevar una vida doble y los deseos homoeróticos reprimidos. La unión entre Remedios y X-kalín resulta posible porque está fuera del espacio nacional puertorriqueño, extendiendo la geografía de emociones hacia otra esfera geopolítica.

Al revelar la naturaleza performativa y la heteromasculinidad fallida de sus personajes machos, *Conversaciones con Aurelia* denuncia la insostenibilidad y el desencanto con la pulsión de seguir heteronormas. El encanto de ese cuestionamiento, en cambio, proviene del papel imprescindible de las travestis que asedian a los personajes-machos *loca-lizando* y "enloqueciéndolos" para cambiar su comportamiento y quitarles las máscaras heteronormativas.

El efecto travesti

> ... es una pantalla en constante asedio del hombre, y en constante autorización del macho sobre las alteridades del comportamiento masculino. Aunque temporalmente dislocan y desplazan los parámetros establecidos, la comedia que contiene personajes travestidos revierte continuamente el poder y la autoridad a los "machos."
>
> *Las prácticas de la carne*, Félix Jiménez

Materializando la visión fundacional marquesiana de la mujer fálica que domina al hombre puertorriqueño dócil, *Conversaciones con Aurelia* retrata a mujeres con pene (los sujetos trans) que viran al pseudoheteromacho puertorriqueño.[8] Desautorizando a los ma-

Capítulo tres

chos, los sujetos trans producen lo que Marjorie Garber denomina "efecto travesti," un acto disruptivo que desestabiliza categorías establecidas (36). Pero si los machos de Torres recurren al travestismo como una máscara, la hipervisibilidad de la presentación corporal de los personajes trans los coloca fuera del clóset, según La Fountain-Stokes ("De sexilio(s)" 143). Con esto la novela pone en marcha su agenda *loca-lizada* porque no solamente muestra la incongruencia de los regímenes heteronormativos, sino también la complejidad de la comunidad trans. En *Conversaciones con Aurelia* estos personajes caben dentro de la categoría sombrilla trans que incluye individuos transgéneros, transexuales, travestis y transformistas; Rosamond King explica: "*Trans* refers to a broad identity that includes the varieties of strategies people use to choose, inhabit, or express a gender other than that which society assigns to their body" ("Re/Presenting" 582). Los personajes trans de Torres se dividen en las mujeres transexuales, Nani y Remedios, y las artistas travestis—Aurelia, Delirio y Vicky—de diferentes edades, nacionalidades, avatares o pseudónimos artísticos.

A diferencia de la mujer fálica marquesiana que simboliza el capitalismo y el consumo castrante, a principio del siglo XXI la ambigüedad sexual y corporal de estos personajes trans materializa la ambigüedad política del estado de Puerto Rico que se observa en su definición: "El nuevo estatus político concebido como compromiso carecía de género-normalmente no era ni Él ni ELLA, sino ELA y, para más indefinición, el ella: el ELA" (Jiménez 61). Jiménez también compara el establecimiento de Puerto Rico como Estado Libre Asociado (ELA) por Luis Muñoz Marín en 1952 con las operaciones de cambio de sexo: "Puerto Rico, al igual que el cuerpo del primer transexual estadounidense, Christine Jorgensen, reformaba su identidad exterior y entraba en pleno territorio de cambio corporal en diciembre de 1952" (64). Además de que en *Conversaciones con Aurelia* los cuerpos operados y sexualmente ambiguos representan la ambigüedad política de la isla, sus personajes trans validan o subvierten el machismo puertorriqueño de distintas maneras, como lo sugiere el epígrafe de Félix Jiménez.

La decisión voluntaria de Nani y Remedios de hacerse operaciones de cambio de sexo preserva la división tradicional entre los dos géneros. Debido a su aspiración de ser mujer (tener cuerpo de mujer), Nani y Remedios ejercen lo que Halberstam llama la condición transexual: "it is not exactly performance, not exactly an imitation; it is the way that people, minorities excluded from the domain of the real, appropriate the real and its effects" (*In a Queer Time* 51). Haciéndose mujeres, Nani y Remedios se apropian del sentido de feminidad que adquieren los sujetos transexuales después de ser operados (Bolin 457), ejemplificando con esto lo dicho por Simone de Beauvoir: "One is not born, but rather becomes, a woman" (267). Al ser operadas, estos personajes transexuales están a disposición de un sujeto masculino, siguiendo la ley patriarcal y las tendencias heteronormativas. Dicho psicoanalíticamente, el hecho de ser una mujer (ser el falo) las devuelve al orden simbólico dentro del cual están inscritas.[9]

Sin embargo, su condición de ser mujer dispone del potencial de desestabilizar física y simbólicamente al macho y lo que él representa. Por un lado, el nuevo cuerpo femenino representa una amenaza física a la masculinidad fingida de los machos-travestis que prueban ser incapaces de consumar la relación. Por el otro, ambas mujeres transexuales retan abiertamente el poder económico y simbólico masculino. De este modo, Fifí pierde el poder simbólico del padre de la familia travestida, cuando Nani le da una bofetada y lo echa "fuera de [su] vida y no él a [ella]" (Torres 41) para establecer su propio imperio erótico. Al expandir dicho imperio al ciberespacio y extender los servicios sexuales hacia los salones de masajes, Internet y por vía telefónica, con su éxito financiero como mujer, Nani desafía el poder simbólico de la masculinidad concebida en términos económicos y no de género. Aunque debido a las manipulaciones de Fifí Nani fracasa, bien vale su intento y, por extensión, la existencia de una posibilidad de desafiar el poder masculino simbólico que cierra el paso a la comunidad trans.

Si Nani desafía la sujeción económica masculina, Remedios escapa de ella físicamente. Este personaje, como indica su nombre femenino, se asimila a la conceptualización del *pharmakon* que puede traducirse del griego como remedio o como veneno. En la sección de *Dissemination* titulada "Plato's Pharmacy" Jacques Derrida rastrea el origen del significado de esta palabra a los diálogos de Platóm: "This pharmakon, this 'medicine,' this philter, which acts as both remedy and poison, already introduces itself into the body of the discourse with all its ambivalence" (75). De la misma raíz deriva la palabra *pharmakos* que refería a un ritual sagrado para expiar el mal del cuerpo humano y social. Con *pharmakos* también se designaba un chivo expiatorio que debía ser expulsado de la comunidad en los momentos difíciles (Derrida 133–35). En la novela, el deseo de Remedios de normativizar, o remediar, su relación con Miguel la lleva a realizarse la operación de cambio de sexo. Pero su transformación en una mujer asusta, o envenena, a Miguel porque revela su incapacidad de consumar la relación con ella. Asimismo, su cuerpo femenino operado contamina con su aparente normatividad las experiencias trans del cabaret y la transforma en un chivo expiatorio porque permanece víctima de la homofobia isleña a la vez que sufre de la misoginia de otras travestis. Como consecuencia, al ser el chivo expiatorio, Remedios emigra a México con X-kalín huyendo del ambiente que expulsa a los sujetos *queer* fuera de los límites nacionales.[10]

Sin embargo, en *Conversaciones con Aurelia* los cuerpos operados transexuales, recién rehechos, de Nani y Remedios son un nuevo espacio estratégico para torcer el eje colonia-metrópolis. Si, como sugiere Jiménez, el cambio político se asemeja a la transformación corporal, la operación de Nani marca la aspiración de independizarse sexual y económicamente y simboliza las tendencias independistas de la isla, o es una manera de deshacerse de la dependencia colonial. Mientras tanto, el cambio corporal de Remedios satisface el deseo de asimilarse al heteromundo para estar con Miguel, o hacerse un estado. El hecho de que ninguno de estos proyectos funcione—Nani pierde el control económico y Remedios termina en una ciudad aún más heteronormativa—muestra la insostenibilidad y el desencanto alrededor de las posibles soluciones para el estado poscolonial de Puerto Rico.

A pesar de que los otros personajes trans no tienen un cuerpo femenino como las mujeres transexuales, igualmente actúan como mujeres *loca-lizando* a los machos de una manera distinta. Como sostiene Sifuentes-Jáuregui en su análisis del travestismo, "a transvestite is not a 'real' woman ... Transvestism is not only about appropriating 'woman,' but rather about reinscribing the excess of 'woman'" (96). En la novela este exceso de mujer se articula, por un lado, en la *performance* de las travestis que imitan a artistas hispanas no solamente en el escenario, sino también en la vida real. Por ejemplo, Aurelia está buscando a un amante cubano porque en aquel entonces Sara Montiel, la cantante y actriz española a la que Aurelia copia, se casa con un cubano mucho más joven que ella. Por otro lado, el exceso que se reproduce en el comportamiento de las travestis provee cierta credibilidad a los hombres sin desafiar a primera vista el sistema binario de género. Así, Delirio contribuye a la reputación de Miguel como un macho penetrador activo, mientras que Aurelia gerencia el bar favoreciendo la reputación de patriarca de Fifí. Esa reinscripción del exceso posibilita la jaibería, que se entiende como una serie de prácticas de no confrontación y de evasión: "collective practices of nonconfrontation and evasion … of taking dominant discourse literally in order to subvert it for one's purposes" (Grosfoguel, Negrón-Muntaner y Georas 28–30). Estas prácticas tradicionalmente vistas como femeninas incluyen la seducción, la ambigüedad y la negociación que emplean las travestis para invertir las relaciones de poder.

En la novela *Conversaciones con Aurelia* la jaibería se implementa en triángulos amorosos que complican la concepción asimétrica del triángulo del deseo y los lazos homosociales masculinos tal como se dan en *El hombre triángulo* que estudio en el Capítulo 2. Si esta novela dominicana reproduce el modelo de Sedgwick que enfatiza la diferencia de género insistiendo en que la rivalidad entre dos mujeres por un hombre es diferente de la competencia de dos hombres por una mujer, *Conversaciones con Aurelia* complica el deseo triangulado con la presencia de los personajes trans. Su ambigüedad sexual y corporal cuestiona el binario de género y revela la falacia de la aparente masculinidad normativa de los personajes machos. Otra complicación consiste en la presencia de una cuarta persona, un mediador localizado fuera del triángulo que, orquestando las atracciones, elimina a los machos que se sienten atraídos hacia las travestis. Así, X-kalín maneja los deseos en el triángulo de Miguel-Remedios-Delirio cuando gana a Remedios después de mostrarle la grabación comprometedora con Miguel. Aurelia manipula otro triángulo, el de Miguel-Delirio-Fifí. Nutriendo la atracción sexual entre Delirio y Miguel, Aurelia quiere ganar a Fifí que también se siente atraído por la joven artista travesti. Por eso, al final, la relación sexual con Delirio aniquila a Miguel como heteromacho, mientras que Fifí pierde a Delirio y su monopolio sexual. De esta manera, los modelos triangulados no solamente retan la masculinidad heteronormativa y denuncian la insostenibilidad del macho como la solución al colonialismo, sino que también revelan que estas mujeres fálicas de la novela de Torres encarnan el estatus problemático de Puerto Rico. Al enfrentarlas, el macho dócil de Torres enfrenta también el estado político irresuelto de la isla.

Capítulo tres

Sin embargo, la ambigüedad corporal de las artistas travestis refleja la política de la jaibería que se graba en el cuerpo en forma de espectáculo e ilusión y escribe una historia alternativa. Su cuerpo ambiguo trans se constituye en las nuevas tretas del débil, que, afirma Mayra Santos-Febres aludiendo a Josefina Ludmer,[11] desafía el discurso paternalista falologocéntrico y abre el espacio para su narración travestida. El maquillaje y las operaciones corporales que se aplican en la cara y el cuerpo graban sus experiencias y les ceden la voz a los sujetos trans que, por encima de todo, empiezan a trazar las cartografías *loca-lizada*s de San Juan.

Cartografías *loca-lizadas* sanjuaneras

Siguiendo su agenda *loca-lizada*, *Conversaciones con Aurelia* coloca los lugares físicos del ambiente *queer* en el mapa de San Juan presentándolo como una zona erógena: "Todo San Juan se te había revelado como distrito erógeno desde la bajada al muelle por la calle Tanca hasta pasar al puerto enfilando para la zona de indigentes que es la antigua Puerta de Tierra, metiéndote por entre la parada 11 hasta Santurce y el ya olvidado apartamento de Miramar después de haber cruzado el puente Dos Hermanos" (19). En el epicentro del distrito erógeno se ubica el bar Pájaro azul que alberga interacciones entre las travestis y sus clientes. Acogiendo un espectro de posibles masculinidades y ambigüedades sexuales y corporales, el bar forma parte de la matriz de la geografía de género que Radost Rangelova describe como un sitio contestatario del discurso nacional patriarcal con respecto a las normas de género, sexualidad, raza y clase (156–57). Al remplazar la casa como el lugar por excelencia de la *gran familia puertorriqueña*, el bar Pájaro azul hospeda una comunidad de afinidades alternativas, no basada en los lazos de sangre, que, a pesar de eso, duplica la estructura de una familia heteropatriarcal. Por esta razón, los personajes de Fifí y Aurelia son el padre y la madre, respectivamente, que conviven con sus hijas (las travestis) cortejadas por los pretendientes machos de diferentes orígenes. Sin embargo, aunque *Conversaciones con Aurelia* recuerda a otros textos literarios puertorriqueños donde un burdel remplaza la casa nacional (Rangelova 153; Montalvo, *Retórica* 115–32), el bar en esta novela no valida la masculinidad, función que cumple tradicionalmente en la literatura puertorriqueña, como afirma Rangelova: "While masculine control and patriarchal power are exercised in the home, it is in the brothel where they are constructed and validated. In this sense, the brothel also becomes a site for the reproduction of the Puerto Rican national patriarchs, whose capacity to rule is often closely associated with masculinity and virility" (165). En cambio, en *Conversaciones con Aurelia*, el Pájaro azul acoge un sinnúmero de actitudes no basadas en lo político o nacional, sino en lo sexual, lo que convierte al bar en un epítome del estadolibrismo trans.

Igual que otros lugares de exploración sexual analizados en los capítulos anteriores, como, por ejemplo, el bar Cementerio en *El hombre triángulo*, el Pájaro azul es caracterizado como un tugurio: "quién sabe cuántos tugurios más irían y vendrían, pero el *Pájaro azul* se mantenía en pie, incólume, porque proveía lo necesario, lo que buscaba cada loca y cada bugarrón que salía a divertirse por las noches del San Juan gay: 'pasión y frivolidad, hombres y mariconería en un ambiente sano y familiar'" (44–45).[12] El Pájaro azul como tugurio posibilita una existencia espacial y sexual para la población trans facilitando el cruceo en distintas partes del espacio interior del bar.[13] Si el espectáculo donde actúan las travestis ocupa el escenario, en el espacio del público se dan más movimientos espaciales, entrecruzamientos, negociaciones y juegos sexuales. Es un espacio dominado por personajes de identidades inestables, tales como Miguel que destaca "lo oscuro que resultaba [el bar] nada más entrar" (40). Esa oscuridad simboliza su indecisión de aceptar la homosexualidad. Otra zona, que consiste en rincones con menos travesuras y más control visual, es un espacio apropiado para los extranjeros Mr. Smith y Ojos Azules que no pertenecen al ambiente travestido y a los que analizo en el Capítulo 4. Finalmente, las partes interiores escondidas del Pájaro azul son los camerinos donde se maquillan las travestis y se intercambian los chismes: "la suerte perfecta del placer garantizado, mucho más allá del obligado cuarto oscuro al fondo del pasillo por el área de los baños *unisex*" (45; énfasis mío).

En contraste con el cruceo que sucede libremente en el interior, la novela muestra la precariedad del bar dentro el ambiente homoerótico sanjuanero que cambia de lugar en la geografía de subalternidad para evadir las regulaciones heteronormativas, parafraseando a Sierra Madero (*Del otro lado* 225–27). Así, antes de que Aurelia y Fifí se hicieran dueñas del Pájaro azul, habían sido propietarias de dos lugares distintos: del apartamento de Miramar y de La Casa, cerrada después de las acusaciones de tráfico de drogas. Si esos sitios funcionan exclusivamente como burdeles, en el Pájaro azul crece la necesidad de un espacio para la presencia *queer*. Al final de la novela, bajo otra administración, el bar cambia su nombre al de Blue Parrot, lo cual revela el neocolonialismo estadounidense, e inicia la entrada de las transacciones sexuales en la esfera global y la apertura de un espacio posible para articular identidades *queer* transnacionales.

Similar a un sujeto trans que encarna el estado político de Puerto Rico, el nombre "el Pájaro azul" simboliza la experiencia *queer* y trans en la isla; Aurelia se dirige a Fifí: "Y esa furia ya eras tú en medio de tu imperio consolidado de patos toditos reunidos bajo las alas amplias de tu Pájaro azul" (Torres 44). Como explica La Fountain-Stokes, *pájaro* o *pato*, inicialmente una palabra despreciativa, es una metáfora para nombrar la homosexualidad que es generosamente presentada en textos de los escritores caribeños ("Queer Ducks" 196), como por ejemplo las novelas de Sarduy *De dónde son los cantantes* y *Pájaros de la playa*. El Pájaro azul también evoca a dos bares reales con un nombre similar que existieron en San Juan. El primero es Cotorrito conocido por su público homoerótico aunque toda la publicidad destacaba el ambiente familiar en ese bar (Laureano, *San Juan* 35–36). El segundo es El Danubio Azul que aparece en otros textos de Torres y en la novela de Santos-Febres *Sirena Selena vestida de pena*. Como señala Dara Goldman en su análisis de *Sirena Selena*, las travestis siempre pertenecen a "otro lugar," dado que están excluidas de la normatividad hegemónica en la que se basan la nacionalidad y la ciudadanía (101). El Pájaro azul, pues, cumple funciones de "otro lugar," similar a las heterotopias en *Contrabando de sombras,* porque existe en los márgenes de la sociedad bajo la permanente amenaza de eliminación. En la novela se dice abiertamente que "si había tolerancia para espacios como el Pájaro azul, era porque [Fifí sabía] a quién pagar los debidos favores, por debajo de la mesa, sin dejar rastro" (Torres 44).

Como consecuencia, si en las novelas analizadas en los capítulos anteriores los lugares de transgresión sexual acogen la amistad como un desarraigo compartido, el Pájaro azul termina siendo un santuario donde, explica Montalvo, "se venera a la travesti quien, con toda una producción de maquillaje, peinado, vestimenta y ademanes, logra construir su género femenino" (*Retórica* 122).

La presentación del bar como santuario dialoga con la idea de las insularidades como poética de relación, o como homopoética caribeña que forja nuevas formas de relacionarse a base de la ética *queer*, la necesidad de inclusión y los deseos divergentes. En su estudio sobre la insularidad en el Caribe hispano, Goldman señala que "the rhetoric of insularity repeatedly reenacts the power of the nation by reinscribing the space of the island" (146). El Pájaro azul, pues, es una isla dentro de la isla que sirve de escape de la sociedad homofóbica, que acepta y aborda el deseo, aniquilando las heteronormas. Este espacio facilita, por un lado, la presencia travestida excluida del espacio dominante heteronormativo y se convierte en una metáfora de la experiencia trans precaria en la isla pese a ser un lugar de liberación y de escondite para las travestis.

Por otro lado, debido a los vínculos coloniales entre Puerto Rico y los Estados Unidos, el bar de la novela de Torres emana y recibe migraciones nacionales e internacionales relacionadas con la sexualidad que impactan la nación puertorriqueña en vaivén, como la llama Jorge Duany (*Puerto Rican Nation* 2). Algunas artistas trans que tienen situación económica favorable y que, por lo tanto, son menos vulnerables a la discriminación basada en el color de piel conocida como colorismo optan por el sexilio que les permite reivindicar oportunidades inaccesibles en la isla: "Porque los blanquitos con chavos siempre se iban para los Niuyores o los San Francisco a vivir su doble vida totalmente inalcanzables para las travestis que seguían de cerca cada uno de tus suspiros tácitos por la Madama" (Torres 38).[14] Aunque la novela acusa a la homofobia como la causa de tal migración, enseguida desnivela el sueño de migrar y vivir en la diáspora, puesto que no es alcanzable para todos. Muchas de las travestis que viven afuera vuelven a la isla porque no encuentran la deseada libertad sexual en la diáspora, como sucede con Aurelia que regresa de Ohio a San Juan acompañada por su pretendiente, Ojos Azules. En contraste, la decisión de no migrar a menudo no es vista como un acto de resistencia, aunque lo es (La Fountain-Stokes, *Queer Ricans: Cultures* x). A diferencia de Aurelia, Delirio llega del campo a la ciudad de San Juan, mientras que Remedios se va a vivir a México. Como consecuencia, en la nación imaginada de Puerto Rico[15] basada en el sentido de la comunidad étnica que une la isla y la diáspora, surge un sujeto *transloco*. A pesar de la fragmentación geográfica-territorial de Puerto Rico, este nuevo sujeto *transloco* extiende

Capítulo tres

la gran familia puertorriqueña hacia la diáspora, redefiniendo la narrativa fundacional del viaje, usando términos de Sommer, que se ve más detalladamente en *No quiero quedarme sola y vacía* de Lozada.[16] Aunque el viaje empieza con una crisis del protagonista que abandona su familia para construir una nueva comunidad afectiva en Nueva York, el sexilio en la novela de Lozada deja de ser una válvula de escape o mecanismo de liberación como lo es en la literatura puertorriqueña diaspórica.

Las *transloquedades* neoyorquinas en *No quiero quedarme sola y vacía* de Ángel Lozada

> Creo que a futuro la homosexualidad va a ser una práctica entre los hombres, en cuanto a ese tecnicolor, ese tornasol que tiene en sus alas simbólicas el pensarse loca desaparezca, para caer en esa concepción neofacista del macho a macho. Ahí habría un triunfo de la homosexualidad capitalista.
>
> Pedro Lemebel

Los eventos en *No quiero quedarme sola y vacía* se centran en la ciudad de Nueva York donde la Loca, una migrante trans de origen puertorriqueño, se encuentra en el proceso de búsqueda de una pareja sexual permanente. A pesar de ser excluida de la sociedad norteamericana por ser un sujeto colonial subalterno, la Loca se esfuerza por formar parte de la cultura *mainstream* a través del consumo, las homonormas y el blanqueamiento, aunque al final no lo logre. Tampoco cabe dentro de la comunidad puertorriqueña a la que desprecia, a la vez que siente atracción sexual por hombres negros. Al fracasar en la búsqueda de una pareja, la Loca recurre al ciberespacio y al sexo sin protección, viviendo con un miedo constante de contagiarse de SIDA. Al evocar la temática del SIDA y la representación de Nueva York como una ciudad poco acogedora, la novela de Lozada evoca las obras de Ramos Otero, el escritor puertorriqueño abiertamente homosexual que falleció debido a las complicaciones del SIDA en 1990. Aunque ambos escritores exploran la intersección de la sexualidad, la migración y el estado político de Puerto Rico, el texto de Lozada se distingue de las obras de Ramos Otero por presentar una visión menos apocalíptica de la enfermedad.

Como *Conversaciones con Aurelia* de Torres, *No quiero quedarme sola y vacía* también resiste categorizaciones identitarias fijas para mostrar el desencanto con respecto al estado político de Puerto Rico cuya personificación es el personaje de la Loca. Su naturaleza performativa y cambiante se anticipa en el epígrafe: "el ser: ese performance, un pastiche caótico de desplazamientos y clichés, siempre mutante, jamás fijo" (Lozada 9).[17] La conducta de la Loca reproduce varios aspectos de la transloquedad en la que se entrecruzan el travestismo, el transformismo y las experiencias homosexuales y migratorias. La Fountain-Stokes explica:

> The word *transloca* itself consists of the polysemic prefix "*trans-*" (from the Latin for "across" or "over") and the Spanish word *loca*, meaning "madwoman" and widely used in slang as a synonym for "effeminate homosexual." With the neologism "*transloca*," I wish to offer an enabling vernacular critical term that accounts for the intersection of space (geography) and sexuality in the work and lived experience of queer diasporic artists who engage in male-to-female drag. ("Trans/Bolero" 194)

De este modo, en el personaje de la Loca convergen las experiencias migratorias y neocoloniales con varios significados de *la loca*: una mujer que padece un desorden mental, el estigma alrededor de los hombres homosexuales no conformes con su género y su resignificación como un término afectivo por la comunidad LGBTQ. Así, Lozada pone a su personaje principal el nombre de una travesti del cuento "Loca la de la locura" de Ramos Otero, en el que la travesti la Loca está en prisión por haber asesinado a su amante Nene Lindo. La ausencia del nombre propio del personaje de Lozada se compensa con apodos despreciativos en la forma femenina que se otorgan a la Loca, un sujeto colonial sexiliado en la metrópolis: la Des(loca)da, la Desca(Bellada), la (Bella)ca, la Psico(pata). Sin embargo, el hecho de que el personaje de la Loca encaje en todas estas acepciones sin escoger ninguna como definitiva muestra la internalización al mismo tiempo que el rechazo y la desviación de los modelos coloniales y neocoloniales que catalogan a los sujetos subalternos. Aceptando la patologización biopolítica de la homosexualidad y la locura, relegada a la posición de la otredad, la Loca se apropia de ella para desafiar la normatividad de la sociedad capitalista que suprime la inconformidad de género.

Debido a la performatividad de la Loca a la que alude el epígrafe, *No quiero quedarme sola y vacía* elimina el punto de partida

Capítulo tres

o de llegada de la formación de su subjetividad, enfocando el devenir de la Loca, en el sentido en que lo conceptualizan Deleuze y Guattari, en un proceso de cambio (*becoming*) sin ninguna finalidad o meta a alcanzar. La indefinición de la protagonista se ve en el hecho de que se mudó y cambió de empleo veintisiete veces y estudió varias religiones e idiomas extranjeros. Si en el contexto puertorriqueño isleño un homosexual es "un vacío, ni lo uno ni lo otro" (Cruz-Malavé, "Toward" 147), el vacío de la Loca consiste de su *in-betweeness* entre las comunidades norteamericana y puertorriqueña: en la primera no logra inscribirse mientras que desprecia a la segunda.[18] No es un sujeto puramente subalterno ni la antítesis del sujeto dominante. El único vector permanente que le permite reclamar la puertorriqueñidad es su sexualidad *queer*, como sucede, por ejemplo, durante el desfile nacional de Puerto Rico: "amerita que me integre que celebre mi incorporación una vez al año a la sociedad nuyorkina, marchando con los patos en la parada puertorriqueña para que todos los que me desprecian me vean desde las aceras y me griten adiós mientras los saludo. A la vez que el resto de la ciudad—no nuyorican—sigue con sus quehaceres enajenados de todo lo que pasa en la parada" (Lozada 56). Al integrarse a los puertorriqueños que marchan, de los que se diferencia en el resto del texto, la Loca reclama su puertorriqueñidad en base de la sexualidad, mostrando al mismo tiempo el desencuentro con la comunidad nuyorican y la exclusión de la sociedad estadounidense.

Por lo tanto, además de la constante mutación, el devenir de la protagonista supone el encuentro con su otredad (la locura y homosexualidad) como un modo de desestabilizar las estructuras de poder. Propongo que el devenir de la Loca se produce en las (des)identificaciones con las categorías fijas de la política identitaria. En estas categorías se ubican, por un lado, la homonormatividad que normaliza la *queerness* y, por el otro, los romances de singularidad y negatividad. Con estos términos José Esteban Muñoz se refiere a la idealización del deseo *queer* que resulta antisocial porque se niega deliberadamente a asimilarse a la normalidad, la estabilidad y a la ciudadanía homonormativa, priorizando, en cambio, la alteridad y la diferencia (10).[19] De ahí que, aparte de la exclusión de la Loca de las sociedades estadounidense y puertorriqueña, la exclusividad de su deseo *queer* (su singularidad *queer*) y la acentuación de su otredad la descartan de la comunidad

LGBTQ estadounidense cuya homonormatividad[20] anclada en la domesticidad y el consumo no cuestiona las instituciones heteronormativas: "Desprestigiada porque no tenía una relación monógama como las otras locas estables ni iba a grupos de doce pasos, la loca andaba arrastrada por las cunetas, y los patos la habían casi excomulgado, declarándola puta" (Lozada 22). Como la Loca se vuelve a la anti-sociabilidad como una manera de anti-asimilarse y rechazar la idea de domesticidad y, por extensión, la homogenización sexual, es criticada precisamente por tener demasiada libertad sexual. A causa del miedo de la Loca de quedarse sola y vacía, la novela muestra la insostenibilidad del romance de singularidad. En cambio, al querer asimilarse, la Loca apela a la homonormatividad diseñada para producir un sujeto sexual normativo; en otras palabras, un ciudadano homonacional que encarna una versión de la homosexualidad que opera en base a normas raciales que convienen al imperialismo estadounidense (Puar 2). En sus intentos de asimilarse, la Loca internaliza el racismo basado en el color de la piel—conocido como colorismo—, la normatividad, la masculinidad fálica y el consumo que, por un lado, visibilizan su condición colonial subalterna. Por otro lado, su ciudadanía homonacional se extravía insanamente convirtiéndola en una ciudadana insana que primero ilumina y luego desafía la complicidad de las jerarquías de poder.[21] Con esto, la novela se distancia de la comunidad afectiva homonormativa que impone una lógica neoliberal, colonizadora. Con estos vaivenes entre la singularidad y homonormatividad de la Loca, representativos de la ambivalencia de la isla respecto de independizarse o asimilarse a los Estados Unidos, la novela pone su grano de arena para desvelar la irresolución del debate acerca del futuro político de Puerto Rico.

Al adoptar la lógica homonacional, la Loca percibe la sociedad norteamericana como igualitaria con respecto a los derechos de las minorías sexuales y condena la homofobia en la isla a la que le quiere poner una bomba y hundir por completo; ella comenta: "acabaré con ellos desde el espacio, por haber sido tan patofóbicos y haberme querido destruir desde pequeño" (Lozada 77). Su nueva condición homonacional refuerza el resentimiento hacia sus raíces cuando confiesa que tiene miedo del abuso sexual y la violencia callejera: "ser atacada por un moreno dominicano puertorriqueño, pero patófobo, me impide cruzear libremente a mi antojo" (14).[22] Además, usando un neologismo "patófobo," Lozada indica el miedo del SIDA y la intolerancia hacia la homosexualidad. Imponiendo con esto una visión estereotípica de la masculinidad machista y homofóbica latina, la Loca perjudica la latinidad en tanto denominador común para diferentes grupos latinos a la vez que concuerda con el homonacionalismo occidental.

La Loca también transforma su cuerpo, aspirando a corresponder a cierto aspecto físico masculino como una manera de pertenecer a la sociedad capitalista inherentemente fálica. Según sostiene Guy Hocquenghem, "ours is a phallic society, and the quantity of pleasure is determined in relation to the phallus" (95). Por esta razón, la Loca imita el cuerpo-falo recurriendo a la genética boricua: "Seré un muscle queen porque para eso sí sirve la genética boricua. Excluiré a todos y solo permitiré entrar en mi círculo a aquéllos que hayan pagado el precio caro en las pesas. Me creeré hombre por primera vez y me haré un tatuaje en mi antebrazo" (Lozada 115–16). En su cuerpo devenido falo convergen dos ideologías masculinas: la estadounidense y la puertorriqueña, la del colonizador y la del colonizado. Para repudiar su propia emasculación simbólica como sujeto subalterno, la Loca hace de su cuerpo un falo, perpetuando el machismo travestido. Pero a diferencia de *Conversaciones con Aurelia* donde la *performance* masculina esconde las preferencias sexuales que no caben dentro de la matriz heterosexual, la Loca la usa para recrear el aspecto físico del otro (el estadounidense). Resulta que, si René Marqués conceptualiza al macho como un arma contra el imperialismo, Lozada lo presenta como el área colonizada al servicio del colonizador porque sirve para construir la imagen del hombre homonormativo. Como resultado, esta fusión de las dos ideologías vuelve a resaltar el distanciamiento de la Loca de una sola categoría que la defina.

De la misma manera, la Loca internaliza el colorismo para pasar como blanca y evadir su subalternidad. Si el silenciamiento de la puertorriqueñidad es representativo de la invisibilización de los puertorriqueños como población interna en Estados Unidos—a pesar de tener una centena de años de historia colonial—su reconocimiento puede racializar a la Loca como negra. Vidal-Ortiz afirma: "In fact, thinking of oneself as white, and actually achieving whiteness, once one's Puerto Rican-ness is recognized, is practically impossible, given the U.S. population's imagery of Puerto Ricans" (181).[23] El colorismo se observa en los comentarios de la Loca mientras crucea entre los hombres homosexuales: "me doy tragos y cruceo a gringos a quienes no les intereso, y que no me quede más alternativa que enfocarme en los boricuas aceitosos que ponen en la barra a bailar mientras se duchan. Y enamorarme de mí, al mismo tiempo que me enamoro de Ricky Martin en la pantalla" (Lozada 71). Al reconocer su enamoramiento del cantante, la Loca graba el deseo del blanqueamiento codificado en términos de avance económico, porque Martin representa el éxito comercial del cantante latino que logra el éxito en los Estados Unidos por resignificar su grupo étnico e inscribirse como "honorary white" (Negrón-Muntaner, *Boricua Pop* 260), en parte gracias a su identidad de *blanquito* puertorriqueño y a las insinuaciones respecto a su orientación sexual (247–71).[24]

Sin embargo, el apego de la Loca al blanqueamiento económico delata su puertorriqueñidad y preserva su subalternidad cuando se dirige a Martin: "Que tú me mires cuando vengas a New York y sepas que soy boricua como tú pero diferente: un producto para complacer a los gringos, como tú" (Lozada 69). Al trazar paralelos con el cantante y llamarse boricua, la Loca revela su puertorriqueñidad, como sugiere Vidal-Ortiz, contraria al deseo de blanquearse (181). En cambio, el éxito comercial de Martin vuelve a colocarla dentro del círculo de consumo y, por extensión, de la subalternidad que apunta a la exclusión de los sujetos latinos y trans de color como sucedió durante los motines de Stonewall en 1969 en la zona de Greenwich Village en Nueva York. Estos eventos, considerados el origen oficial de la historia del movimiento norteamericano por derechos gay, incluyeron un alto porcentaje de dragas latinas y gente de color cuya participación fue silenciada más tarde por activistas de derechos gay predominantemente blancos (La Fountain-Stokes, "De sexilio(s)" 141–42; Duberman).

Para pertenecer al homonacionalismo estadounidense, la Loca también consume material y simbólicamente. Además de mandar remesas a su madre que vive en la isla, su capacidad económica impacta la formación del yo: "*You are what you buy*": "Porque a la Swami le gusta lo anaranjado y lo caro: la ropa de GAP, los trajes de Hugo Boss, las camisas Ralph Lauren, los mahones de Calvin Klein, los zapatos Kenneth Cole" (Lozada 28).[25] Las compras de la Loca funcionan como una manera de expresarse, mientras que la adquisición de un objeto llena el vacío producido por la migración y su condición subalterna. Como en su cuerpo coinciden el deseo homosexual con las economías de capital, la Loca se asemeja

Capítulo tres

a Loca de la Locura de Ramos Otero y modela el consumidor gay que, teoriza John D'Emilio, emerge con el sistema capitalista de labor libre que, además de la expansión geográfica de la producción capitalista, trae consigo los cambios estructurales de la familia heteronuclear. La disociación entre la sexualidad y la procreación posibilitan la creación de una colectividad gay y la organización de la vida alrededor de las preferencias eróticas y sexuales individuales (468–71). Pero su consumo desenfrenado culmina con préstamos, endeudamiento y quiebra: "Préstamo Number Three que la valida, que le da la entrada al crédito que finalmente la hace ciudadana, que establece en los Credit Bureaus la verdadera personalidad de la Loca: una American Express Platinum pre aprobada" (Lozada 63). Su historia de crédito termina siendo una herramienta del necropoder que, primero, da una visibilidad temporaria, pero luego causa la muerte financiera, apuntando a una población que es más vulnerable económicamente.

Para escapar la inminencia de su muerte como ciudadana-consumidora, la Loca se desplaza a una comunidad online para realizar sus deseos previamente negados de tener sexo con hombres morenos (13–14). Como explica Ríos Ávila, "Lo que importa para el modo actual del capitalismo, más que la obtención de un objeto, es la participación en una comunidad afectiva … lo que realmente desea el consumidor es estar conectado a una red, formar parte de una estructura afectiva" ("Sobre la masculinidad"). Aunque la Loca permanece dentro del circuito capitalista, la navegación por el ciberespacio irrestricto representa la promesa de una estructura afectiva gracias a la formación del yo sin cuerpo, que conceptualiza Juana María Rodríguez al explorar diversas formas de expresión cibercultural latina (*Sexual Futures* 130–33). Esa expresión incorpórea corresponde a la idea principal del texto del ser como *performance* y a las múltiples facetas del yo mutante de la protagonista. Por eso, la Loca, pesando casi doscientas libras, "tiene que alterar su cuerpo cibernético para que los hombres quieran tener sexo telefónico con ella" (Lozada 60), mientras que con una multitud de apodos que se da deshace la idea de fiabilidad que existe en la sociedad respecto de la identidad de una persona.

Más que una promesa de pertenencia a una comunidad afectiva, la presencia online abre el camino a un regreso imaginario-virtual a Puerto Rico, a pesar del resentimiento contra la isla que la Loca experimenta a lo largo de la narración. Este regreso virtual se da, en primer lugar, en la forma de una playa tropical cuya foto aparece en la pantalla de la computadora de la Loca y que pertenece a la iconografía comercializada de la puertorriqueñidad (Goldman 191); cada mirada a esa imagen es un viaje desterritorializado a Puerto Rico como la nación-isla no encerrada dentro de los límites de un solo territorio. Además, cada regreso imaginario termina siendo *queer* porque incluye una relación homosexual: "Fantasía cursi: tener sexo en Puerto Rico, una tarde, en tranquilidad, con un hombre que sude como yo que vea como yo que respire como yo mientras caiga un aguacero" (Lozada 24). Aunque esa fantasía cursi, casi lacaniana, reproduce la imagen estereotípica de Puerto Rico como un lugar tropical exotizado y erotizado en el imaginario occidental, también muestra la posibilidad de reconciliación de la Loca con la puertorriqueñidad a través de lo sexual, dado que su reconciliación con la isla deriva de la reconciliación consigo misma.[26]

Estas fantasías cursis, propongo, contienen la esperanza y la utopía *queer* de Lozada que, afirma Muñoz, pertenecen a la futuridad: "Queerness is also performative because it is not simply a being but a doing for and toward the future. Queerness is essentially about the rejection of a here and now and an insistence on potentiality or concrete possibility for another world" (1). En otro momento, la Loca imagina: "Vivir en un país imaginario; en una nación virtual, sin puertorriqueños que me molesten. En un país cibernético, leyendo *El Nuevo Día* todos los días por Internet, … y cuando tenga ganas de ir a la playa, montarme en un avión y usar la isla como si fuera un turista. Construirme mi nación a mi antojo, sin tapones, sin partidos, sin patófobos" (Lozada 64). Más que una forma de escapismo, esta esperanza, sin que sea celebratoria, se ubica como alternativa al radicalismo del deseo *queer* o a su homonormalización y brilla en el título a la novela que suena como un llamado a no resignarse: *No quiero quedarme sola y vacía*.

Además, gracias a la representación del espacio virtual desterritorializado, la novela dialoga con la poética de las insularidades desbordadas, dispersas, imaginadas y reterritorializadas que borran las fronteras físicas, simbólicas y discursivas de raza, clase, género y sexualidad. Esta espacialidad virtual que ofrece un punto de encuentro para una comunidad dispersa transforma a Puerto Rico en una isla global y ofrece posibilidades de un regreso imaginario o de un escape. Su otra isla se encuentra en Manhattan.[27]

Capítulo tres

Las otras islas de Puerto Rico

> Estamos en otra isla. New York es otra isla. He querido evadir el determinismo geográfico, pero estamos en otra isla: ustedes y nosotros ... Estamos en medio de los otros de la otra isla de Puerto Rico, más de un millón de fotografías ignoradas en los archivos de emigrantes. Hace tiempo que estamos llegando a esta isla, desde la otra, y ustedes lo saben.
>
> Manuel Ramos Otero, "La otra isla de Puerto Rico"

Si Ramos Otero retrata Manhattan como la otra isla de Puerto Rico, las islas de Lozada se multiplican creando una cadena de insularidades o de ciudades que se repiten, parafraseando a Antonio Benítez Rojo. La Loca vive en Washington Heights, un barrio predominantemente dominicano en el Alto Manhattan que evoca la isla-madre que, a su vez, emerge en el espacio virtual por el que navega la Loca. Si bien la isla virtual alimenta la utopía *queer*, la ciudad de Nueva York en la isla de Manhattan se presenta como un ambiente poco acogedor que empuja a la protagonista al nomadismo y la amenaza con la inminencia de la muerte. En *No quiero quedarme sola y vacía* la ciudad, que equipara al cuerpo humano con su función excretoria, es una metáfora del colonialismo y la indefinición del estado político de Puerto Rico.

A pesar del *ethos* espacial y cultural fundamentalmente latinizado, la representación de la ciudad de Nueva York se aleja de la imagen de "zona de encuentro intercambio y contacto" entre varias culturas caribeñas e hispanas (Martínez-San Miguel, *Caribe* 324). En cambio, la ciudad y el barrio se presentan como lugares de desencuentros, convirtiéndose en una isla, o en una condición aislante, para el personaje principal. Su estado transitorio de puertorriqueño que vive en el vecindario dominicano redefine la esencia de su ciudadanía que, según Laó, caracteriza a los puertorriqueños como residentes, viajantes y nómadas anclados de la megalópolis (182). El nomadismo anclado de la Loca, por un lado, corresponde a su yo mutante. Guiada por la pulsión del cruceo, la Loca se comporta como un sujeto posmoderno flotante que peregrina por los bares gay como sitios de pasaje para conocer una pareja y llevársela. Así, por ejemplo, el personaje principal visita la *Escuelita*, un famoso club de hombres gay latinos en Nueva York.[28]

Por otro lado, Lozada recurre al nomadismo para mostrar las experiencias de un sujeto doblemente marginado: sexiliado y colonial. Aunque la ciudad es una meca para la liberación sexual que alberga los encuentros afectivos de la Loca, ella proyecta en Nueva York desolación y hostilidad; Andrés Aluma-Cazorla señala: "La referencia a la hostilidad de Nueva York no se relaciona en absoluto con la discriminación sexual hacia el protagonista de esta obra. De por sí, la ciudad es más tolerante que nunca con el tema de las minorías sexuales, las uniones homosexuales son una realidad bajo el mandato del alcalde Michael Bloomberg…" (138). Para retratar la experiencia migratoria, neocolonial y sexual, Lozada coloca a la Loca en lugares marginales poco acogedores que reflejan su miedo a la muerte y la soledad.

Uno de ellos es el espacio subterráneo del metro donde la Loca imagina tener sexo con hombres morenos, a pesar de su desdén hacia ellos: "No me jodas, requiere de nuevo el imperfecto para expresar el deseo: daría lo que no tengo, lo que no tengo, por tener un trío con esos tipos, que el negro me clavara mientras yo se lo metiera al boricua. O que me clavaran los dos dentro de un vagón del subway de Nueva York" (Lozada 26).[29] La manera en que se construye el trío redefine las jerarquías raciales y neocoloniales. El posicionamiento de la Loca entre los hombres simboliza su lugar entre dos sociedades, la norteamericana y la puertorriqueña, a las que aspira pertenecer sin lograrlo. Al mismo tiempo, el hecho de que todo suceda dentro de la isla de Manhattan, duplica la idea de varias etapas en la historia de Puerto Rico que aparece en "El país de cuatros pisos" de José Luis González.[30] Por un lado, como el hombre negro penetra a la Loca que aspira a la blancura, la novela incluye la negritud históricamente excluida de la puertorriqueñidad e invierte relaciones de poder en el binario amo-esclavo. Por el otro, al penetrar al hombre boricua la Loca reivindica su puertorriqueñidad que no se ve como como auténtica en la isla si se trata de un sujeto diaspórico.[31] Como este encuentro sexual tiene lugar dentro del metro que está debajo de la ciudad en la isla de Manhattan que forma parte de la transnación puertorriqueña, la ubicación subterránea del trío entra en una cadena de insularidades que inscriben al homosexual *diasporriqueño* dentro de la nación, creando algo semejante a la nación maricona que describe Ríos Ávila ("Queer Nation" 1129–30).

Capítulo tres

Los viajes de la Loca en el metro y la ubicación subterránea de las relaciones íntimas no solamente marcan un nuevo modo de moverse por la ciudad, sino que también emblematizan la experiencia *transrriqueña*. Según su función, el metro resulta similar a un cementerio que "entierra" (oculta) las relaciones sexuales, mientras que sus túneles se asemejan al sistema digestivo que expulsa las heces. En su totalidad, el transporte público subterráneo simboliza la sociedad que se deshace de lo que la economía anal considera como innecesario, repulsivo, socialmente peligroso (Stockton 67–73). Es decir, ciudadanos insanos como los que componen el trío—el negro, el boricua y el homosexual—, que son los grupos más vulnerables que menciona el discurso dominante de SIDA como causas de la propagación de VIH (La Fountain-Stokes, *Queer Ricans: Cultures* 46). Con la representación del metro neoyorquino, por lo tanto, la novela recurre a los temas escatológicos y al vacío anal como metáforas para narrar la experiencia del sexilio de un sujeto colonial en Nueva York y el agotamiento del debate acerca del estado político.

Por esta razón, la ciudad se dibuja como un organismo humano que materializa la soledad de la Loca que imagina:

> Mientras la NYPD cerca y acorrala a todos en mis entrañas por veinte minutos mientras las ratas libremente se pasean y se comen lo que la gente me tira, hasta que *me dan ganas de vomitar* en Saint Nicholas, no sin antes *hacerte pasar por mis labios*, donde habitan, en la orilla izquierda donde se unen, unas testigas de Jehová vendiendo atalayas y a la derecha, un punto de droga frente a una pizzería. *Tócame las venas*, me canso más, viendo a todo el mundo vestido de negro, y *todos los tubos* pintados de verde y las células de las paredes *de mi estómago*—azulejos, una vez hace mucho tiempo blancos, ahora curtidos viejos tatuados con graffiti uno sobre el otro—ofreciendo anunciando y prometiendo la ciudad más rica del mundo *que nos digiere*. (Lozada 14; énfasis mío)

Al ser devorada por la ciudad, la Loca llena los intestinos del organismo que la expulsa más tarde. Enfatizando la digestión y la defecación del sistema digestivo y el esfínter, la novela retrata la ciudad con tuberías que se llevan los excrementos como epítome de la sociedad que consume y se deshace del sujeto colonial *queer* asignándole el fondo de lo más bajo. Además, esta descripción despierta asociaciones con el coito cuando la ciudad se presenta como la pareja sexual de la Loca. Al llenar la ciudad con su cuerpo en un acto sexual, la Loca proyecta sus deseos de no quedarse sola y vacía y resiste su propia denigración. Si el rechazo por la ciudad equivale a la expulsión del homosexual del espacio nacional, la fusión íntima con ella significa la búsqueda de la aceptación nacional a través de lo sexual. Por esta razón, la Loca quiere fusionarse con la isla para sentirse llena: "Ser esa Isla satisfecha por dentro, con tuberías y subways, ratones, basura, y muertos que te perforan. Ser ese ser que con su subway te condena a vivir en ultratumba. Ser esa Isla que suena y anda borracha por ahí en la Roosevelt, después que cierran a Atlantis, con la esperanza de levantarse un negro en el Music Box y no llegar a la casa sola" (72–73).

Si en las novelas analizadas en los capítulos anteriores los protagonistas se identifican con el otro, la Loca ve su reflejo en la isla. El autoaborrecimiento contenido en la metáfora de la isla satisfecha por dentro muestra que la Loca se apropia de su inferioridad para alcanzar su utopía *queer* que consiste en no llegar a la casa sola. Con el paralelo entre la ciudad y el cuerpo, Lozada se acerca a la analidad y al cuerpo enfermo como las estrategias a las que recurre un sujeto subalterno para desafiar el sistema neocolonial que impide resolver la indefinición política de Puerto Rico.

El "problema del estatus" y la ciudadanía insana

> Cierta organización del organismo, jerárquica e histórica, destina el ano a la exclusiva función de la excreción—y no al goce.
>
> *Matan a una marica,* Néstor Perlongher

En *No quiero quedarme sola y vacía* Lozada elabora una nueva versión de la "culonización" con la que Ramos Otero caracteriza la comercialización del trasero de la famosa vedete Iris Chacón como atributo nacional sexual vinculado con la puertorriqueñidad y con la posición inferior de la isla por ser colonia de los Estados Unidos ("De la colonización" 76). Pero dialogando con la culonización, la novela de Lozada descoloniza el culo, otorgándole múltiples significados y funciones. Además de la representación del nalgatorio como el sitio de la homosexualidad, la novela explora su función

Capítulo tres

primaria que destaca Perlongher en el epígrafe.[32] Lozada también recurre al cuerpo susceptible al contagio del SIDA y a la pasividad en una relación homosexual como alegorías anales del colonialismo. Destinado al goce y la excreción, a la vida y a la muerte, el orificio anal se convierte en el punto de reconocimiento de la subalternidad de la que la Loca se apropia deliberadamente para resistir el colonialismo y cuestionar el estado de ELA. Para Lozada, el problema del estatus, por lo tanto, es un problema del culo.

En contraste con la jaibería como práctica de no confrontación de las travestis en *Conversaciones con Aurelia* de Torres, la Loca naturaliza la función primaria del culo, mimetizando estratégicamente la inferioridad impuesta por el colonialismo excremental que empiezan los Estados Unidos después de 1898 para "la producción médica de los cuerpos coloniales, y la particularización en su primitivismo en sus 'heces fecales y orificios'" (Jiménez 23). El colonialismo excremental, pues, ve símbolos del pasado, de descontrol y de veneno en los excrementos de los nuevos sujetos coloniales. Jiménez sostiene: "la falta de control de esos orificios, tanto en Filipinas como en Puerto Rico, proveían un gran marco carnal para etiquetar conductas y autorizar desaprobaciones: se concibe el 'excremento' como la creación venenosa del colonizado y al colonizado como creador de veneno" (23). Pero, en la novela de Lozada, la Loca, al ser un sujeto diasporriqueño neocolonial, deliberadamente recurre a la incontinencia de las tripas o a las secreciones. Esa arma biológica representa, parafraseando a Perlongher (37), el máximo peligro para las máscaras sociales y marca el retorno de la Loca, la oprimida, que se impone a los mecanismos del colonialismo excremental para mostrar su impacto sobre los sujetos coloniales y subalternos. Con este propósito, *No quiero quedarme sola y vacía* invierte el orden de las cinco etapas del desarrollo psicosexual de la teoría psicoanalítica. Si, según Freud, las fases van de la oral, la anal (el control de esfínteres), la fálica (la manipulación de los genitales), la latente (los impulsos sexuales dormidos) a la genital (los impulsos sexuales), la novela parte en reversa de la etapa genital hacia la anal (22–24).

Guiada por los impulsos sexuales, la Loca se ve incapaz de encontrar una pareja permanente, pasando de la fase genital a la fálica. Mientras mira películas pornográficas estadounidenses, la Loca se masturba y se seca la esperma con las franjas blancas de la bandera puertorriqueña (Lozada 18) con la que también se limpia cuando tiene sexo con un negro puertorriqueño. Aunque con esto la Loca reclama la puertorriqueñidad codificada en términos sexuales y raciales, la desacralización de la bandera representa la aplicación de lo excremental que la metrópolis tanto teme. Estas escenas recuerdan el concierto de Madonna en 1993 cuando la cantante se pasa la bandera puertorriqueña por sus partes íntimas. El episodio produjo un debate acalorado entre el público puertorriqueño que defendió o denunció el acto. Aquellos que disfrutaron del concierto o no se ofendieron se veían como antipatriotas (Negrón-Muntaner, *Boricua Pop* 163–66).[33] En este contexto, al repetir el acto de Madonna y al limpiarse después de tener relaciones sexuales, la Loca no solamente ensucia la bandera puertorriqueña, sino que la marca con la suciedad simbólica vista como algo fuera de su lugar (Douglas 36), como es visto también el estado problemático de la isla. Además, la bandera nacional crea solamente la ilusión de la autonomía (Grosfoguel 62). Con su profanación se rechaza la idea de comodificación de este símbolo nacional, el reforzamiento artificial de la identidad puertorriqueña y la explotación por el colonialismo estadounidense. La bandera nacional en la novela de Lozada se convierte en un trapo que sirve solamente para limpiarse.[34]

Ahora bien, el abandono de la falicización del cuerpo y la exaltación del culo marcan el pase de la fase fálica a la anal. Al principio de la novela, la Loca entrena su cuerpo para asimilarse al homonacionalismo occidental que feminiza al colonizado en la sociedad fálica determinada por el capitalismo (Hocquenghem 95). Pero priorizando el orificio anal, *No quiero quedarme sola y vacía* desacredita la primacía del falo no solamente en la constitución de la masculinidad como en *El hombre triángulo*, sino también como un constitutivo del colonialismo y del capitalismo. Aunque el nalgatorio se convierte en la fuente de las preocupaciones de la Loca, ella lo exalta como un atributo nacional que antes pertenecía exclusivamente a la matriz heterosexual, como se puede ver en los casos de Iris Chacón y Jennifer López.[35] Por eso, después de que "tensa glúteos y se prepara para que las nalgas no se le caigan porque no quiere quedarse sola y vacía" (Lozada 19), la Loca se decide a hacerse la cirugía plástica que preserve el símbolo corporal nacional. Para ella, mantener el nalgatorio en forma implica la esperanza de llenar el vacío anal. En la novela, el culo, por lo tanto, cumple una función celebratoria porque contiene la potencialidad de la muerte de un ideal masculino.[36]

Capítulo tres

Esta esperanza lleva a la Loca a abrazar su propia analidad. Según la explicación de Freud de la fase anal infantil, la defecación provee una sensación placentera y estimula el área anal (52–53). Por consiguiente, en el texto de Lozada la limpieza del ano se convierte en el rito que elimina cualquier impedimento escatológico mientras que los excrementos se perciben como un regalo porque anticipan la posibilidad de llenar el vacío anal. Sin embargo, este vacío también produce un sentimiento de soledad: "La Loca colgaba, inidentificable, un sentimiento, no, una intensidad extraña, (Loca)lizada en alguna parte entre el corazón, el esófago y el estómago, un movimiento sanguíneo que le teleproyectaba la memoria al futuro" (Lozada 50). Como el esófago y el estómago son partes del aparato digestivo que llevan al ano, el vacío anal se vincula con la soledad y la ausencia de una pareja sexual. Pero la soledad de Lozada no es la nacionalista ni la heternormativa de Gabriel García Márquez y Octavio Paz, sino *loca-lizada* porque epitomiza la condición del personaje *queer* puertorriqueño en el sexilio y, por extensión, la soledad de la isla por la indefinición de su estado político.

Al abrazar la analidad, la Loca también se expone al posible contagio del SIDA, un tema que se recrea a través de los paralelismos autobiográficos entre el mismo autor que es seropositivo y Ramos Otero que murió de complicaciones de la enfermedad.[37] Presintiendo la inminencia de su muerte, el segundo escribe *Invitación al polvo* donde el polvo funciona como la metáfora del fin inevitable y del sexo. En contraste, Lozada escribe durante la época cuando se puede controlar la enfermedad. Como consecuencia, el culo de la Loca termina siendo un lugar de donde emana la pulsión de vida y de muerte, el goce y el peligro de contraer el SIDA. Al principio, por la paranoia ante la enfermedad, la Loca se hace patófoba, es decir aterrorizada del SIDA e intolerante hacia la homosexualidad: "La Nerviosa empezó a hacerse exámenes del SIDA cada dos meses ... La Aislada le cogió terror al sexo anal" (Lozada 84).[38]

Luego, la Loca deliberadamente se mete en el *barebacking*, el sexo anal sin protección: "él ahora ser penetrado sin nada, sentir su piel en las paredes del intestino sin tener que interrumpir la sesión para protegerse, no del negro, sino del SIDA" (129). Participando en el *barebacking*, la Loca, por un lado, abraza la pulsión de muerte y, por extensión, la *queerness* que Edelman contrapone a la futura reproducción que asegura la viabilidad del orden heternormativo (3–4). Por el otro, como explica Dean, después de las décadas de promoción de sexo seguro, el *barebacking* introduce una actitud diferente. La posibilidad de la transmisión deliberada del virus establece una red de afinidades e intimidad entre los infectados (1–23).[39] Al practicar el *barebacking*, la Loca se encuentra en una búsqueda de la intimidad que tanto añora, además de recurrir a su inferioridad para desafiar el necropoder de la economía anal que culpa a los hombres homosexuales (sobre todo, latinos y negros) como portadores del virus. Aunque el personaje no es seropositivo, su constante preocupación por averiguar su estatus de VIH duplica el estado indefinido de la isla.

Si la narrativa fundacional puertorriqueña del siglo XIX representa la nación con una serie de metáforas del cuerpo enfermo que debe ser controlado por las leyes médicas y estatales (Martínez-San Miguel, "Deconstructing" 129), a principios del siglo XXI, el SIDA es la nueva enfermedad corporal que simboliza el colonialismo y la ambigüedad política en Puerto Rico. Los intentos constantes de definir el estatus de VIH se asemejan a los plebiscitos y debates que tratan de resolver el futuro de la isla. Inclusive, la novela usa la misma palabra en inglés para referirse a su estado político: "Me arrodillaré frente a las cámaras, declararé que mi motivo era resolver el issue del *status*, me daré puños en el pecho con las esposas y seré declarada innocent for reasons of insanity" (Lozada 77; énfasis mío). *Insanity*, o la locura como una enfermedad mental, el SIDA y la homosexualidad, dan paso a la Loca, el sujeto neocolonial, como una ciudadana insana cuyo llamado hacia la resolución del "issue of status" apunta a quitar el estigma de las personas seropositivas y muestra el cansancio del debate acerca del estado político del país.

La ambigüedad genérica, sexual y corporal de los personajes *queer* y trans de *Conversaciones con Aurelia* y *No quiero quedarme sola y vacía* funciona como el espacio estratégico para desafiar el ambiente patriarcal y homofóbico y para torcer el axis de la colonia y la metrópolis. El año 1998 se convierte en un momento de revisión de las premisas anteriores y de definición de la cultura puertorriqueña, justo cuando en el plebiscito la opción "ninguna de las anteriores" obtiene la mayoría de los votos. Por un lado, el machismo que es conceptualizado por René Marqués para combatir la docilidad puertorriqueña producida por la invasión norteamericana se desmitifica en la novela de Torres. Este autor desplaza la postura excluyente del machismo y la remplaza con el travestismo de los personajes principales, quienes con sus cuerpos ambiguos empiezan a encarnar el estado problemático de la isla. Por otro lado, el texto de Lozada establece un diálogo con Ramos Otero, un autor excluido del canon literario paternalista puertorriqueño. El tema común que recorre las obras de ambos autores es el SIDA, que se convierte en el síntoma de la sociedad puertorriqueña contagiada y sufriente de neocolonialismo y de los debates constates e interminables acerca del estado político de Puerto Rico. La invitación al polvo de Torres y Lozada, pues, parten del desencanto del estadolibrismo.

Capítulo cuatro

Intimidades antifundacionales

> A lo cubano
> Botella'e ron tabaco habano
> Chicas por doquier
> Ponche en café guano
> Aquí mi vida para los mareaos
> No hay quien me pare
> Aquí mira voy a seguir
> Yo represento ron, mulata, cuba hasta el fin
> Mi orishas como un imperio voy a construir
> Yo te dejo mi tema como mi emblema c'est fini
>
> "A lo cubano," Los Orishas

La canción "A lo cubano" de Los Orishas, un grupo hip-hop de expatriados cubanos, rápidamente saturó las calles de La Habana después de su lanzamiento en Europa en 2000. En el video los cantantes bailan en la playa con mujeres afrocubanas y mulatas en bikinis, camisetas sin mangas y faldas cortas, promoviendo las mercancías estereotípicas turísticas: el ron, el tabaco y las mulatas. La imaginería libidinosa y sensual que pinta "la isla de libertad" como un lugar exótico con arena, sol y cuerpos dorados disponibles para el consumo y el placer no es una fantasía hedonística específicamente cubana.[1] En los años 80 y 90 del siglo XX, Cuba, la República Dominicana y Puerto Rico recurren a la industria turística como una herramienta imprescindible para solucionar los problemas económicos. Si antes el Caribe exportaba café, azúcar y bananas (Cabezas, "Tropical Blues" 21; "Between Love" 988), a finales del siglo XX la región forma un archipiélago de "islas que se repiten," usando las palabras de Benítez Rojo, en la reproducción del placer corporal y el sexo transaccional. El turismo sexual

Capítulo cuatro

cambia la topografía de las ciudades inscribiéndolas dentro de un enclave turístico, o un *sexscape*[2] donde proliferan las fantasías sexuales, la racialización del deseo sexual y la exotización de la diferencia cultural. Además de visibilizar la presencia *queer* y trans en el espacio urbano, como he mostrado en los capítulos anteriores, las ciudades capitales repletas de parejas interraciales intensifican la sensibilidad de clase y raza. Aunque los vínculos afectivos e íntimos tienen una larga tradición en alegorizar afiliaciones políticas y culturales en Latinoamérica, en *Contrabando de sombras* (2002) de Ponte, *La estrategia de Chochueca* (2000) de Hernández y *Conversaciones con Aurelia* (2007) de Torres las uniones sexoafectivas entre los turistas blancos y los trabajadores sexuales reajustan las relaciones románticas como alegorías de consolidaciones nacionales en momentos del desencanto y la crisis que en diversos niveles atraviesan los años 90. Al incorporar la sexualidad transgresora y la otredad racial previamente excluidas de los proyectos nacionales, los romances transnacionales deconstruyen los mitos y discursos de pertenencia nacional de cada isla, tales como el mestizaje, la hispanidad, los lazos familiares, el patriarcado y el propio turismo sexual. Por eso, los personajes de los trabajadores sexuales en las novelas de Ponte, Hernández y Torres que entablan las relaciones íntimas con los turistas desnaturalizan ficciones fundacionales en el Caribe del siglo XX.[3]

En su libro seminal, *Foundational Fictions* (1991), Doris Sommer examina cómo en las novelas decimonónicas de América Latina las uniones románticas entre sus protagonistas consolidan la nación en el momento en que las nuevas repúblicas flaquean bajo el peso de la agitación política. Al surgir en el siglo XIX en forma novelada, las relaciones románticas heterosexuales reconcilian las diferencias regionales y políticas y se usan como estrategias para contener los conflictos raciales, económicos y de género para que estos no impidan el desarrollo de América Latina (Sommer 18–29). La intimidad interracial es sumamente importante para la ficción caribeña ya que da a luz una de las primeras ficciones fundacionales que revelan interacciones y tensiones entre clase y raza. Entre ellas se encuentra *Enriquillo* (1879–82), del dominicano Manuel de Jesús Galván, donde el romance entre Mencía, una mujer de origen español-indígena, y Enriquillo, un cacique taíno del siglo XVI que es culturalmente hispano y católico, metaforiza la nación dominicana moderna. En *Cecilia Valdés* (1839), del cubano Cirilo Villaverde, la mulata clara Cecilia, sin saberlo, comete incesto con su medio hermano blanco, hijo de un hacendado y traficante de esclavos. En contraste, los textos contemporáneos duplican la fórmula de las ficciones fundacionales decimonónicas, incorporando a la pareja interracial que incluye a sujetos de diferentes países. Aunque en las novelas de los tres autores mencionados los romances transnacionales venden la ilusión de una consolidación nacional y transnacional, los textos son, en realidad, ficciones antifundacionales ya que en el contexto sexo-turístico el deseo por la otredad resalta las contradicciones, inconsistencias o insuficiencias de los proyectos nacionales y las agendas homogeneizantes.[4]

Así, en *Contrabando de sombras,* la pareja conformada por una trabajadora sexual mulata y un viejo fotógrafo libanés reajusta la *cubanía* que enfatiza la raza en la Cuba postrevolucionaria hipersensible a las tensiones raciales. Su matrimonio muestra el derrumbe de la cosmología revolucionaria y sus promesas de la igualdad de género y raza. En *La estrategia de Chochueca*, Salim, un amigo de Medio Oriente de la protagonista, mantiene relaciones románticas con varias mujeres extranjeras y participa en el trabajo sexual tradicionalmente atribuido a mujeres. Construyendo su propia imagen como un hombre afrodominicano, Salim redefine los roles de género y problematiza la dominicanidad que niega sus raíces mixtas y se considera étnicamente india y culturalmente hispana.[5] En *Conversaciones con Aurelia* las relaciones de dos turistas norteamericanos, Mr. Smith y Ojos Azules, con sujetos *queer* y trans reafirman los lazos neocoloniales entre Puerto Rico y los Estados Unidos. Al mismo tiempo, el aspecto afectivo, ampliamente estudiado como una parte constitutiva del turismo heterosexual caribeño, se complica con las relaciones homoeróticas que, a su vez, desafían la noción de la *gran familia puertorriqueña* conceptualizada como un proyecto heterosexual. Todos estos romances reconstruyen la trayectoria de la queerificación del turismo sexual—de una trabajadora sexual a los trabajadores sexuales hetero, *queer* y trans—que rompe con el espacio heterosexual de los trópicos, según señala Allen (*¿Venceremos?* 172).

Como consecuencia, las ciudades capitales en las novelas de Ponte, Hernández y Torres son lugares de convergencia de la producción de las dinámicas coloniales y su refutación. Los romances transnacionales encierran a sus personajes dentro de lo que Kristina Medina-Villariño llama la "colonialidad de deseo," una perpetuación de la retórica y discursos del poder, del deseo racializado, expectativas de género e intimidades sexuales en el Caribe contemporáneo (297–316). En otras palabras, los personajes en los textos de Ponte, Hernández y Torres navegan intimidades transnacionales que funcionan como el sitio del imperio porque son formadas en base a relaciones paternalistas y coloniales y son inseparables de los proyectos (neo)imperiales de conquista y control de clase, género y sexualidad, trabajo y gobierno (Stoler 1–13).[6] Por esto, la estructura del turismo sexual en el siglo XXI representado en cada una de las novelas que estudio se asemeja al sistema de la plantación y reproduce los estereotipos de "black male stud" (semental negro) y "black female breeder" (reproductora negra) (Kempadoo, *Sexing* 40) que estaban a disposición de los deseos del dueño blanco durante la esclavitud, y cuyos cuerpos se convierten en lo que Jacqueline Sánchez Taylor llama "embodied commodities" en el contexto sexo-turístico ("Tourism" 42).[7] En estos encuentros neocoloniales los turistas racializan y exotizan a los trabajadores sexuales a través de la posesión del cuerpo mulato o negro (Kempadoo, *Sexing* 80). Y si para los hombres blancos estadounidenses y europeos el sexo interracial es una manera de reforzar su masculinidad imperial dominante (Gregory 133; Kempadoo, "Freelancers" 51), las turistas se sienten deseadas y amplían su feminidad que a veces no es apreciada por los hombres en sus países de origen.[8] Pero en los romances transnacionales de Ponte, Hernández y Torres la fantasía colonial antes vivida exclusivamente por los turistas (Sánchez Taylor, "Tourism" 42), termina siendo bilateral (Brennan, "Sex Tourism" 310), ahora compartida también por los trabajadores sexuales.

La industria del placer caribeña que atrae a los turistas europeos con su fácil acceso al placer sexual no solamente objetiviza y mercantiliza los cuerpos de los trabajadores sexuales. Gracias a las "binding mobilities" que resaltan la interdependencia de los que se quedan (los trabajadores sexuales) y lo que se van (los turistas) (Sheller, *Consuming* 13), la economía sexual que emerge de esta dialéctica de la (in)movilidad desafía el *statu quo* de la masculinidad y las normas de género y sexualidad. La agencia sexual de los trabajadores sexuales caribeños en las tres novelas que analizo habilita a sus personajes a manipular fantasías neocoloniales y estereotipos para reescribir la ficción fundacional caribeña del encuentro entre los nativos y los conquistadores como una conquista sexual. En las novelas de Ponte, Hernández y Torres el afecto y la intimidad circulan como la mercancía que los trabajadores sexuales promueven para acumular capital, sacar beneficios del Estado, subir en la escala socioeconómica, contraer matrimonio con los ciudadanos extranjeros y emigrar. Este "espectáculo de amor," como lo llaman Cabezas y Brennan, se vuelve un elemento importante del sexo táctico y la "estrategia de ascenso," respectivamente (Cabezas, *Economies* 182; Brennan, *What's Love* 154). Los trabajadores sexuales que realizan este espectáculo del amor transnacional resisten la "logic of obliteration" (Ferreira da Silva 267) aplicada al otro racializado y sexualizado que está alejado de las nociones europeas del progreso. Al ocupar un lugar secundario en la trama de las novelas de Ponte, Hernández y Torres, los personajes de los trabajadores sexuales ceden el lugar principal a las voces previamente marginadas y estudiadas en los capítulos anteriores de este libro. A pesar de eso, se hace importante que todos los romances transnacionales desplacen los mitos fundacionales que cada uno simboliza.

Ahora bien, en su libro *The Intimacies of Four Continents* Lisa Lowe explora la intimidad en cuatro continentes (Europa, África, Asia y las Américas) como un signo de la emergente modernidad liberal que contenía la violencia colonial. A través de este estudio de la intimidad, Lowe destaca las narrativas de razón y progreso, libertad económica, emancipación y ciudanía que acompañaban la atribución de diferencias raciales a los sujetos marginados. Lowe desarrola una "economía política" de la intimidad: un cálculo que gobierna la producción, distribución y acceso a la intimidad. Así, desestabiliza su significado en tanto signo de la interioridad liberal o de la domesticidad (18). En el contexto neoliberal los personajes de Ponte, Hernández y Torres reclaman su libertad y ciudadanía sexual reafirmándose como sujetos raciales y sexuales (trabajadores sexuales) como resultado de los encuentros transnacionales. Los *sexscapes*, tanto las zonas playeras como las ciudades capitales del Caribe, se convierten en el sitio donde se articulan la economía política de la intimidad y la "citizenship from below" como corolario de *interembodiment* (Sheller, *Citizenship*). La pertenencia a esta *posmodernidad carnal* se manifiesta principalmente a través de los cuerpos.[9] El cuerpo racializado de los trabajadores sexuales, pues, se hace públicamente visible, interviene en la discusión pública de la sexualidad a nivel local y global. Los cuerpos de la mulatica cubana, Salim, Bebo Salgado, Ojos Azules y Mr. Smith marcan el inicio de la liberación, el exceso de la corporalidad, sus efectos eróticos y las implicaciones para las políticas nacionales del cuerpo. Son los cuerpos que hablan y funcionan como la contra narrativa del discurso oficial, resisten la sexualización heteronormativa, así como las restricciones y racializaciones jerárquicas para mostrar nuevas formaciones más allá de las nacionales. En esta *posmodernidad carnal* no se trata de enraizarse en el país, sino de desarraigarse de él porque el objetivo final del espectáculo del amor transnacional consiste en emigrar.

Sumamente críticos de los romances transnacionales, los tres autores presentan el turismo sexual como un sitio conflictivo que revela la falacia de la fórmula convencional del amor occidental. Tejiendo una matriz decolonial afectiva que maniobra las afinidades coloniales, nacionales y transcoloniales, las novelas desafían la institución del matrimonio como el modelo afectivo primordial del parentesco familiar y nacional porque fue impuesto por el colonialismo europeo y refortalecido por el imperialismo estadounidense (Reyes-Santos 9–14). Ya que los proyectos nacionalistas fracasan en el campo sexo-turístico, la incapacidad de estos romances transnacionales de reproducir la nación es un acto de la resistencia decolonial que se origina en la homopoética de relación.

Los romances cabalgantes

En la cima de la crisis económica del Período Especial en la década de 1990, Cuba expande la industria turística como una medida para combatir la severa crisis económica. Ese *boom* turístico, como lo llama Whitfield (10), resucita varios rasgos del pasado prerrevolucionario tales como el uso del dólar norteamericano y el turismo sexual (Berg, "Localising" 136). A su vez, la atracción y la disponibilidad de los seductores trabajadores del trópico, conocidos como jineteros y jineteras, reciben cobertura internacional (Stout 163) y producen una reacción ambivalente entre la población cubana.[10] Si para algunos, la jinetera encarna la degradación de los valores socialistas en base a los cuales se construye la legitimidad revolucionaria, para otros ella es una luchadora que salva el país atrayendo divisas.[11] Estas contradicciones se evidencian en la figura literaria de la jinetera cuyas raíces se remontan a Cecilia Valdés, el personaje de la novela homónima decimonónica de Villaverde, una de las ficciones fundacionales cubanas: una mulata sensual que personifica a la Cuba misma. En *Contrabando de sombras*, de Ponte, el viejo fotógrafo libanés que fotografía las ruinas habaneras y colabora con Vladimir, el personaje principal, se va a casar con la mulatica-*jinetera*, perpetuando así las fantasías sexuales sobre las cubanas racializadas y exotizadas en el mercado sexual occidental y eurocéntrico.[12] Su matrimonio, pues, desmitifica la cosmología de la Revolución cubana y sus promesas de igualdad de género y raza. Aunque la crisis del Período Especial literalmente empuja la ficción fundacional cubana compendiada por una mulata a abandonar la isla, su destreza sexual y reputación libidinosa muestra el debilitamiento del régimen revolucionario. Navegando en el límite de la desviación y la respetabilidad, la mulatica de Ponte resalta a Cuba como un lugar de contrastes que cohesiona el socialismo y el capitalismo, la actitud machista y el libertinaje sexual.

En la Cuba de los años 90, la sexualidad cubana se condensa en el cuerpo de las jineteras, mujeres negras o mulatas, que proveen compañía y servicios sexuales a los clientes extranjeros que se convierten en la fuente principal de provisión de dólares norteamericanos. El neologismo *jinetera* se relaciona con el sustantivo "jinete," en clara referencia al acto sexual, en el que "se cabalga" al turista, aludiendo a una relación de poder cuando la mujer está arriba y a cargo de la situación. Los objetivos principales de esta práctica varían desde la necesidad económica hasta el deseo puro de consumo material (Facio 58); desde obtener acceso a simples actividades de ocio y materiales lujosos, accesibles solamente con dólares (comer en un restaurante bueno, comprar ropa extranjera, ir a una discoteca), hasta obtener el visado de matrimonio para emigrar y mandar remesas mensuales para mantener su familia en Cuba. En este contexto, el matrimonio por residencia[13] con un ciudadano extranjero que auspicia la salida del país de la futura esposa termina siendo una alternativa para los balseros, puesto que el turista se usa como un nuevo buque, alternativo a las balsas.

La jinetera se convierte en la figura emblemática en la literatura cubana del Período Especial.[14] En el personaje de la mulatica en *Contrabando de sombras* se suman la presentación literaria tradicional de la mulata cubana y su nueva interpretación adaptada a las necesidades del Período Especial. El apodo *la mulatica* es el marcador racial que alude al arquetipo de la mulata con la que suelen asociarse las raíces mixtas de la *cubanía*. En la sociedad colonial donde el principio moral gobernante era el pudor, la mulata estaba asociada con la promiscuidad y la depravación moral, al mismo tiempo que era un objeto sexualizado de belleza y seducción. El hecho de que fuera un producto de la mezcla de razas y del blanqueamiento complicó las jerarquías raciales y la idea misma de pureza racial. La indeterminación racial le permitía navegar hábilmente la economía del deseo y representaba una amenaza de impureza racial para la pigmentocracia cubana que protegía a las familias blancas. La proclividad sexual de la mulata produjo pánico moral debido al crecimiento de la prostitución con la que se la suele asociar en La Habana prerrevolucionaria. Siendo hija de un hombre blanco y una mujer negra (como lo es, por ejemplo, Cecilia Valdés), la mulata no solamente articula la regulación racial, sino también de género. Alicia Arrizón afirma: "Sexual encounters between the races and consequent mixed-raced offspring were accepted only if these relations were between white men and dark-skinned women, but not *between dark-skinned men and white women (particularly the upper class)*" (103; énfasis mío). *Contrabando de sombras* invierte esa imagen tradicional. Si antes la mulata que escapaba la negrura era un constructo masculino blanco (Kutzinski 165), en la novela de Ponte literalmente ya no lo es porque la mulatica que escapa de la isla es una hija de un hombre afrocubano.[15] Con esto su personaje ilustra la perduración del racismo prerrevolucionario en Cuba durante el Período Especial. Por un lado, el gobierno revolucionario fue formado por cubanos blancos que provenían de la clase media burguesa y que no privilegiaron la temática racial en Cuba. Aunque la Revolución proveyó un espacio de dignidad a los afrocubanos (Allen, *¡Venceremos?* 62), la sociedad está impregnada de ideología racista que se evidencia, por ejemplo, en el lenguaje cotidiano y la percepción negativas de las parejas interraciales (Fernández 152). La desigualdad racial como correlato de la desigualdad económica se agudizó durante la crisis de la década de 1990 que se valía de las nuevas políticas de mercado, discriminatorias de la población afrocubana.[16] Tras la Revolución de 1959 los cubanos blancos de clase media o media-alta que emigran de la isla, con el tiempo, empiezan a mandar remesas a sus parientes en Cuba. Sin tener acceso a este tipo de ingreso durante la crisis de los 90, la población afrocubana comienza a buscar sus propios medios para conseguir dólares norteamericanos que, debido a la

Intimidades antifundacionales

economía dual, tienen mayor valor adquisitivo en Cuba (Roland 50–52, 91–93; Cabezas, *Economies* 62–67).

Por otro lado, la celebración de la mulata durante el Período Especial como una figura liminal y de atracción nacional quita el velo de la política de blanqueamiento. Allen escribe sobre la lógica hegemónica del mestizaje en América Latina y argumenta que esta reconoce la mezcla racial, pero apunta a la producción de un sujeto más blanco y, por lo tanto, es otra forma de blanqueamiento: "As the consummate liminal figure, the mulata is desired by white and black suitors alike, who seek to exploit what is posited as the mixture of respectable European femininity and beauty with unbridled African sexuality. She can never be 'respectable' in the white world. In the black world, putatively, she can never be trusted" (*¿Venceremos?* 61). Además, la restauración de La Habana Vieja como símbolo de la Cuba colonial, próspera, cosmopolita y aculturada, resucita el fracasado proyecto colonial del blanqueamiento logrando que los cubanos se ennegrezcan en contraste con los turistas blancos que pasean por La Habana Vieja (Fernández 139). Por eso, la hipervisibilidad intercorporal de la mulatica (y otros trabajadores sexuales) dentro de este espacio redefine la *cubanía*, apuntando a su negrificación a nivel global durante el Período Especial.[17] El *jineterismo*, pues, muestra la incapacidad del gobierno cubano de resolver la continua desigualdad racial y social a pesar de declarar su eliminación completa en 1959 (Rundle). Como consecuencia, la presencia de la mulata en el *sexscape* cubano sirve de constante recordatorio al régimen revolucionario de que él mismo encarna el legado colonial que no pudo eliminar.

Debido a sus características raciales, la mulatica en *Contrabando de sombras* canaliza el desafío de la política posrrevolucionaria social, racial y de género.[18] Ponte desarrolla su personaje de un modo paralelo al de la mulata en la literatura cubana del siglo XIX, una de las ficciones fundacionales cubanas, como se puede ver en la primera aparición de la mulatica en la novela: "Al fotógrafo extranjero lo acompañaba una mulatica que podía ser su nieta. El vestido cortísimo de esta desobedecía toda gravedad y, de no ser por unos pies grandes de baloncestista, se diría que la muchacha flotaba" (Ponte 22). Por un lado, la referencia a los pies grandes alude a las *chancleteras*, como llamaban a las mulatas en el siglo XIX (Álvarez-Tabío Albo 55). Por el otro, con su vestido cortísimo y llamativo que revela el deseo consumista (Berg, "Tourism" 5),[19] la mulatica manipula su apariencia física y se somete a la economía turística de placer perpetuando las fantasías racializadas del viejo fotógrafo. Simultáneamente, con su afán de gastos y poder adquisitivo contrapuestos ideológicamente a las normas del socialismo, la mulatica remite a "la mulata de rumbo" decimonónica que "se caracteriza por ser una mujer de clase social baja, de costumbres morales libertinas, que gusta de los bienes materiales pero no del trabajo, y que por lo general usa un atuendo calcado de la mujer blanca criolla pero aderezado con detalles y colores pintorescos del gusto de la raza africana" (Cámara 21). Esa construcción de "la mulata de rumbo" emanaba de la necesidad de crear una representación alternativa a la ideología peninsular blanca que explicara las fuentes de Cuba y su estado colonial (Cámara 28). De una manera similar, durante el Período Especial la mercantilización del cuerpo y el control sexual ejercido por la mulatica misma no solamente desafían la ideología patriarcal masculina, sino que también muestran el individualismo y el pragmatismo posrrevolucionario. Su romance transnacional carece de la conciencia revolucionaria que es remplazada por una nueva agencia sexual y el deseo individualista, siendo éstos una consecuencia directa de la falacia de las promesas igualitarias de la Revolución cubana.

Por esta razón, en *Contrabando de sombras*, en el cuerpo de la mulatica se proyectan las ansiedades y el desprecio del Estado hacia las jineteras. Como la mulatica no forja la ciudadanía productiva y tampoco se compromete ideológicamente con el proyecto, subvierte el modelo de la feminidad concebida por la Federación de Mujeres Cubanas (FMC) dirigida por Vilma Espín, la cuñada de Fidel Castro. Esta imagen se traduce en una mujer que debe ser madre y esposa, empleada de tiempo completo y miembro activo en las sedes locales de la FMC y el Comité de Defensa de la Revolución (CDR); en otras palabras, debe estar "dentro de la Revolución." La presencia de las jineteras—que a menudo son mujeres educadas, empleadas, profesionales, incluso con títulos universitarios (Facio 67; García 180)—en el mercado sexual apunta al fracaso del famoso argumento de la Revolución cubana de 1965 de que había erradicado la prostitución y había suministrado alternativas económicas y educativas para las mujeres cubanas (Facio 61).[20] Con esto, el Período Especial abre paso a la perpetuación de la colonialidad de género y del deseo que la cosmología de la Revolución insistió en eliminar. En su investigación sobre las jineteras, Coco Fusco sostiene: "on the one hand, there was the post-revolutionary pragmatism of strategically planning how to lose one's virginity before marriage, and how to get around Cuban immigration restrictions; on the other, there were the older beliefs that white male foreigners protect women of color from the archetypically controlling, even abusive Caribbean male" (165). En *Contrabando de sombras* la mulatica sin educación personifica una nueva moralidad que combina el nuevo pragmatismo posrrevolucionario con las viejas creencias. Su unión con el fotógrafo libanés se basa exclusivamente en negociaciones financieras y, al mismo tiempo, ella mantiene una relación ilícita con un hombre negro bravucón que es un arquetipo de la guapería, la masculinidad callejera y la chulería.[21] Si durante el período colonial las mulatas usaban su sexualidad para comprar su propia libertad y la de sus niños y maridos, para obtener armas y ayudar a los rebeldes, en los años 90 del siglo XX la mulatica-jinetera cabalga al conquistador sexual para conseguir objetos y mercancías.[22] Al movilizar, acomodar y manipular la representación de las mulatas en la tradición cubana como el otro exótico, erótico, sexualmente accesible, la nueva agencia sexual de la mulatica le ayuda a visibilizar las manifestaciones corporales en la esfera pública. Pero mientras en el siglo XIX la promiscuidad de una mulata representa una amenaza a la pureza racial, al orden patriarcal y al imaginario criollo blanco (Kutzinski 31; Alcázar Campos), en el siglo XX es una amenaza a la pureza política del régimen castrista y su control de la construcción de la sexualidad femenina y cubana.

Como explica Jacqui Alexander, la autonomía sexual y erótica amenazan al estado-nación que mantiene normas estrictas de género y sexualidad precisamente para definir al ciudadano ideal y controlar la sociedad: "Women's sexual agency and erotic autonomy have always been troublesome for the state. They pose a challenge to the ideology of an originary nuclear heterosexual family that perpetuates the fiction that the family is the cornerstone of society. Erotic autonomy is dangerous to the heterosexual family and to the nation" (22–23). Por esto mismo, la hipervisibilidad racial y la autonomía sexual de las jineteras provoca la intervención estatal que las marca como sujetos desviados en vez de ciudadanas aceptables, cuando en realidad son ellas las defraudadas por este mismo sistema. Al etiquetar la actividad de las jineteras como prostitución, el Estado—además de probar su propia legitimidad—inicia una nueva cacería de brujas, recurriendo con frecuencia a una patologización y una criminalización análogas a las medidas del siglo XIX y de la Cuba prerrevolucionaria (Daigle 40). Similar a la operación Tres P montada por el Ministerio del Interior en 1961 para erradicar a prostitutas, proxenetas y pederastas, la FMC lanzó la Operación Lacra, en 1998, contra la desbordada prostitución. La Operación consistía en redadas masivas contra las jineteras y en un aumento de la vigilancia en el malecón[23] a la que alude el carro de la policía que circula por el cementerio donde se encuentra Vladimir, el personaje principal del escritor homosexual en *Contrabando de sombras* que analizo en el Capítulo 1. El carro policiaco en la novela no solamente simboliza el acoso y la vigilancia estatal del ambiente homoerótico, sino de todos los disidentes sexuales. Esta persecución policiaca puede culminar en una acusación de conducta peligrosa, según el Artículo 72 del Código Penal, cuya pena incluye el confinamiento en los centros de rehabilitación auspiciados por la FMC que tienen reminiscencias de las casas de recogidas del siglo XIX y las granjas, e inclusive las Unidades Militares de Ayuda a la Producción (UMAP), en la década de 1960. A pesar de los avances relativos en la política de igualdad de género en las primeras décadas de la revolución, la FMC es una organización socialista y no feminista que sigue la línea del partido comunista. Al reconocer la responsabilidad individual de las jineteras involucradas en la prostitución en vez de combatir la prostitución estructural, la FMC controla la manera en que se discute el jineterismo (Daigle 165–170). En este contexto, la jinetera resulta un sujeto heterotópico: existente e hipervisible, pero a la vez silenciado. Por lo tanto, la mulatica de Ponte no solamente utiliza el sexo táctico para mejorar su propia situación, sino que realiza un acto político que desafía al gobierno cubano con su sexualidad transgresora, inspirada por otra ficción fundacional cubana.

El diminutivo *la mulatica* alude a la Virgencita, la famosa figura religiosa cubana. La Virgen de la Caridad del Cobre (también conocida como la Virgencita) está relacionada con la unificación de la comunidad cubana (Arrizón 87). Considerada la madre protectora del pueblo cubano, la Virgen contribuye al desarrollo de la conciencia nacional cubana atravesando diferencias sociales, como ocurre durante la Guerra de Independencia cuando la llaman la Virgen Mambisa aludiendo al patriotismo y la resistencia cubana

(Báez-Jorge 118–21).[24] En la figura transnacional de la mulatica se hereda esa resistencia contra el orden colonial y la conquista sexual que en el contexto del jineterismo se manifiesta a través de las cabalgatas con los turistas. El feminismo cubano vio en el turismo sexual una respuesta creativa ante la crisis del Período Especial (G. Herrera 124; Rundle) y reivindicó a las jineteras como luchadoras, contraponiendo su hembrismo al culto marianista en tanto modelo sumiso y pasivo de la feminidad.[25] Por esto mismo se desfavorecen la consolidación de la nación y el refuerzo de la conciencia nacional, porque la mulatica no es la madre simbólica de la nación, sino que es el síntoma de la crisis de las políticas igualitarias de género.

Ahora bien, en *Contrabando de sombras*, la mulatica quiere casarse y emigrar con el viejo fotógrafo libanés que llega a Cuba para retratar sus ruinas. A primera vista, el carácter de esta relación corresponde a la imagen de la mulata trágica forzada a sacrificar su juventud y casarse con un hombre viejo. La gran diferencia de edad entre la mulatica y el fotógrafo libanés refiere a la *titimania*, un fenómeno antecedente del jineterismo en Cuba, en el que "older men … would play the role of sugar daddy to younger women who served as trophy mistresses" (Fusco 154).[26] Estas alusiones contienen una crítica de la institución del matrimonio y de la intimidad como enclaves del imperio colonial y su perpetuación posterior por el gobierno revolucionario que, al aprobar el Código Familiar en 1975, da prioridad a la familia nuclear que preservaba el patriarcado y la heteromasculinidad blanca a pesar de favorecer la igualdad de género hasta cierto punto.[27]

Sin embargo, en *Contrabando de sombras* la mulatica no es una mulata trágica como lo es Cecilia Valdés, una hija bastarda, desvalorizada moral y socialmente, o una jinetera abusada por los turistas blancos. La diferencia de edad entre la mulatica y el viejo fotógrafo puede leerse como la necesidad de reemplazar al gobierno paternalista. Aunque ella lo reemplaza por algo igualmente viejo, es decir, por un hombre envejecido, debilita el mito de la invencibilidad de la política revolucionaria; la mulatica invierte el desequilibrio del poder para combatir su propia marginalización participando en la creación de un romance transnacional y realizando su deseo de emigrar. De modo similar al viejo fotógrafo, este "failing macho regime" que es incapaz de mantener la promesa revolucionaria (Fusco 154) recurre al aspecto físico, a la belleza y juventud de la mulatica, para llevar el jineterismo a nivel internacional como el único modo para mantenerse a flote y sobrevivir durante la severa crisis económica.[28] Además, en *Contrabando de sombras*, se tuerce el axis colonial debido al origen libanés del viejo fotógrafo. En el contexto sexo-turístico muchos de los matrimonios por conveniencia tienen un fuerte componente colonial, ya que la mayoría de los turistas son de Europa, los Estados Unidos y Canadá (Facio 56; Whitfield 91) o el Occidente. Pero el matrimonio del fotógrafo con la mulatica va más allá de simbolizar el encuentro entre dos regímenes, el socialista y el capitalista, en el campo sexo-turístico (Sánchez y Adams 32–38). Este encuentro de dos actuantes no-occidentales termina siendo una ficción de una ficción, puesto que ambos interpretan el guion del romance transnacional ya conocido mundialmente, redefiniendo con esto una *cubanía* inconcebible en términos anteriores a la cosmología revolucionaria. Su unión tiene un efecto decolonial porque rechaza los principios latinoamericanos y occidentales de la construcción nacional que privilegia la blancura.

Si en el siglo XIX y a principios del siglo XX la mulata personifica la nación cubana, después de la Revolución de 1959 Cuba se percibe en términos del género masculino. La narrativa del Período Especial vuelve a resucitar la figura de la mulata que desafía el discurso oficial del nuevo hombre guevariano (Berg, "Sleeping" 187). La mulatica, pues, encarna el desafío multidireccional inherente a la figura de la mulata: el legado colonial europeo a través de la estrategia de ascenso en el turismo sexual, el patriarcado a través de la redefinición del trabajo sexual y la sexualidad femenina transgresora, y el régimen castrista mostrando el fracaso de su política revolucionaria. Si en *Contrabando de sombras* la mulatica ejemplifica la crisis del sistema castrista y la política contradictoria acerca del turismo sexual durante el Período Especial, en *La estrategia de Chochueca* el turismo sexual funciona como un campo contestatario que marca la crisis de la masculinidad dominicana, puesto que, evadiendo las normas estrictas impuestas por la sociedad heteronormativa, los trabajadores sexuales reinventan sus identidades que, a partir de este momento, dejan de ser fijas.

Los romances ilusorios

Después del asesinato de Trujillo en 1961, Balaguer empieza a promover el turismo internacional en la República Dominicana cautivando al público turista estadounidense desplazado después de la Revolución cubana (Cabezas, "Tropical Blues" 28; *Economies* 40). Como resultado de una política gubernamental que adopta una agenda neoliberal de desarrollo económico, en los años 80 y 90 se produce un giro radical de la economía hacia el turismo, lo que convierte al país en un destino turístico privilegiado. A causa de este remplazo de una economía de producción por una de servicios, para las décadas de 1990–2000, la economía de la República Dominicana depende completamente del turismo.[29] El crecimiento de esta industria, fomentado por el gobierno, provoca distorsiones económicas relacionadas con la reducción de inversiones en programas de salud y educación, entre otros (Cabezas, *Economies* 42). Como resultado, la economía estancada y ligada al turismo provee recursos de trabajo ilícito para los desempleados; uno de estos recursos es el turismo sexual (Gregory 11–49), que también aparece como un tema recurrente en la narrativa de los jóvenes escritores dominicanos.[30] La crítica del fenómeno que se hace en *La estrategia de Chochueca* de Hernández se caracteriza por el deliberado y abierto desdén de Silvia, el personaje principal, que alude a la crisis del discurso masculino hegemónico, como he mostrado en el segundo capítulo.[31] Si el romance transnacional en el caso cubano simboliza el encuentro entre dos sistemas económicos opuestos después del fracaso del proyecto revolucionario, en el contexto dominicano los romances transnacionales circulan como una mercancía que seduce a todos los involucrados y apuntan hacia el fin de una nación pensada a través del cuerpo viril masculino que niega su negritud considerándose étnicamente india y culturalmente hispana.[32]

En *La estrategia de Chochueca*, el escenario turístico principal se construye a partir del deseo sexual de las turistas blancas por los hombres afrodominicanos. En la novela de Hernández, la República Dominicana funciona como el enclave de los turistas sexuales o "a transnational sexual meeting ground" previamente asociado con los hoteles y complejos turísticos playeros (Brennan, "Sex Tourism," 308–10). La capital dominicana, como punto de encuentro de diferentes identidades locales y globales, atrae a los turistas con su acceso al placer sexual que objetiviza los cuerpos de los trabajadores sexuales. Aunque toda la ciudad de Santo Domingo vende la ilusión del romance heterosexual y visibiliza las intimidades interraciales y transnacionales, el turismo sexual (conocido en el contexto dominicano bajo el nombre del *sanky-pankynismo*) está presente en *La estrategia de Chochueca* como un trasfondo cultural a través de breves menciones, comentarios y reacciones de los personajes. Sin nombrarlo directamente, la novela señala la magnitud con que este fenómeno ha penetrado la vida cotidiana y se ha convertido en un elemento imprescindible.[33]

Una de las referencias indirectas al turismo sexual aparece cuando, caminando por la calle del Conde, un destino turístico famoso en Santo Domingo, Silvia observa: "Así de todo, bonito y barato, pasan italianos buscando morenitas que les hagan la vida imposible" (48). En otra alusión, Octaviano, uno de los amigos de Silvia, conquista a una muchacha de ojos azules en Sosúa, una ciudad pequeña en la costa norteña de la República Dominicana y sede de un famoso complejo hotelero sexo-turístico: "la tranquilicé a la Julia y le conté, ella rio [sic] un poco, sintiéndose aliviada de Octaviano alguna vez, y él probablemente bien gracias en Sosúa con una jevita de ojos azules y cuarto con aire acondicionado y que mejor para un demonio como él" (42–43). Al estudiar el fenómeno del turismo sexual, Brennan explica que muchas mujeres dominicanas, procedentes de todo el país, emigran a Sosúa (*What's Love* 13–21).[34] Tanto para las jineteras cubanas, como para las trabajadoras sexuales dominicanas, el trabajo sexual es una estrategia de ascenso ("advancement strategy"), puesto que trabajan sin proxenetas ("Selling" 154–55), establecen un contacto directo con los clientes turistas y se quedan con su paga. Con esta referencia, *La estrategia de Chochueca* implica que Octaviano está en Sosúa porque es un *sanky-panky*, un trabajador sexual dominicano que, de acuerdo con Padilla, posee complejas descripciones sociales, pero que generalmente refiere a hombres dominicanos que tienen sexo con turistas por dinero (*Caribbean Pleasure* x). Al mismo tiempo, el *sanky-panky* no encarna un tipo nacional específico de hombría, sino que desempeña la masculinidad tropicalizada y desnacionalizada común a todas las Antillas.[35] Además de ser sujetos tropicalizados, los *sanky-pankies* como Octaviano son sujetos cariglobales que, describe King, son conocidos en la comunidad global gracias a actitudes comunes respecto de la sexualidad en todas las Antillas a pesar de las diferencias regionales e históricas (*Island Bodies* 4–9). De esta manera, los *sankies* se popularizan con las suposiciones de los turistas extranjeros acerca de su sexualidad y la disponibilidad sexual de toda la región caribeña.

Intimidades antifundacionales

El *sanky-panky* es una dominicanización lingüística de *hanky panky* que surgió en la escena turística en los años 70 y 80 del siglo XX con el crecimiento de la presencia de jóvenes dominicanos físicamente atractivos que buscaban a las turistas extranjeras para ganarse la vida. El término denota un estilo masculino particular: los *sanky-pankies* son sensuales, jóvenes, negros, en buena forma y llevan trencitas al estilo rastafariano. Su imagen proviene de los estereotipos culturales y raciales que los clientes erotizan en estos hombres. Como explica Padilla, son "'natural' products of an idyllic tropical climate and whose bodies are sculpted by continual exposure to the sea and the Caribbean sun" (*Caribbean Pleasure* 19). A menudo los *sanky-pankies* inician "the performance of love" (Cabezas, "Between Love," 999). En otras palabras, estos trabajadores sexuales cariglobales crean una pseudo-relación que se continúa a través de cartas, llamadas telefónicas, fax y correos electrónicos después de que los turistas que han sido sus clientes regresan a su país. Como parte de esa *performance*, los *sanky-pankies* no intercambian dinero directamente por sexo, sino que prefieren mantener una visión del turismo como una aventura romántica. Según Cabezas, que explica la conducta de los *sankies*, las transacciones comerciales directas impiden otras posibilidades futuras de beneficio financiero y emocional y confirman más su identidad como prostitutos, algo que ellos tratan de evitar ("Between Love" 999). Por lo tanto, usando historias elaboradas sobre familiares enfermos, los *sankies*, después, piden que les manden dinero como transferencia bancaria.

Además, los *sanky-pankies* cortejan a los turistas de ambos sexos como el recurso más consistente de ingreso (Padilla, "Embodiment" 787). Pero mientras que la seducción a turistas del mismo sexo funciona como medio de subsistencia dentro de la isla, su objetivo principal en relaciones heterosexuales es obtener el visado de matrimonio para el país de procedencia de la turista. De esta manera, el *sanky-panky* se desenvuelve de modo paralelo al hombre negro, según Frantz Fanon, para quien la posesión de una mujer blanca lo iguala al hombre blanco (63–83). La blancura equivale a la mejora de la situación económica. Por medio del "espectáculo de amor" los trabajadores sexuales explotan el estereotipo del "*black stud*" (semental negro) creado por los europeos para para acumular capital, ascender en la escala socioeconómica

Capítulo cuatro

y emigrar (King, *Island Bodies* 161). Pero como los *sanky-pankies* entablan relaciones afectivas con los turistas de ambos sexos, la versión del romance transnacional que se está vendiendo ya no se basa en la pasión exclusivamente heterosexual, sino que empieza a incorporar la homosexualidad anteriormente excluida de la nación viril de Trujillo y Balaguer.[36]

La estrategia de Chochueca contiene múltiples referencias a Salim, otro amigo de Silvia, como un trabajador sexual que está involucrado con un grupo de turistas escandinavos caracterizado por la presencia dominante de muchachas jóvenes. A pesar de que es un personaje secundario, a través de Salim Hernández critica las consecuencias del trabajo sexual, como sucede en la escena cuando Silvia lo regaña mientras los dos caminan por Santo Domingo. Sin llamarlo *sanky-panky*, Silvia apunta a que Salim actúa como tal cuando se involucra románticamente con sus clientas e inclusive lo confronta con esta evidencia: "Un día te acompañé a recoger un paquete, uno de tantos que te mandaban las niñas engañadas del mundo entero. Al llegar a la oficina de correos, que estaba llena de tipos de esos amigos tuyos que gracias a un mayor grado de melanina y culipandeo recibían regalos y cartas de mujeres de todas partes del mundo, me quedé a esperarte en el carro" (Hernández 22).

Salim es un *sanky* que mantiene relaciones a larga distancia con varias mujeres extranjeras. El color oscuro de su piel sugerido por "un mayor grado de melanina" atrae a las mujeres extranjeras y es un distintivo mercadeado por los trabajadores sexuales dominicanos. Al mismo tiempo, es una imagen problemática porque Salim es, claramente, un nombre árabe que visibiliza la presencia de los árabes—inmigrantes de la actual Palestina, Líbano y Siria que se establecieron en la República Dominicana a principios del siglo XX.[37] Resulta así que Salim pone en venta el exotismo erótico en dos registros: siendo oriental y siendo negro. Por eso, en su cuerpo masculino, en tanto mercancía de exportación, coinciden los valores locales y globales.[38]

En otra alusión a la ocupación de Salim como *sanky-panky*, Silvia opina: "Saber cómo le contabas a una de tus mujeres que era la única y caerle a otra con otro recital de flechas y corazoncitos me parecía asqueroso …" (Hernández 21). Por un lado, esto confirma el rol clave del espectáculo de afecto y amor en la conquista sexual que confiere poderes para reivindicar una virilidad negra similar a la que se encuentra en la producción literaria anticolonial de muchos autores caribeños tales como George Lamming, V. S. Naipaul y Dany Laferrière (Francis 5–9). Por el otro, el hecho de que Salim haga promesas falsas a varias mujeres provoca la crítica por parte de Silvia. Detrás de sus reproches denigrantes se encuentra el menosprecio por las condiciones económicas difíciles del país que empujan a los hombres dominicanos a ocuparse de un trabajo sexual tradicionalmente visto como femenino.

La estrategia de Chochueca también subraya la magnitud y extensión del *modus operandi* del *sanky-panky*, o el *sanky-pankynismo*, ya que supera las playas y lugares tradicionalmente turísticos. Cabezas explica que "[s]anky-pankies exemplify the flux of sexuality and economy in this tourist setting. They move among male, female, and bisexual prostitution, and they cross the boundaries between the formal and informal economies with equal ease" ("Women's" 101). El *sanky-pankynismo* se extiende e incluye a las relaciones ordinarias de los propios dominicanos, retratando todos los romances—reales y potenciales—como transaccionales. Salim no abandona sus avances íntimos con mujeres de una posición financiera estable incluso cuando estas son dominicanas. Así, Silvia conoce a Lorena, que le fue presentada por Salim: "una jevita muy *cool* que había conocido por Salim tenía dinero porque su mamá había muerto de cáncer cuando ella era pequeña y le había dejado un tesorito" (Hernández 15). La mención de la herencia y la palabra *cool* revela la pertenencia de Lorena a la clase media o media-alta, al mismo tiempo que, para Salim, este dato forma parte de una estrategia de ascenso. En su análisis de los amigos de Silvia en *La estrategia de Chochueca*, Maja Horn observa: "The apparent absence of any such demands [familial, communal and economic] put on them reveals that these characters are ultimately not as unmoored from certain social and class privileges as the narrative would like to suggest" (115). Por lo tanto, Salim no es un *sanky* por necesidad, sino que sigue el guion de los *sankies* para asegurar su movilidad social y de clase a través de relaciones transaccionales con mujeres domésticas y extranjeras (Hernández 97). Además, su espectáculo de amor muestra al *sanky* como una categoría fluida y permeable que se adapta a las circunstancias (Cabezas, "Women's" 97) y es capaz de crear y vender una ilusión de ficción romántica nacional en múltiples niveles de la sociedad.

De esta manera, la novela de Hernández sugiere que cualquier relación entre un hombre negro y una mujer blanca puede verse como una estrategia del hombre de movilidad socioeconómica, o el *sanky-pankynismo* que se traslada de comunidades playeras al corazón político y cultural capitaleño. La preocupación de Silvia acerca de esta percepción pública de su relación con Salim revela esa realidad: "cuando andábamos las calles a pie, la gente siempre tan necia y poco delicada, probablemente pensaba, 'mira esa pobre gringuita cayó en las manos de ese sanki'" (21). Por esto, Silvia, una mujer joven, dominicana y blanca, subvierte esa imagen: "por eso cuando cruzábamos cortando tumultos en las aceras y la gente se volteaba a mirar a la blanquita y al negro, yo subía la voz como un carro de bomberos, con un acento capitaleño que dejaba flaco al de cualquier tigre de Villas Agrícola ..." (Hernández 21). El barrio de Villa Agrícola en Santo Domingo es tristemente célebre por la alta delincuencia debido a la guerra de pandillas, droga y la ausencia del control policial. Al proyectar su "acento capitaleño," Silvia deja en claro que es dominicana del barrio y posiblemente tampoco pertenece a la clase alta como implica su blancura. Aunque recurre a su privilegio racial alzando su voz, también se defiende contra la percepción de que ella podría ser una víctima del *sanky*.

Al resaltar su incompatibilidad con Salim, Silvia repudia el silencio que permite al cuerpo de Salim, y al de muchos otros, ocupar el centro de la fantasía comercializada que es clave para conseguir la movilidad socioeconómica que sostiene la ideología del blanqueamiento. Aunque para los trabajadores sexuales, la piel oscura es esencial para despertar la atracción sexual, la ideología del blanqueamiento ya deja de significar exclusivamente el deseo de tener la piel más clara. Por un lado, la manipulación del color de su piel por el *sanky-panky* Salim señala la dominicanidad que, según Espinosa Miñoso, oscila entre la complacencia de las fantasías sexuales de los turistas y el proyecto homogeneizador de la blancura (363). Por el otro, el mejoramiento de sus circunstancias socioeconómicas se consigue a través del turismo sexual y las relaciones transaccionales con las turistas blancas. En este sentido, Silvia critica el consenso silencioso que permite identificar al *sanky-pankynismo* con la dominicanidad y definir la masculinidad heterosexual a través de su relación con el sexo transaccional. El romance transnacional entre Octaviano, Salim y sus clientes, pues, no marca la consolidación ni la homogenización nacionales. Al visibilizar la otredad de sus trabajadores sexuales, excluida anteriormente del proyecto nacional, las intimidades transnacionales vuelven a socavar la masculinidad militar dominicana y redefinen las relaciones tradicionales de género.

Los romances travestidos

A pesar de que en la década de los 80 Puerto Rico ya es uno de los lugares turísticos predilectos del enclave caribeño (Padilla y McElroy 652), en 1993, Pedro Roselló, el gobernador de la isla de 1993 a 2001, anuncia el plan estratégico para convertir el turismo en "punta de lanza de la economía" (Rosa 449).[39] De modo similar a Cuba y la República Dominicana, Puerto Rico se apega a la ideología hedonística de complacer a los turistas (Kempadoo, *Sexing* 125). Al mismo tiempo, a causa de sus relaciones neocoloniales con los Estados Unidos, figura como un destino atractivo y relativamente seguro para los turistas gay estadounidenses.[40] A diferencia de *Contrabando de sombras* y *La estrategia de Chochueca* donde el turismo sexual funciona como un marcador del deseo migratorio que no consolida la nación, en la novela de Torres, *Conversaciones con Aurelia*, el *sexscape* de Puerto Rico se convierte en el escenario para redefinir las relaciones neocoloniales con los Estados Unidos.[41] En la novela, dos turistas, uno apodado Ojos Azules y el otro llamado por un nombre norteamericano y probablemente anónimo, Mr. Smith, llegan a Puerto Rico atraídos por la travesti Aurelia y el bugarrón Bebo Salgado, respectivamente. Por un lado, las relaciones entre Puerto Rico y los Estados Unidos han sido conceptualizadas a través de la metáfora de la mutua penetración en el intercambio sexo-nacional: "If Puerto Rico is getting fucked in the sexual metaphor that has been used to define its relationship to the United States, how has the United States been fucked in return?" (J.M. Rodríguez, "Getting" 138). Por otro lado, en la novela de Torres, los romances transnacionales entre los sujetos *queer* y trans y los turistas norteamericanos que tienen lugar en el bar Pájaro azul problematizan la *gran familia puertorriqueña* y repiensan la masculinidad fracasada como base de la ficción fundacional de Puerto Rico.[42]

La producción literaria puertorriqueña ya cuenta con una larga tradición que critica la *gran familia puertorriqueña* como "a territorially grounded, linguistically uniform, racially exclusive, androcentric, and heterosexual project" (Duany, "Rough Edges" 187).

Capítulo cuatro

Según Jossiana Arroyo, el viaje se ha escrito como una narrativa familiar—y por esta razón es una ficción fundacional—en la que el emigrante (homo)sexual puertorriqueño excluido del imaginario nacional y cultural establece una serie de negociaciones para construir un nuevo orden familiar, inscribiendo, y con esto problematizando, la presencia de la diáspora en la *gran familia puertorriqueña* ("Historias" 362). En contraste, en *Conversaciones con Aurelia* el deseo migratorio se conceptualiza como un sexilio (la migración causada por la discriminación contra la orientación sexual) de los turistas estadounidenses. El turismo, pues, se percibe como el travestismo comercial vinculado con varias transiciones y transgresiones de las fronteras espaciales, temporales, mentales y sensuales. Ojos Azules y Mr. Smith, que supuestamente nunca han usado los servicios sexuales en sus países, recurren con avidez a la industria del placer del Caribe porque, parafraseando a Sánchez Taylor, no piensan en los trabajadores sexuales como prostitutos, sino como amantes ardientes debido a su naturaleza porno-tropical ("Dollars" 758–60). Como afirman McKercher y Bauer, el viaje forma parte de un proceso simbólico ya que al abandonar un lugar conocido el turista llega a otro liminal donde se suspenden las normas raciales, genéricas y sexuales (10–12). El nuevo espacio provee el anonimato que permite una conducta que nunca podría realizarse en el lugar de origen: "A man who would never contemplate visiting a brothel in his hometown will often do so in a foreign country where there is little likelihood of detection" (Goel 2). Por un lado, Ojos Azules que fue una pareja de Aurelia y vivió con ella en Ohio la siguió cuando ella quiso regresar a Puerto Rico. Por lo tanto, el hecho de que Ojos Azules llegue al Caribe atraído por la travesti anula, desde el principio, cualquier intercambio de sexo por dinero, enfatizando el aspecto afectivo de su romance transnacional, sobre el que escriben Cabezas y Brennan (*Economies* 10–12; *What's Love* 21). Por el otro, la vida de Mr. Smith, que está casado y tiene nietos, condiciona el ocultamiento de sus deseos homosexuales en los Estados Unidos dado que el goce de su orientación homosexual implica la ruina de su propia reputación y la de su familia. El ambiente porno-trópico de Puerto Rico facilita la salida del clóset de Mr. Smith que empieza con los viajes clandestinos para satisfacer su deseo sexual y termina con su boda con Bebo Salgado en la isla. Su deseo por el otro se construye fuera de la metrópoli, insinuando que la sexualidad *queer* excluida de lo nacional solo puede existir en el territorio del otro, lo que a su vez aumenta la enajenación del sujeto *queer*. La presencia turística en el territorio colonial agrega una capa más a Puerto Rico, "a nation on the move," (Duany, "Nation" 51) que incorpora constantes viajes de sus ciudadanos estadounidenses entre la isla y la diáspora. Siendo la consecuencia de una relación (neo)colonial de la isla con los Estados Unidos, la presencia de Ojos Azules y Mr. Smith en San Juan a su vez complica la metáfora de la invasión norteamericana y desestabiliza las identidades sexuales fijas. El concepto de sexualidad de los personajes de la novela se presenta como algo móvil y cambiante que, a su vez, socava *la gran familia puertorriqueña* como un proyecto heterosexual.

El personaje de Ojos Azules continúa el paradigma de la masculinidad puertorriqueña de macho domesticado, en términos de Barradas ("Macho" 143; "Machismo" 75). Su "aura doméstica del hombre dispuesto a vivir con una draga, como mujer de verdad" (Torres 37) lo inserta dentro de la "matriz heterosexual" de la puertorriqueñidad que privilegia la monogamia, la familia heteropatriarcal y las experiencias de la afinidad (Crespo-Kebler 190) de las que a su vez depende, como explica Mimi Schippers, la dominancia de la heteromasculinidad blanca (4) y, por extensión, el neocolonialismo. Esa dinámica se hace posible debido al sistema moderno/colonial de género que se establece en la época colonial y que se perpetúa como colonialidad de género en el presente (Lugones 743–45). El "patriarcado queer blanco" (Nast 881) en la novela se reproduce en Ojos Azules y Mr. Smith. *Conversaciones con Aurelia* también revela su impacto cuando los artistas trans del Pájaro azul apodan a Ojos Azules con este nombre que remite a la situación histórica del mulataje en Puerto Rico: "Tú, con tus ojos azules, les entregabas, casi sin saberlo, la esperanza del gringo que toda loca quería para sí antes de conformarse con el mulato o el prieto del patio porque, hasta en eso, se percibía el color de la piel del que muchas se cuidaban" (Torres 38). Esa actitud refleja la internalización que han hecho las travestis de la política de blanqueamiento o, en otras palabras, del racismo. Para ellas, ser pareja de Ojos Azules equivale a la esperanza de blanqueamiento y de la mejora del estatus socioeconómico, lo cual se asemeja a la visión decimonónica del romance nacional caribeño y latinoamericano.

En este contexto, el apodo de Ojos Azules y la "caballerosidad que podía hasta esconder otra retahíla de perversiones subrepticias" (Torres 36) despiertan asociaciones con una frase clásica en español, "el príncipe azul." En el personaje de Ojos Azules, pues, se recrea la imagen de un caballero medieval que se halla en el trópico. La conexión con la idea del peregrinaje del amor tropical, como lo llama la voz narrativa (37), complica la visión del turismo sexual. El personaje de Ojos Azules epitomiza la misión imposible de resucitar un núcleo familiar heteropatriarcal como herramienta colonizadora para la comunidad *queer* y trans a pesar de que Aurelia se niega a convivir con él en Puerto Rico. Tampoco se alcanza la futuridad *queer* que permanece como una utopía, puesto que Ojos Azules revive el pasado de su breve convivencia familiar con Aurelia en los Estados Unidos, "perpetu[ando] [su] propia utopía de mujer" representada en Aurelia (37).[43] Su deseo de tener una relación estable con Aurelia se somete a las tendencias heteronormativas y, literalmente, permanece como inviable en el pasado. Con esto se aniquila el modelo heteronormativo del romance transnacional conceptualizado por Sommer para alegorizar las relaciones neocoloniales entre Puerto Rico y los Estados Unidos.

Además, este romance transnacional *queer* no llega a cumplirse, puesto que Ojos Azules muere "de la manera más tonta, en un accidente de tránsito en plena avenida Juan Ponce de León cruzando una calle" (Torres 108). Esta arteria principal, fundamental en el movimiento y tráfico urbano sanjuanero que pasa por el barrio de negocios y rascacielos, fue renombrada Avenida Ponce de León, en honor del primer conquistador de Puerto Rico, en 1912 con la aprobación del gobierno estadounidense. Como explica Schmidt-Nowara, este cambio por un nombre de origen español es una muestra del naciente nacionalismo cultural que facilitó a la élite puertorriqueña exigir reformas que incluyeron la independencia del nuevo gobierno (195–201).[44] Además, la Avenida va paralela a los contornos de la isla y sirve de línea divisoria entre el interior de Puerto Rico y la costa, asociada con la penetración, la invasión y el colonialismo en las letras puertorriqueñas (Cruz-Malavé, "Oxymoron" 52). La acción de Ojos Azules de cruzar la Avenida Ponce de León puede leerse como el intento de un colonizador de penetrar al país, espacial, cultural y sexualmente, mientras que su muerte simboliza la resistencia del colonizado. Solamente al final de la novela los lectores se enteran de que después de casarse con Ojos Azules en secreto, Aurelia vive de su seguro social. Aunque con esto ella reifica la estrategia de ascenso y asimilación como estrategias neocoloniales que mantienen la supremacía blanca sin su presencia inmediata, su matrimonio secreto con Ojos Azules es una utopía a medias porque no se logra la oficialización de la relación con la que accedería al blanqueamiento. Esto, a su vez, posibilita otro tipo de relación ejemplificada por Mr. Smith quien, al casarse con Bebo Salgado, un bugarrón puertorriqueño que frecuenta el Pájaro azul, fortalece la colonialidad del deseo.

Desde el principio Mr. Smith es retratado como un típico turista estadounidense, con nombre genérico y que no pertenece al ambiente homoerótico sanjuanero: "para la gente de aquí seguías siendo el típico Gringo viejo y pato, para todo aquél que te viera cruzar la calle rumbo al mundo de la ilusión del Pájaro azul, con tu hawaiana de rayón estampado y tus pantaloncitos cortos color caqui, mostrando unas piernas todavía respetables y unos pies exquisitamente pedicurados, que llevaban puestas unas sandalias de cuero natural" (Torres 47). Este retrato ayuda a resaltar la alienación de este personaje en el ambiente sanjuanero porque tropicaliza a Mr. Smith de una manera semejante a las descripciones exóticas de la población nativa en la escritura de viajes de los viajeros europeos.[45] A pesar de quedarse a vivir en Puerto Rico, Mr. Smith es visto como "el otro" poderoso que, sin saber español, "[está] bien metido hasta el cuello en los negocios turbios y sin reglas de Fifí, como socio fundador con plenos poderes" (48–49). Es más, su alias adicional como el Poderoso Caballero Don Billetes Verdes (Torres 113) refiere a "Poderoso Caballero es Don Dinero," una letrilla satírica de Francisco de Quevedo escrita en 1603, en la que se enfatiza la importación de bienes y riquezas de las Indias para el imperio español. Además, en esta letrilla coinciden los intereses mercantiles con los sentimientos amorosos, puesto que deriva de una de las formas de las canciones tradicionales en la que una joven confiesa a su madre que se ha enamorado de un caballero rico. De esta manera, Torres reapropia esa letrilla para describir la situación neocolonial en la que se encuentra Puerto Rico.

Ahora bien, en contraste con la unión de Aurelia y Ojos Azules, el matrimonio de Mr. Smith y Bebo Salgado reproduce la homonormatividad que está anclada en la domesticidad y el consumo sin cuestionar las tendencias e instituciones heteronormativas, conforme la definición de homonormatividad de Duggan (179). Igual a *No quiero quedarme sola y vacía* donde la homonormatividad

Capítulo cuatro

simboliza una nueva forma del control neocolonial diseñado para producir un sujeto sexual normativo (un ciudadano homonacional), en la novela de Torres el matrimonio entre Bebo Salgado y Mr. Smith los convierte en ciudadanos homonacionales que propagan una versión de la homosexualidad nacional conveniente al imperialismo estadounidense y operante en base a las normas raciales (Puar 2). Por un lado, Mr. Smith es caracterizado como un hombre que "al final de la noche, [tenía] debajo de [él] aun hasta a los más aparentemente machos" (Torres 48). Por el otro, la caracterización del bugarrón Bebo Salgado como un "macho de pacotilla" tiene una connotación doble ya que pacotilla significa algo de poca importancia y, también, refiere a las mercancías que la tripulación de un barco lleva a bordo sin pagar impuestos. Todo esto desestabiliza la imagen del bugarrón como un verdadero macho. La semejanza de su nombre, Bebo, con bebé alude al ensayo seminal *Insularismo* (1934) de Antonio S. Pedreira que describe el colonialismo como la carencia de desarrollo de Puerto Rico explicándolo con la condición prematura del país-niño. Si Bebo simboliza a Puerto Rico—un territorio neocolonial a disposición de los Estados Unidos—, con la subversión de su masculinidad Puerto Rico es subordinado no solamente económica sino también sexualmente.[46] Por lo tanto, Bebo resalta "[las] (im)posibilidades políticas" de la isla de hacerse independiente de las demandas políticas, económicas, sociales y militares de los Estados Unidos (J. M. Rodríguez, "Getting" 137).

Pero, aplicando la metáfora de la fornicación como la forma de intercambio sexo-nacional (J. M. Rodríguez, *Sexual Futures* 92), vale la pena peguntarse qué recibe Puerto Rico a cambio. Al casarse con Mr. Smith, Bebo deja de prostituirse como "el macho de pacotilla." Su conducta se asemeja a la de los pingueros cubanos.[47] Criticados por la comunidad gay cubana por la ausencia de valores socialistas, la pérdida de la respetabilidad y la búsqueda del dinero fácil, los pingueros son los brotes de nuevas formas de la masculinidad que germinan del trabajo sexual (Stout 11–15). Estos trabajadores sexuales contribuyen a la redefinición de relaciones de género y de las identidades sexuales enfatizando su fluidez y carácter cambiante en los momentos de inestabilidad del país. Similar a otras travestis en *Conversacions con Aurelia* que analizo en el Capítulo 3, al someterse sexual y económicamente a Mr. Smith, Bebo Salgado recurre a la jaibería, una política de sumisión determinada que afirma el poder y placer (J. M. Rodríguez, "Getting" 138). Desplegando su potencial corporal y sexual en la situación que lo restringe, Bebo ejemplifica un sujeto "intercorporal." Es decir, emplea su ciudadanía sexual a través de las prácticas corporales, visibilizando su masculinidad subalterna que compite con la masculinidad elitista blanca. Su boda con Mr. Smith reajusta el modelo de los romances nacionales latinoamericanos que, en el contexto neocolonial y homoerótico, concibe el germen de la contra hegemonía de Puerto Rico.

El hecho de que la boda reciba la atención de la farándula puertorriqueña es semejante al aspecto performativo del romance cubano entre la mulatica y el viejo fotógrafo en *Contrabando de sombras*. Proyectando una versión saneada de la homosexualidad, la pareja puertorriqueña produce una visión contradictoria de la isla que, con la cobertura informativa de este evento, quiere crear una ilusión de ser un país moderno y progresista, similar a su vecino norteño. Aunque la homosexualidad y, por extensión, los matrimonios gay pueden considerarse como una imposición extranjera,[48] *Conversaciones con Aurelia* practica su propia jaibería, introduciendo la temática de los matrimonios gay en Puerto Rico. La comunidad LGBTQ, potenciada por su condición neocolonial y la sumisión política, invoca las leyes aprobadas en los Estados Unidos para promover y defender los derechos LGBTQ en la isla antes del reconocimiento de la Corte Suprema de los Estados Unidos del matrimonio de parejas del mismo sexo como un derecho legal el 26 de junio de 2015.[49]

Los romances transnacionales que se producen en el contexto del turismo sexual en el Caribe hispano dejan de ser ficciones fundacionales en tanto alegorías nacionales, según las caracteriza Sommer. En las novelas de Ponte, Hernández y Torres las uniones románticas que forman los personajes, que también son trabajadores sexuales, remiten a la esperanza propagada por los romances nacionales decimonónicos cuyo objetivo era consolidar la nación en un momento inestable para América Latina. Pero los textos de estos autores publicados a principios del siglo XXI sugieren que las relacionales transnacionales apuntan hacia el fracaso y la insuficiencia de los proyectos y agendas nacionales en Cuba, la República Dominicana y Puerto Rico. Así, en *Contrabando de sombras*, de Ponte, el matrimonio entre la mulatica y el viejo fotógrafo simboliza el giro de Cuba hacia la economía capitalista y, por extensión, el fracaso del régimen revolucionario. En *La estrategia de Chochueca*, de Hernández, la sexualidad no normativa de Salim vuelve a remitir a la caída de la cultura masculinista y redefine la nación dominicana en términos sexual y racialmente ambiguos. En *Conversaciones con Aurelia*, de Torres, el matrimonio entre Mr. Smith y Bebo Salgado al final de la novela reescribe y a la vez critica la situación neocolonial de Puerto Rico y señala su relación problemática con los Estados Unidos. Como se observa en estas tres novelas, los aspectos importantes que empiezan a formar parte de los nuevos romances transnacionales son la sexualidad no normativa y la raza, anteriormente excluidos de los procesos nacionales homogeneizadores basados, además, en una pasión heterosexual, como explica Sommer. Al resaltar las diferencias raciales y sexuales de sus protagonistas, que es lo que atrae sexualmente a los turistas extranjeros, los textos de Ponte, Hernández y Torres acceden a un lugar destacado entre los romances transnacionales como constitutivos de la homopoética de relación que forja las nuevas formas de relacionarse y la ciudadanía desde abajo para producir un archivo *queer* contranormativo al oficial.

Coda

¿Iguales en qué? ¿Iguales y qué?

En el verano de 2018 la prensa internacional y las redes sociales se llenan de titulares celebratorios, si no sensacionalistas, con la noticia de que Puerto Rico permite a las personas transgénero modificar certificados de nacimiento mientras que la Asamblea Nacional del Poder Popular de Cuba inicia un proceso de reforma constitucional que legaliza el matrimonio igualitario. Su Artículo 68 contempla "la unión voluntaria concertada entre dos personas con aptitud legal para ello," es decir que la unión ya no es limitada a un hombre y una mujer. Esas noticias generan una intensa oposición entre los grupos conservadores e ilustran una plétora de contradicciones que surge en el proceso de producción de conocimiento y que refleja las tensiones alrededor de las sexualidades caribeñas.

El momento actual urge echar una mirada retrospectiva a la narrativa publicada en la primera década siglo XXI para reflexionar sobre la perpetuación del travestismo del Estado en el presente y las contradicciones que se entienden como oposiciones y enunciaciones en contra de las afirmaciones oficiales. Al escribir sobre la negritud dominicana y la ambigüedad de género, Lorgia García-Peña señala: "simultaneous significations can be acquired, allowing the subject to assert his or her own identity(ies) in contra/diction with the hegemonic and oppressive discourses of the nation(s)" ("Being" 140). De la misma manera, en las novelas que analizo en los cuatro capítulos anteriores los sujetos *queer* y *trans* se encuentran en "contra/dicción" con las estructuras hegemónicas y las disposiciones crueles que incluyen el nacionalismo masculinista, el imaginario heteronormativo y el heteropatriarcado homonacional (Gutiérrez Negrón 156–62). Como resultado, ese enfrentamiento contra/dictorio termina siendo el gesto *queer* que destabiliza la dominancia de la narrativa y el discurso oficial.

Coda

Así, con los traslados de su personaje homosexual en los lugares marginales y las ruinas habaneras como espacios apropiados para el surgimiento de nuevas voces y subjetividades, *Contrabando de sombras* de Ponte apunta a denunciar la borradura de la memoria y del archivo *queer* por la homofobia institucionalizada. Tonos semejantes adquieren las encendidas disputas sobre el proyecto constitucional cubano en torno del matrimonio igualitario entre aquellos que lo ven como una reivindicación largamente esperada y los que lo consideran una estrategia política estatal de corte neoliberal que distrae de los problemas vigentes como la falta de la libertad de expresión, de opinión, la censura y la persecución artística. Sometido a consulta popular en el país, el proyecto de reforma constitucional casi enseguida recibe el nombre de la "Constitución de los patos," una denominación peyorativa que, por un lado, repercute en la homofobia social y, por el otro, presenta una crítica del objetivo oscurantista del gobierno de cooptar y desviar la atención de los problemas sociales agudos. Aunque el matrimonio igualitario puede proveer amparo legal para la partición de bienes, también promueve políticas asimilativas y una diversidad controlada por el gobierno posrevolucionario cuyo objetivo es inducir la amnesia y la reacomodación histórica de la discriminación y la homofobia institucional revolucionaria. Sólo un año antes, en 2017, Cuba se abstiene frente a una resolución de Naciones Unidas que condena la pena de muerte basada en la orientación sexual o la identidad de género de un individuo, pese a que el Ministerio de Salud cubano había aprobado las operaciones gratuitas de cambio de sexo en 2008[1] y la inclusión de la no discriminación por orientación sexual en el Código del Trabajo en 2014. También en 2017, Mariela Castro Espín, que dirige el Centro Nacional de Educación Sexual (CENESEX), se había expresado con respecto al matrimonio igualitario diciendo: "A nosotros no nos gusta copiar, nosotros queremos tener creatividad y buscar lo que verdaderamente se ajuste a la posibilidad de formación social y a nuestra realidad." Ella explicó "La meta principal no es el matrimonio, es una de las metas. Para nosotros la meta principal es lograr la igualdad de oportunidades como se logró en el proceso de trabajo con la discriminación a la mujer" ("Mariela Castro"). La prensa no tardó en vituperarla como opositora al matrimonio gay, aunque Castro había lanzado una propuesta preliminar de modificar el Código de Familia en 2012.

¿Iguales en qué? ¿Iguales y qué?

Varios activistas cubanos también atestiguan acerca de la monopolización del tema de la sexualidad y los derechos LGBTQ por el CENESEX manejados desde la posición del poder. Grupos activistas como El Macroproyecto Manos y Proyecto Arcoiris que aparecen en el documental *Causas y azares* (2017) de Yaíma Pardo se alían para representar la comunidad LGBTQ sin estar bajo el paraguas oficial del CENESEX ni estar autorizados legalmente. Según Sisi Montiel, presidente de la red Trans Fantasía, existe una verdadera persecución contra los gays, transexuales, bisexuales y lesbianas que se apartan de la organización oficialista (Pentón). El CENESEX, pues, forma parte del travestismo del Estado que continúa produciendo controversias, como se puede ver en el caso de *Santa y Andrés* (2016), la película dirigida por Carlos Lechuga que cuenta la historia de un escritor homosexual marginado en los años 80. Excluida de la programación del Festival Internacional de Nuevo Cine Latinoamericano en La Habana, la película gana los premios a mejor película, mejor guion y mejor actriz en el Festival de Cine de Guadalajara al que acude Mariela Castro para recibir un premio "por su destacada lucha por los derechos sexuales de los cubanos" (De Llano). Pese a los relativos avances como la normalización de prácticas sexuales y el control de la memoria colectiva, la homofobia cubana puede causar un epistemicidio, una amenaza de la que advierte *Contrabando de sombras* de Ponte.

La libertad de modificar certificados de nacimiento otorgada a personas transgénero puertorriqueñas culmina casi una veintena de años de lucha y activismo de la comunidad *trans*; esta lucha fue llevada adelante dentro de un contexto de precariedad económica que se prolonga con la crisis desencadenada en 2006 y la devastación causada por los huracanes Irma y María en 2017. Aunque no hay nada que evidencie una correlación directa entre estos desastres naturales y la victoria de la comunidad *trans*, me tienta especular que, así como las reconstrucciones de Santo Domingo tras el ciclón San Zenón en 1930 fundan base de la megalomanía del dictador dominicano que explico en el segundo capítulo, los huracanas Irma y María hacen, a su vez, borrón y cuenta nueva. El alcance de su impacto aún queda por estudiar, pero ya queda claro que frente a los desastres naturales se agudiza la relación problemática de Puerto Rico y los Estados Unidos, a pesar de que Puerto Rico recibe una ayuda sin precedentes desde la diáspora. *Ricanstruction*, una antología realizada a beneficio de la reconstrucción, es uno de los ejemplos de las varias respuestas creativas y artísticas que se dieron ante el desastre. La destrucción que dejan Irma y María en la isla abarca desde problemas con la electricidad y la escasez de agua potable varios meses después de los huracanes, la polémica alrededor de FEMA (Federal Emergency Management Agency), casi 3000 muertes por María, hasta el éxodo masivo de los isleños a Estados Unidos. Estas son solo algunas secuelas que quitan las máscaras de la situación colonial y de la irresolución el estado político, mostrando a la ciudadanía estadounidense problemáticas de la isla que *Conversaciones con Aurelia* de Torres y *No quiero quedarme sola y vacía* de Lozada habían retratado hacía ya una década.

Si en el caso cubano la disminución aparente de la homofobia gubernamental adopta la agenda neoliberal *LGBTQ-friendly* para seguir imponiendo un control moderado, las contradicciones en Puerto Rico se dan a la hora de recurrir al aparato legislativo del colonizador para reclamar y proteger los derechos de minorías sexuales. En 2003 el Senado de Puerto Rico revoca el Artículo 103 que penaliza la sodomía tres días antes de que la Corte Suprema de Estados Unidos vote la descriminalización del sexo anal en las relaciones consentidas en el caso Lawrence contra Texas y derogue la ley en los 14 estados que aún la aplicaban.[2] De este modo, la descriminalización de la homosexualidad puede verse como un gesto de autonomía y anticolonialismo contra la imposición de la jurisprudencia estadounidense sobre los isleños. En cambio, casándose en el Viejo San Juan en agosto de 2015 sesenta y cuatro parejas puertorriqueñas del mismo sexo celebran la victoria del caso de Obergefell v. Hodges en la Corte Suprema de EE.UU. que reconoce el derecho al matrimonio igualitario en los Estados Unidos y todos sus territorios. A pesar de la decisión de la Corte Suprema, en marzo de 2016 el juez federal en Puerto Rico Juan Pérez-Jiménez da un dictamen controvertido que prohíbe los matrimonios entre personas del mismo sexo, explicando que esa decisión no aplica en Puerto Rico dado su estatus de ser territorio estadounidense no incorporado. Esa orden provoca protestas y es revocada por La Corte de Apelaciones para el Primer Circuito en Boston en abril de 2016. Resulta que, debido al estado colonial de Puerto Rico, la sexualidad permanece como un área contestataria donde convergen los poderes neocoloniales y locales mientras que las decisiones tomadas en los Estados Unidos impactan las vidas

¿Iguales en qué? ¿Iguales y qué?

queer en la isla y su diáspora. Del mismo modo, para promover su agenda política los activistas puertorriqueños *queer* recurren a ese vínculo contradictorio, así como lo hacen los personajes de las novelas de Torres y Lozada.

Al abrir esta coda con Cuba y Puerto Rico, las islas hermanas a las que evocan Rodríguez Tió y Ramos Otero, no dejo de lado la República Dominicana, la tercera ala del pájaro caribeño travestido que lucha por los derechos LGBTQ. Aunque sin cambios legislativos en el horizonte, en la República Dominicana florece una escena similar a las de Cuba y Puerto Rico, como las fiestas del homosexual Franco, el amigo de la protagonista, en el ambiente precario capitalino en *La estrategia de Chochueca* de Hernández. Pese a que las expresiones *queer* permanecen sujetas al control y las regulaciones estatales y policiales, en los espacios públicos también crece la visibilidad del activismo que nace del movimiento feminista de las décadas de 1970 y 1980 y de la respuesta a la pandemia de VIH/SIDA en la República Dominicana y Haití en los años 80. Los nuevos espacios *queer* incluyen talleres feministas, celebraciones públicas desde 1991, caravanas de orgullo desde 2010, festivales del cine LGBTQ internacional como el Outfest desde 2010[3] y la presencia en redes sociales. Estos espacios no solamente ayudan a despertar conciencia, delinear demandas políticas y forjar la participación cívica y política, sino que también facilitan la entrada en los circuitos de la narrativa global del *queerness* y de los derechos humanos universales gracias al universalismo estratégico. Reconociendo las implicaciones del uso de categorías identitarias y del lenguaje sobre prácticas sexuales traídos desde afuera, Ana-Maurine Lara explica que los activistas dominicanos disponen de una gran destreza al adaptar el discurso del Norte global sobre derechos humanos universales para promover las agendas sociopolíticas locales y nacionales (102–05).

Al mismo tiempo, el universalismo estratégico transforma a la sexualidad dominicana en una plataforma para negociaciones y un juego de poderes internacionales similar a la representación de la masculinidad del personaje principal en *El hombre triángulo* de Andújar. El apoyo financiero y logístico para los grupos activistas dominicanos proviene de numerosas fundaciones y organizaciones no gubernamentales internacionales que están en la primera fila en la lucha de los derechos humanos y civiles LGBTQ, la pandemia de VIH/SIDA, el tráfico humano e infantil y el trabajo sexual.

Por ejemplo, el Centro Cultural de España y el Centre Culture Français son dos anfitriones regulares de los eventos que ponen al descubierto las vidas *queer* y *trans* dominicanas, así como posibilitan su visibilidad fuera de la isla. En junio de 2017, el Centro Cultural de España inaugura "Orgullo," exhibición fotográfica de Carlos Rodríguez, un artista visual egresado en Cinematografía y Audiovisuales Mención Cine de la Universidad Autónoma de Santo Domingo. En 2018 el artista la exhibe en Ámsterdam, Holanda, durante la 22ª Conferencia Internacional de SIDA.

Sin embargo, el ejemplo probablemente más icónico de ese juego de poderes es la presencia en la República Dominicana de James "Wally" Brewster, quien sirvió como embajador estadounidense abiertamente homosexual desde 2013 hasta 2016 y que puso en evidencia una serie de contradicciones en un país enraizado en la moral y los valores patriarcales católico-apostólico-romanos. Por un lado, la Iglesia Católica y varias organizaciones conservadoras y grupos cristianos articulan la presencia de Brewster como un ataque a la soberanía nacional dominicana porque ven la homosexualidad como importación del imperialismo estadounidense.[4] Por otro lado, existe cierta división entre los activistas con respecto a la orientación sexual del embajador en el país. Para algunos, el ataque a Brewster es un ataque contra los dominicanos *queer*, parafraseando a Rosanna Marzan, la directora ejecutiva de Diversidad Dominicana (Afi Quinn 132). Aunque su presencia apoya el activismo LGBTQ y las iniciativas locales,[5] sin saber hablar español, Brewster es ajeno a peculiaridades de la realidad dominicana y a las normas y discriminaciones de género y sexualidad. Por ejemplo, el mensaje de Navidad donde Brewster posa con su esposo y el perro moviliza las fuerzas homonacionalistas y refuerza la *performance* homonormativa. Su visión de una relación romántica resulta irrelevante para muchos dominicanos *queer* para quienes la salida del clóset—fundacional para la cultura occidental—puede empoderarlos o, por el contrario, ponerlos en peligro.[6]

Es aquí donde se encuentra otra contradicción de las vidas *queer* y *trans* dominicanas que fluyen entre la creciente visibilidad y la persistencia del silencio, o el secreto a voces que está en el centro de la trama de *El hombre triángulo* de Andújar y que es causado por las crueles disposiciones de la iglesia, el heteropatriarcado y el apoyo legislativo. La disrupción del silencio guardado en torno de preferencias sexuales causa el escándalo como sucede con el beso que Hernández, la autora de *La estrategia de Chochueca*, le da a su pareja del mismo sexo en la alfombra roja de una ceremonia de premios en 2010 y que escandaliza la prensa. Como las novelas de estos dos autores, el activismo también muestra a la República Dominicana como un campo fértil para el juego de poderes locales y globales, las negociaciones entre la no-conformidad y la imposición de la homonormatividad occidental ajena a la realidad dominicana. Aunque queda mucho camino por recorrer, esas contradicciones son el primer paso que interrumpe los regímenes de lo "normal."

Los recientes eventos del verano de 2018 no dejan duda de que, aunque las disposiciones crueles a menudo permanecen vigentes, el desencanto característico de la narrativa del período 1990 y 2000 fue remplazado por el activismo y por otras asociaciones colectivas que nacen fuera de una posición de poder. Al renacer como el ave fénix, el pájaro travestido estira sus tres alas entre los escombros de la geografía de subalternidad de las ciudades caribeñas. Sin que su existencia deje de ser precaria, su devenir pájaro ilumina el deleite de los saberes raros como la base epistémica de la homopoética de relación entre las islas *queer* del archipiélago antillano. De estas colectividades y de la homopoética brota el gesto *queer* cuya reiteración incesante desvía la normalización. Las novelas que he analizado retan las disposiciones crueles y son gestos *queer*, como también lo es *Las ciudades del deseo*.

Notas

Introducción

1. Todas las citas de la novela de Ponte pertenecen a la edición Mondadori de 2002 y las citas de las novelas de Andújar, Hernández, Torres y Lozada pertenecen a las ediciones de Isla Negra Editores. De aquí en adelante solo se indicará solamente el número de páginas.

2. De acuerdo a Eve K. Sedgwick, "'Closetedness' itself is a performance initiated as such by the speech act of silence—not a particular silence, but a silence that accrues particularity by fits and starts, in relation to the discourse that surrounds and differentially constitutes it" (*Epistemology* 3).

3. En su conceptualización del flâneur, Walter Benjamin argumenta que el transeúnte se encuentra en los umbrales de la ciudad y de la clase media; no pertenece ni se siente cómodo con ninguna, sino que busca refugio en la muchedumbre (40). El lugar más apropiado para el flâneur son las arcadas o galerías comerciales que ocupan el espacio entre las calles y el interior: "the arcades are something between a street and an intérieur" (68). La asimilación del hombre letrado a la sociedad tiene lugar en el bulevar donde ése pasa sus horas de holgazanería y las expone como si estuviera haciendo su trabajo (61).

4. Para un análisis más detallado del uso de la lengua como doble factor de subalternización del personaje principal en *No quiero quedarme sola y vacía*, ver el trabajo de Ingrid Robyn.

5. Para más información sobre los debates culturales y lingüísticos, consúltense Martínez-San Miguel ("Boricua (Between)"), Negrón-Muntaner ("English"), La Fountain-Stokes ("Política"), Flores (49–62) y Ana Celia Zentella.

Capítulo uno

1. Según Antoni Kapcia, la planificación urbana fue afectada por la partida al exilio de arquitectos profesionales. Como consecuencia, aunque los proyectos habitacionales resolvieran los problemas de vivienda, en realidad, ofrecían baja calidad de vida (127).

2. El Período Especial en Tiempos de Paz invoca una serie de medidas reservadas para los tiempos de guerra: escaso suministro de electricidad, racionamiento de ciertos productos alimenticios y mercancías y reorganización de la fuerza laboral, entre otras. Además, el levantamiento de las restricciones de operar en dólares norteamericanos en julio de 1993, la consolidación del Ministerio de Turismo en abril de 1994 y la promoción de las inversiones extranjeras en Cuba a partir de 1995 contribuyen a la generación de ingresos monetarios en el país. Sin embargo, no hay consenso en cuanto al año final del Período Especial. La despenalización del dólar en 1993, el inicio de intercambios de recursos con Venezuela con la llegada de Hugo Chávez a Cuba en 1998 e inclusive el deshielo facilitado por Barack Obama en 2014 son solamente algunos ejemplos de opiniones extremadamente divididas entre sociólogos y politólogos que intentan periodizar el final del Período Especial. Sin duda, aunque la más descarnada crisis sucede en los años 90, la desaparición del campo socialista del Este y el embargo estadounidense aún tienen impacto y vigencia en Cuba.

3. Odette Casamayor-Cisneros define la cosmología de la revolución como una existencia según el grado de pertenencia al proyecto político-ideológico cubano, moldeado por el ideal heroico y el enfrentamiento a enemigos exteriores e interiores (*Utopía* 32–35).

4. Como características comunes para describir la narrativa escrita después de 1989, Casamayor-Cisneros señala la incertidumbre ("Incertidumbre resplandeciente"), la angustia y la deriva existencial (*Utopía*). El crítico literario cubano Jorge Fornet usa el término "desencanto" mientras que su padre, Ambrosio Fornet, opta por "desencantamiento" que apunta hacia la crisis de desarrollo y la imposibilidad del interrumpir el camino hacia el progreso en los tiempos sombríos. En contraste, para Marta Hernández Salván, el Período Especial es la muerte simbólica del socialismo que provoca una convulsión histórica y emocional, por eso debe verse como un hiato y una transición (11). También, Ariana Hernández-Reguant resalta el aspecto transitorio del Período Especial, llamándolo una transición irresoluta (2).

5. Entre nuevos ejemplos de tolerancia en las artes se puede mencionar la publicación de escritores antes marginados como Virgilio Piñera y José Lezama Lima, la presencia de personajes *queer* o travestis en el cine—*Suite Habana* (2003) y *Barrio Cuba* (2005)—y obras teatrales tales como *De hortensias y de violetas* (2007) de Esther Suárez Durán, *El último bolero* de Ileana Prieto y Cristina Rebull y *La cara oculta de la luna*, la telenovela transmitida en 2006 por el canal cubano Cubavisión que llamó la atención sobre el VIH/SIDA. El estreno, en 1993, de *Fresa y chocolate*, producida por el Instituto Cubano del Arte e Industria Cinematográficas (ICAIC) y que se basaba en el cuento de Senel Paz, produjo debates acalorados. Algunos la veían como una crítica oculta de la política homofóbica del gobierno, mientras que otros la percibieron como una manipulación del régimen para conseguir aliados en el extranjero durante la severa crisis económica y política (Santí 407–08). Se fundaron también el Centro Cultural *El Mejunje* en Santa Clara donde se daban espectáculos de travestismo y el CENESEX encabezado por Mariela Castro Espín que, a partir de 1989, organiza diversos programas de educación e investigación sobre sexualidad y grupos de apoyo para transexuales. Así, después de la creación de la Comisión Nacional de Atención Integral a Transexuales, el Ministerio de la Salud aprueba, en 2008, las cirugías de reasignación sexual. En cambio, Abel Sierra Madero y Frances Negrón-Muntaner adoptan una postura crítica observando que el CENESEX se disfraza de una agenda neoliberal solamente para asimilar y normativizar las minorías sexuales en vez de promover la diversidad sexual ("Del hombre"; "'Mariconerías'" 109–19). Véanse Stout (39–51) y Valladares-Ruiz (54–55).

6. Los novísimos son una generación de escritores cubanos nacidos después de 1959 y educados durante los primeros años de la Revolución.

En los años 90 inician la renovación de la narrativa cubana. Para más información, ver los trabajos de Dorta y Valladares-Ruiz.

7. Lezama Lima y Piñera eran nombres casi prohibidos en la Cuba revolucionaria por sus preferencias sexuales y literarias, mientras que Carlos Montenegro, quien en su novela *Hombres sin mujer* describía relaciones homosexuales entre los confinados en la cárcel que resuenan en el personaje de César, fue deliberadamente olvidado (Correa Mujica). En los años 60–80 el gobierno cubano honra a los intelectuales que mueren del lado revolucionario (Nicolás Guillén, Alejo Carpentier). En los 90 empiezan a honrar a los escritores que murieron en la isla, aunque se encontraban en una posición crítica del gobierno (Fernando Ortiz, Lezama Lima, Piñera, Eliseo Diego). Solamente en los últimos años, reconocieron a los que han muerto fuera de la isla y que han mantenido una posición opositora al comunismo cubano (Severo Sarduy, Jorge Mañach, Lydia Cabrera) (Rojas, *Tumbas* 49).

8. Según Hamilton, para los jóvenes nacidos en los 70–80 la homofobia estatal sigue siendo un problema actual. Sin embargo, la homofobia de los 60–70 está sujeta a amnesia. Muchas de las historias sobreviven en la memoria popular, pero la diseminación pública pasa por la autocensura y la censura oficial (144–48). Representativo del problema de la memoria histórica es el debate acalorado que se desarrolla alrededor del libro *Cuba's Gay Revolution: Normalizing Sexual Diversity Through a Health-Based Approach* (2017) de Emily Kirk que recibe reseñas positivas de La juventud rebelde y CENESEX. Ambas instituciones lo destacan como el primer estudio producido en el extranjero que se acerca a la diversidad sexual en Cuba desde el trabajo de salud (Menéndez Dávila y Sánchez; Arango Medina). Esto, a su vez, provoca la indignación entre los activistas cubanos LGBTQ debido a la omisión por parte de las organizaciones cubanas de los estudios precursores de autores como Leiner, Young, Lumsden, Bejel, Fowler Calzada, Espinosa Mendoza y Sierra Madero. Y por extensión lo perciben como un intento de borrar antecedentes incómodos para dar espacio exclusivamente a posturas que conforman con la oficial.

9. A partir de 1959 los medios de homofobia institucionalizada dirigidos hacia la eliminación de la homosexualidad en Cuba incluían: las *parametraciones*, un proceso legal que acusaba a los intelectuales, homosexuales en su mayoría, de la pasividad hacia los objetivos revolucionarios y les privaba de posiciones públicas (Serra 164); las cacerías; el espionaje sexual (Montaner 175); y los trabajos en las UMAP (Unidades Militares de Ayuda a la Producción), campamentos de detención y trabajos forzados, que funcionaron en el período 1963–67. Tras el establecimiento del Grupo Nacional de Trabajo de Educación Sexual (GNTES) en 1977, la homosexualidad seguía siendo prohibida, pero se consideraba un problema médico y sicológico que podría ser estudiado (Argüelles y Rich).

10. Después de que el Sindicato de Escritores Cubanos otorga el premio a Heberto Padilla por su libro *Fuera de juego* que contiene una crítica la revolución de 1968, se desencadena un escándalo político que termina con el encarcelamiento del poeta y su posterior retractación pública.

11. La imposibilidad de Vladimir de publicar sus libros también puede explicarse con el contexto del Período Especial. El colapso del bloque socialista provocó un desastre en la industria editorial cubana que hace que en 1994 la Unión Nacional de Escritores y Artistas de Cuba (UNEAC) anuncie la crisis de papel en Cuba.

12. Para un análisis más exhaustivo de la transformación de la figura del intelectual y del hombre nuevo, véase Hernández Salván.

13. Cruz-Malavé explora el sujeto nacional cubano como abyecto en su análisis de los textos de José Martí: "Martí, podríamos decir, inicia aquí una oposición binaria en la que el sujeto nacional se constituye bifurcándose en un sujeto capaz de incorporar y digerir la 'humillante' condición 'colonial'— su endeblez, su emasculación—y un ser 'abyecto' que, al no poder asumirla, se convierte paradójicamente él mismo en esa condición—oposición que llega hasta nuestros días en las obras de Lezama, Piñera, Sarduy, Arenas y Paz" ("Lecciones" 64–65).

14. Los detenidos por esta ley incluyen a las personas que llevan tiempo sin trabajo fijo o están en tránsito de una ocupación hacia otra, también, a las que esperan el permiso de irse del país o acaban de salir del Servicio Militar Obligatorio sin conseguir aún ubicación laboral. Para más información sobre la ley, véanse McColl Kennedy, González Suárez y Fernández (142).

15. En *Dreaming in Russian* Jacqueline Loss estudia la popularidad de los nombres rusos como parte del legado soviético en Cuba.

16. Martínez-San Miguel explora el sexilio como una poética de la erótica caribeña combinando dos acepciones, una de Manuel Guzmán y otra de los estudiantes de subgrado estadounidense. Guzmán acuña la noción de sexilio para reflexionar sobre las migraciones del Caribe causadas por la discriminación en base la orientación sexual. Para los estudiantes estadounidenses, el vocablo significa la expulsión de una habitación compartida para permitir que su compañero/a de cuarto tenga relaciones sexuales. En este caso se trata de la negociación de un espacio doméstico compartido y transitorio y no necesariamente en una expulsión basada en la orientación sexual. Al explorar varios textos de autores caribeños, Martínez-San Miguel propone ver el espacio insular como un espacio doméstico que combina dos formas del sexilio ("'Sexilios'").

17. De Ferrari interpreta la presencia de Vladimir en el cementerio, aplicando el concepto de la necrofilia. En la novela la lógica de permeación se basa en una serie de penetraciones literales y metafóricas como un principio rector, mientras que el acto sexual forzado (la necrofilia) equivale a la búsqueda del lugar utópico imposible (del amor perfecto) (*Community* 88–94).

18. Daniel Balderston describe la poesía de Xavier Villaurrutia con la metáfora de la cicatriz luminosa que da título a su famoso libro *El deseo, enorme cicatriz luminosa*.

19. La mención del cine podría ser una referencia a varios cines reales, como Yara (L y 23) el Rialto, Verdún, o Campoamor, que son lugares de encuentros homoeróticos (Sierra Madero, *Del otro lado* 228; Lumsden 34). Otro lugar con una función semejante son los baños públicos (Sierra Madero, "Walls").

20. La abundancia de las secreciones corporales recurrente en *Contrabando de sombras* es un motivo característico de la literatura del Período Especial en Cuba como se puede ver en los textos de Pedro Juan Gutiérrez. Ver Guillermina De Ferrari, *Vulnerable States*.

21. Serge Gruzinski y Guillermo de los Reyes exploran casos parecidos en el México colonial. Con la ley de 1497, los Reyes Católicos promulgaron que el pecado nefando se consideraba un crimen castigado con la hoguera en el Viejo y Nuevo Mundo (Gruzinski 260). El caso en el que catorce hombres perecieron en la hoguera en 1658 (De los Reyes 58–72) es un momento en que se toma el control de la sexualidad y de los cuerpos de los sujetos coloniales. Los medios de la inquisición son parecidos al control y la vigilancia ejercidos por el Estado castrista.

22. En *La nación sexuada*, Sierra Madero aclara que en las afueras de la Bahía de La Habana existía un islote a donde enviaban a prostitutas y homosexuales. En la década del 30 del siglo XIX los expulsados a Cayo Puto eran "los corruptos políticos del poder colonial" (63–64). Con el tiempo, Cayo Puto se convierte de la escombrera humana (Marqués de Armas), en el vertedero de La Habana. Si históricamente el cayo cumplía el rol del vertedero humano, en el siglo XX se materializó en el verdadero vertedero que fue rehabilitado a finales de los 1990 (Scarpaci, Segre y Coyula 183).

23. En su larga historia Cuba trató la homosexualidad con un espectro amplio de actitudes homofóbicas: patologización, criminalización, exclusión y persecución legal, entre otras. A partir del siglo XVII, cualquier sospecha de homosexualidad fue puesta bajo el control de la Santa Inquisición, mientras que en el siglo XIX fue considerada como enfermedad, perseguida por la ley y criticada públicamente por la iglesia (Sierra Madero, *Nación* 62). A comienzos del siglo XX, a pesar de asociarse con la desviación y la criminalidad, la homosexualidad proliferaba en grandes ciudades y formaba parte del submundo urbano (Argüelles y Rich 687). Ya después de la Revolución cubana en 1959 la homosexualidad fue legalmente criminalizada y prohibida.

24. En Cuba la división del mundo en *nosotros* versus *ellos* forma parte del discurso oficial de resistencia proveniente del contexto de la Guerra Fría (Quiroga, *Cuban Palimpsests* 1).

25. El fenómeno de los balseros presupone una inmigración fomentada por el Cuban Adjustment Act (promulgado el 2 de noviembre de 1966) que concede estado legal a los residentes cubanos un año después de llegar a los Estados Unidos. Sin embargo, en 1994 impactados por el gran número de balseros, los Estados Unidos cambian la ley de la migración. A partir de ese momento, los balseros interceptados por la guardia costera estadounidense deben ser llevados a Cuba, mientras que los que llegan al territorio estadunidense reciben un permiso de entrada y una residencia (Cabezas, *Economies* 69–73). La ley fue derogada por la administración de Barack Obama el 12 de enero de 2017.

26. En un cuerpo amplio de estudios sobre las ruinas habaneras, se puede destacar el aporte que hacen Casamayor-Cisneros, Dopico, Estrada, Unruh, Whitfield, Alonso y Hernández Salván.

27. Para más información sobre los proyectos de viviendas, su mantenimiento ineficiente y su manipulación véase Mathey (245–46), Scarpaci, Segre y Coyula (131–67, 196–233) y Redruello (92).
28. Entre los autores cubanos más citados, hay que recordar a José Lezama Lima y el ensayo *La ciudad de las columnas* de Alejo Carpentier.
29. La necesidad de una guerra justifica el estado presente de La Habana y la vida en ella que proveían el material para preservar el mito revolucionario y mantener en vigor la necesidad de la lucha revolucionaria. Véase Whitfield (143); Sierra Madero (*Del otro lado* 16); Ponte (Solana y Serna 132).
30. Ambrosio Fornet llama las UMAP "academia para producir machos"; ver Sierra Madero, "Academias."
31. Véanse Hamilton (34), Allen (*¿Venceremos?* 113–14).
32. Ya después de la publicación de *Contrabando de sombras*, en 2004, Quintana dirigió el proyecto "La Habana y sus paisajes," concebido para desarrollar la planificación urbanística y la preservación del medioambiente rural.
33. En el auge del Período Especial se trajo a muchos jóvenes de diferentes provincias para reforzar las fuerzas policiales de la urbe. Como la mayoría de los reclutas provenía del Oriente, una región rural y más conservadora, el encontrarse en el ambiente cosmopolita de La Habana provocaba conflictos entre la policía y diversos grupos de jóvenes, afrocubanos, la comunidad LGBTQ a raíz de la diferencia cultural (Sierra Madero, *Del otro lado* 179–80; Daigle 113).
34. Después de la relativa libertad en Cuba, en el año 2001 se reinició la represión ideológica y política en la isla como lo indica la encarcelación de los periodistas y activistas de derechos humanos en 2003 (Quiroga, *Cuban Palimpsests* 7).

Capítulo dos

1. Ventura destacó que las personas que, como él, pertenecen a este grupo han sido expulsadas de muchos lugares, por lo que bajo ningún concepto permitirán que se repita la historia (X. Lara). Carlos Rodríguez, activista LGBTQ, cuenta también: "La comunidad elige el Parque Duarte para recreación, luego de que los puntos donde se reunían fueron desplazados. Uno de ellos fue Frito Verde Bar, donde se reunían personas de la comunidad y activistas, alrededor del 2000 al 2005. En el 2005, se llevó a cabo una caminata que fue desenvolviendo la caravana de orgullo donde asistió la policía e hizo arrestos arbitrarios. Al cerrar el bar, la comunidad se trasladó al parque Duarte y recibió muchos ataques por parte de la iglesia, el cardenal y los miembros de la junta de vecinos" (citado en Sánchez y Brea 7).
2. Analizando el uso del merengue en los textos de Hernández, Lorna Torrado define su estética como andrógina porque es contestataria respecto de la ideología patriarcal heteronormativa dominicana (465).
3. Para más información sobre la reconstrucción y urbanización de Santo Domingo durante la era de Trujillo, ver Derby (66–69), Moya Pons ("Dominican Republic" 212–14).

4. Hispanofilia, antihaitianismo y anticomunismo son los pilares de la ideología trujillista.

5. Joaquín Balaguer fue un intelectual prominente durante el trujillato y presidente de la República Dominicana en tres períodos (1960–62, 1966–78 y 1986–96).

6. Miguel Mena acuña en término de la escritura posinsular a la que pertenecen los escritores dominicanos que publican después de 1998 (353). Algunos de ellos son Rita Indiana Hernández, Juan Dicent, Homero Pumarol y Frank Báez.

7. Rita De Maeseneer diferencia entre los escritores nacionales que siguen escribiendo sobre el trujillato de una manera tradicional y los internacionales que dan voz a los grupos y temas previamente silenciados y marginados ("Dominican Literature" 30–33).

8. La primera mitad del siglo XX cuenta con un número escaso de textos literarios que retraten la sexualidad *queer*. *Biel, el marino* (1943) de Pedro René Contín Aybar es uno de los primeros textos con personajes homosexuales. La producción literaria posterior cuenta con la cuentística de Hilma Contreras en los 70. En los 80 se publican textos de Manuel Rueda y Pedro Peix, que tratan los temas del espacio urbano, el género y la sexualidad. Pero es en la década del 90 cuando la producción literaria que representa la sexualidad *queer* empieza a encontrarse con más frecuencia en las obras de escritores como Pedro Antonio Valdez, José Alcántara Almánzar y Martha Rivera, entre otros.

9. La Revolución cubana de 1959 creó un ambiente de tensión en la República Dominicana porque Trujillo temía la invasión de los exiliados dominicanos residentes en Cuba y Venezuela (Hall 89). Dicha situación provocó el aumento de las inversiones militares, de la adquisición de munición militar en el extranjero y el mayor reclutamiento de hombres al ejército. En 1959, Trujillo añadió 50 millones de dólares al presupuesto militar—que al momento ascendía a 38,7 millones—para la inmediata adquisición de armas y el mantenimiento del ejército dominicano que constaba de 25.000 personas. Entre los años 1930 y 1960 Trujillo formó el mayor ejército de la región (Hall 105).

10. Para un marco general sobre la homofobia en la sociedad dominicana, ver A. Lara, Quinn y Espinosa Miñoso (364–66). La producción cultural y los estudios críticos sobre la sexualidad *queer* dominicana, tanto en la isla como en la diáspora, cuentan con los trabajos de Jacqueline Jiménez Polanco, Antonio de Moya, Mark Padilla, Carlos Decena, Sharina Maillo-Pozo y Danny Méndez, entre otros. En particular, hay que destacar *Divagaciones bajo la luna*, un volumen de poesía lésbica compilado por Jiménez Polanco en 2006, y la primera *Antología de la literatura gay en la República Dominicana*, compilada por Mélida García y Miguel de Camps Jiménez, que provocó varios debates y controversias. También se puede mencionar el trabajo de los grupos activistas que defienden los derechos y promueven salud integral entre la comunidad LGBTQ: Red de Voluntarios de ASA (ReVASA) y Trans Siempre Amigas (TRANSSA).

11. *Un oficial y un caballero* interrumpe el registro de las películas dedicadas a aventuras violentas e introduce una trama romántica. Analizando esta película, David Morgan explica que la división tradicional entre el oficial y el caballero encapsula la interacción entre la clase social y la masculinidad militar (175). En este contexto, la inserción de esta película promueve una masculinidad diferente ya que socava la imagen puramente masculina y bélica impuesta sobre la población dominicana.

12. En el siglo XX se solidificó la política del blanqueamiento sustentada por el concepto de la hispanidad y promovida por la maquinaria del Estado (N. Rodríguez, *Isla* 10–11). El trujillato y el nuevo trujillato se apoderaron de la formación real y discursiva de la identidad racial y nacional dominicana. Para más información sobre el blanqueamiento en la República Dominicana, consúltese David Howard, Eugenio Matibag, Dawn Stinchcomb, Silvio Torres-Saillant (*Introduction*), Kimberly Eison Simmons, April Mayes y Lorgia García Peña, entre otros.

13. En un estado punitivo la economía afectiva del castigo movilizada por el miedo, el deseo y la repulsión autoriza prácticas punitivas tales como la encarcelación, la militarización y el control de frontera. Estas prácticas también se ven como soluciones para la precariedad y como promesas de seguridad contra los no-ciudadanos que deben ser civilizados, disciplinados o controlados (Lamble 152).

14. Para más información sobre las masculinidades latinoamericanas desde la perspectiva de *performance* de género, consúltese Domínguez Ruvalcaba, Gutmann, Sifuentes-Jáuregui, Subero y Venkatesh.

15. Al mismo tiempo, la novela tiende a subvertir el logocentrismo y el monovocalismo del discurso oficial, dado que se usa la segunda persona singular.

16. Michael Kimmel acuña el término "aprobación homosocial" para describir la validación de la masculinidad por otros hombres (54–55).

17. Para un recuento histórico sobre la figura del *tíguere*, ver Collado (*El tíguere dominicano*); Krohn-Hansen (148–56); Padilla (*Caribbean Pleasure* 132–40).

18. En su libro sobre las masculinidades puertorriqueñas, Félix Jiménez aplica al contexto caribeño el estudio de Virginia Burrus sobre la masculinidad católica ideal que se basa en la Trinidad construida a manera de triángulo como eje fundamental para consolidar la autoridad patriarcal (42).

19. Otro hijo muerto—como una de las alternativas posibles para el futuro del país—, es un militar, el hijo de Don Tulio, conocido en la novela como el Gran Monstruo Maricón. Con su muerte se niega la posibilidad del militarismo como el destino nacional de la República Dominicana.

20. Laura Faxas señala que en el período 1961–90 "el modelo dominicano de urbanización ha provocado una marcada segmentación socio-espacial de la ciudad, que ha exiliado a los habitantes de los barrios populares y marginales fuera de la vista de la población de los barrios prósperos" (223).

21. Frank Moya Pons señala que San Carlos era uno de los barrios más antiguos que rodeaban la actual zona colonial y estaba a 500 metros del muro. Fundado en 1684 por los inmigrantes de las Islas Canarias, fue absorbido por Santo Domingo en 1911. Era uno de los lugares preferidos para los asentamientos de los migrantes de otras partes del país y se desarrolló como un barrio obrero ("Dominican Republic" 208). A principios del siglo XX, Villa Francisca era uno de los barrios más pintorescos de la ciudad que fue destruido por el San Zenón. Su objetivo principal había sido crear una alternativa urbana para evadir las condiciones capitalinas: las calles estrechas, las aceras rotas, insuficiente agua (Derby 79).

22. La política azucarera implementada por Trujillo provocó la migración de los pobladores de las zonas rurales a Santo Domingo y creó la necesidad de viviendas para nuevos habitantes capitalinos. Los dueños de la tierra destinada a la urbanización construyeron largas filas de casitas de madera divididas en apartamentos estrechos llamados *piezas* que se alquilaban a los inmigrantes (R. González 223–24; Moya Pons, "Dominican Republic" 211). Sobre la política urbanística contemporánea, véase Amparo Chantada.

23. Andrés Mateo y Erick Dorrejo destacan la dificultad de caminar por la capital dominicana. También Elizabeth Russ interpreta los paseos de Silvia como un *unmapping* de la ciudad (128–29).

24. Esa combinación de movilidad e inmovilidad revela, según Selma Feliciano-Arroyo, el significado político, el lugar periférico de la República Dominicana en el mundo globalizado (55).

25. Como explica Mena, el aislamiento insular sobreacentúa la vida en el afuera. Pero si estar *afuera*-en la calle apuesta por lo público, para viajar *afuera*-fuera de la República Dominicana hay que pasar una prueba de fidelidad al régimen (350).

26. Bustamante Escalona se enfoca en el aspecto distópico, monstruoso, absurdo en la representación del espacio capitalino ("Santo Domingo"; *A ritmo* 39–64).

27. Hernández hace referencia a la frase memorable de Juan Pablo Duarte: "Nuestra Patria ha de ser libre e independiente de toda Potencia extranjera o se hunde la isla".

28. Para Palacios, la enunciación *queer*-peatonal de Silvia apunta hacia la reconfiguración sociosexual desde los márgenes que desafía la biopolítica dominicana (568).

29. Omar Rancier indaga la disolución de los lugares públicos tradicionales, despoblados debido al desuso familiar, colonizados por la criminalidad y los sujetos marginales y controlados por el gobierno con el fin de eliminar el ingreso libre y la delincuencia. Véanse Aquiles Castro y Amparo Chantada, "Ciudad."

30. Bustamante Escalona cataloga los aspectos fenotípicos, anatómicos y erótico-sexuales de los personajes en las obras de Andújar, así como los fluidos corporales que forman la isotopía de los textos y materializan su dolor físico y emocional (*A ritmo* 179–209). También, véase De Maeseneer y Bustamante Escalona.

31. En 1984 durante un levantamiento que duró tres días y fue suprimido por el ejército fueron asesinadas más de 70 personas que protestaban contra la política económica del gobierno (Moya Pons, *Dominican Republic* 415).

32. Para más información sobre el vínculo entre la militarización, la carrera militar y la política corporal que impone la disciplina y el control sobre el cuerpo masculino, ver Morgan (170).

33. Entre los estudios clave sobre el pánico homosexual se incluyen los de Sedgwick (*Between Men* 89) y Kimmel.

34. Sara Ahmed acuña el concepto de la piel de la comunidad partiendo del rol del afecto en la formación de fronteras conceptualizado por Kristeva para quien la piel es el primer contenedor frágil del ego y el alineamiento del cuerpo individual con el de la nación que excluye la otredad ("Skin").

35. Las figuras femeninas de los Trujillo (sus concubinas, esposas e hijas) servían como expresión de la masculinidad del dictador como amante, caudillo marido y padre (Derby 114–15). Además, Derby analiza otro triángulo que se dio en la familia Trujillo: el matrimonio entre Porfirio Rubirosa, el conquistador infame, y Flor de Oro, la primera hija del primer matrimonio de Trujillo, la que tenía muchas aventuras amorosas tradicionalmente esperadas de los hombres en su familia (173–203).

36. Después de la detención de Baraka, un escribiente redacta un informe recurriendo al lenguaje poético que Pérez reprueba: "Qué-es-ésta vaina, gritaba Pérez entre *sorprendido y molesto*: '… cuando nos dirigimos al sujeto, éste cayó como *desvanecido, fulminado por el impacto de la aurora*'" (Andújar 12–13; énfasis mío). La mención de este informe implica que los militares deben seguir cierto estilo de escritura propio del discurso oficial. La escritura creativa, en cambio, se considera *mariconería* porque el aspecto poético se ve como una debilidad asociada con lo femenino y opuesto, por lo tanto, a lo masculino.

37. Triangles Cafe se cerró en 2014 después de más de 30 años de albergar mensualmente la fiesta *queer* y transgénero más grande en la región de Nueva Inglaterra.

38. La expresión *madre queer* proviene del título del libro de Licia Fiol-Matta *Queer Mother for the Nation* que explora la vida y la obra literaria de Gabriela Mistral que, siendo maestra y escritora, se convierte en la madre simbólica del pueblo chileno y latinoamericano. El libro, además, explora la complejidad de la sexualidad de Mistral y las implicaciones de la política de raza y de género de aquel período.

Capítulo tres

1. La definición de Puerto Rico como "foreign in a domestic sense" fue acuñada por Edward Douglass White, el juez presidente de la Corte Suprema de Estados Unidos, durante los procesos de 1901–22 sobre los territorios insulares recibidos después de la guerra hispano-americana de 1898 (Cruz-Malavé, "Oxymoron" 60–61).

2. Luis Rafael Sánchez y Manuel Ramos Otero son dos autores emblemáticos de la temática *queer* en Puerto Rico. Sánchez es un escritor mulato que se identifica como homosexual, pero que lleva una vida semioculta en un país donde el canon literario es racista, sexista y homofóbico

(La Fountain-Stokes, *Queer Ricans* 8). Ha vivido principalmente en Puerto Rico, España y Nueva York. En los años 60, escribe "¡Jum!," un cuento paradigmático sobre la expulsión violenta de un joven mulato homosexual de la comunidad puertorriqueña, tema que se repite en muchos textos de otros autores puertorriqueños. Ramos Otero pertenece a la generación más tardía de inmigrantes a los Estados Unidos. Al aceptar abiertamente su homosexualidad, sufre una severa censura y deja la isla en 1968. En Nueva York, negocia su identificación con la comunidad puertorriqueña homofóbica, hasta que fallece debido a las complicaciones del SIDA en 1990.

3. Para un análisis exhaustivo del desencanto en la reciente literatura puertorriqueña, véase Montalvo, *Retórica de la imitación*.

4. Entre 1990 y 2008 surgen varios grupos activistas LGBTQ. Ver Castro Pérez; La Fountain-Stokes ("Recent Developments"); Olga Orraca Paredes; Laureano (*San Juan*). Además, en 2002, Puerto Rico enmienda los estatutos contra los crímenes de odio para incluir la orientación sexual y la identidad de género bajo la protección de estas leyes; en 2003 descriminaliza la homosexualidad con la abrogación de la ley conocida como ley de sodomía.

5. Para más información sobre la masculinidad puertorriqueña normativa ver Ramírez (*What It Means* 43–78) y Jiménez (13–45).

6. El machismo como una conducta exagerada que duplica el travestismo ha sido estudiado por Sifuentes-Jáuregui (12) y Barradas ("Macho" 143).

7. Mi interpretación de la representación de Bebo Salgado como un bugarrón se basa en los estudios de Padilla (*Caribbean Pleasure* 18–20, 244) y Ramírez (*What It Means* 96–98).

8. La expresión "virar al macho" proviene del título del artículo de Arnaldo Cruz-Malavé "Para virar al macho: la autobiografía como subversión en la cuentística de Manuel Ramos Otero," en el que se analiza la obra de Ramos Otero como una ruptura del discurso patriarcal de los años 50.

9. En este contexto aplico la interpretación de la teoría lacaniana hecha por Butler; en particular, su explicación del hecho de "tener" versus "ser" el falo (*Gender* 61–62).

10. En México, Remedios se pone a disposición del hombre ocupando el lugar de esposa en la sociedad patriarcal y no se opone a la concepción tradicional de la familia ni al sistema binario de género. Además, este personaje refleja la dinámica compleja de las vidas *trans* en Puerto Rico. El nombre de su avatar artístico es Isabel Pantoja, una artista folclórica española. Este apellido evoca a Antonio Pantojas, un performero *queer* de la década del 70, y a Antonia Pantoja (1922–2002), una educadora y activista puertorriqueña. El primero lleva el arte del travestismo a los estratos populares (Laureano, "Antonio Pantojas" 332) siguiendo el camino de Walter Mercado (Taylor) y participando así en el desarrollo de los circuitos homoeróticos sanjuaneros (Laureano, "Antonio Pantojas" 331). La segunda emigra a los Estados Unidos en 1944 donde funda ASPIRA, una asociación sin fines de lucro cuya misión es alentar a los jóvenes latinos a través de educación y el liderazgo. Por eso, no menciona su lesbianismo, aunque el obituario de la educadora de *New York Times* en 2002 alude a su relación con la doctora Wilhelmina Perry (La

Fountain-Stokes, "Early Puerto Rican Queer Imaginaries"). La presencia de Antonia Pantoja sirve de prueba de la vida *queer* diasporiqueña anterior de la década del 60, es decir, antes de lo que se suele pensar.

11. Josefina Ludmer desarrolla el concepto de las tretas del débil al estudiar las obras de Sor Juana Inés de la Cruz.

12. En *El lugar sin límites* (1966) de José Donoso el bar-burdel que no tiene nombre se encuentra en La Estación El Olivo, un lugar olvidado y abandonado en una de las provincias de Chile. Sin embargo, a pesar de su localización aislada, el burdel funciona como uno de los pocos lugares donde proliferan las producciones e intercambios políticos, económicos, sociales y sexuales. Otro bar al que alude Pájaro azul es el Tropicana, ícono de la vida nocturna habanera, en *Tres Tristes Tigres* (1967) de Guillermo Cabrera Infante.

13. Cruz-Malavé explora las prácticas del cruceo en su libro *Queer Latino Testimonio, Keith Haring, and Juanito Xtravaganza: Hard Tails*. También, en *El libro de la muerte* y *Página en blanco*, entre otros textos de Ramos Otero, el cruceo es un tema central. Para más información, ver Arroyo, "Exilio" y Staebler "Inter-(Homo)-Textuality."

14. Además del sexilio, el fenómeno de la migración basada en la orientación sexual cuenta con otras denominaciones: *queer diaspora* (Cindy Patton y Benigno Sánchez-Eppler), *queer migrations* (Eithne Luibhéid y Lionel Cantú), *queer globalizations* (Arnaldo Cruz-Malavé y Martin Manalasan).

15. La Fountain-Stokes denomina Puerto Rico "the Puerto Rican 'imagined nation'" usando la conceptualización de Benedict Anderson de comunidades imaginadas (*Queer Ricans* xvi).

16. Según Jossiana Arroyo, el viaje se escribe como una narrativa familiar, y por eso fundacional, en la que el sujeto homosexual puertorriqueño excluido del imaginario nacional pasa por una serie de negociaciones en la diáspora que complica la *gran familia puertorriqueña* ("Historias" 362).

17. Para resaltar la naturaleza mutante de la Loca y la indefinición política isleña, la novela se abre hacia la pluralidad lingüística al integrar el inglés tradicional, el elitista y el coloquial y el español en sus variantes isleña y tradicional. Para un análisis más profundo sobre la pluralidad lingüística en la novela ver Ingrid Robyn. Además, los anuncios, letras de canciones, mensajes de voz y conversaciones en salones de chat que interrumpen el hilo conductor de la narración crean una polifonía que reconstruye una historia compleja del sexilio y la migración.

18. La discriminación contra la Loca se remonta a sus años del servicio militar: "la Loca fue reclutada por el NAVY y terminó trabajando nada más y nada menos que en el Pentágono, archivando papeles para un Coronel. Como era puertorriqueño, le asignaron la valerosa tarea de preparar el café para todo el mundo en la oficina, incluyendo las secretarias que no hacían un carajo, y el capitán de la división que se quejaba siempre del café de la Loca" (Lozada 33–34). Poco después se dice que las secretarias eran casi todas negras (34). De esta manera, la novela reconstruye la jerarquía racial donde el sujeto colonial racializado ocupa los niveles más bajos, señalando con esto el estado colonial problemático de Puerto Rico. A pesar de que los ciudadanos puertorriqueños cumplen con todas las responsabilidades ciudadanas, son discriminados en la vida cotidiana de la metrópolis.

19. José Esteban Muñoz aplica el término del romance de singularidad y negatividad a los estudios *queer* que pertenecen al giro antisocial en la teoría *queer* que se asocia primeramente con la teorización de que hacen Leo Bersani en *Homos* y Lee Edelman en *No Future*.

20. Duggan define la homonormatividad como "a politics that does not contest dominant heteronormative assumptions and institutions but upholds and sustains them while promising the possibility of a demobilized gay culture anchored in domesticity and consumption" (179).

21. Mi conceptualización de la Loca como ciudadana insana parte de la definición de ciudadano insano en el ambiente capitalista elaborada por Juan Duchense Winter en *Ciudadano insano. Ensayos bestiales sobre cultura y literatura*.

22. La migración a los Estados Unidos no garantiza la seguridad de los sujetos *trans*, según indican múltiples crímenes de odio sexual en la vida real (La Fountain-Stokes, *Queer Ricans* xxi).

23. Los afroamericanos no aceptan como negros a los puertorriqueños que son racializados como un grupo inferior debido a su aceptación del origen étnico registrada en el uso del idioma, apellido y acento hispano (Grosfoguel, Negrón-Muntaner y Georas 21–22; Grosfoguel 164). El texto fundacional sobre la afro-americanización de puertorriqueños en los Estados Unidos es *Down These Mean Streets* (1967) de Piri Thomas. A su vez, el término racialización ha sido acuñado por Michael Omi y Howard Winant en relación con las formaciones raciales y el desarrollo histórico de la raza en los Estados Unidos entre 1960–80 (64). Para más información sobre la historia de la migración puertorriqueña a Nueva York, consúltese Flores (141–54).

24. Se considera a Ricky Martin un ícono gay que también representa el fenómeno de la explosión de la música latina en la segunda mitad de la década de 1990. Por un lado, como explica Goldman, su caso es paradigmático porque el hecho de cantar en inglés señala cierta asimilación al contexto norteamericano (153). Por otro, según Quiroga, la popularidad de Martin se debe al carácter esquivo de las conversaciones acerca de su orientación sexual (*Tropics* 181–90). Ya que la novela se escribe antes de que Martin saliera del clóset, se presenta un contraste entre el éxito del artista que recurre a la ambigüedad sexual y el fracaso de la Loca, quien detenta una orientación sexual definida. La salida del clóset del cantante provocó una serie de discusiones en los medios de comunicación, consultas de los padres acerca de la orientación sexual de sus hijos y un debate sobre la paternidad de Martin. Su declaración impulsó la legalización del matrimonio entre personas del mismo sexo, el derecho de parejas homosexuales a adoptar y la legislación de crímenes por homofobia.

25. El consumo se convierte en una nueva forma de identificación, de producción del yo, el punto de coincidencia con el deseo (Shields 2; Ferguson 27). La capacidad de comprar forma parte de la asimilación de los puertorriqueños a las prácticas culturales de la vida estadounidense y permite a muchos vivir sus propias fantasías porque ofrece posibilidades de satisfacerse, formar parte de una comunidad y articular sus demandas sin asociarse con tendencias políticas (Grosfoguel 63; Ortiz-Negrón 42–43).

26. Una negociación similar de identidades sexuales y nacionales que realizan los sujetos diaspóricos a través del regreso a la patria como turistas sucede en cuento "Pollito Chicken" de Ana Lydia Vega y en la película *Bricando el charco* (Sandoval Sánchez, "Imagining" 163).

27. La representación de Manhattan como la otra isla de Puerto Rico proviene de los textos de Ramos Otero que han sido estudiado por Yolanda Martínez-San Miguel (*Caribe* 323–30; 344–50), Jossianna Arroyo ("Exilio," "Itinerarios," "Manuel Ramos Otero"), Dara Goldman (178–205), Marta Isabel Pérez, Carolina Sancholuz, Rubén Ríos Ávila ("Caribbean Dislocations") e Israel Reyes, entre otros.

28. El bar Escuelita cerró sus puertas en 2016. Para más información consúltese Manuel Guzmán, Negrón-Muntaner ("Dance"), Ramón Rivera-Servera y Carlos Decena.

29. En su libro *Narciso descubre su trasero* Isabelo Zenón Cruz estudia la herencia de la cultura afroantillana, el racismo y la discriminación en Puerto Rico. También, en "El país de cuatro pisos," José Luis González reconoce la presencia africana como el origen de la identidad boricua insular. Hay, además, otros trabajos dedicados a la afropuertorriqueñidad como los de Jalil Sued Badillo y Ángel López Cantos, Roy-Féquière, e Isar Godreau.

30. Según González, los cuatro pisos que forman Puerto Rico son: 1) las culturas española, africana y taína; 2) los inmigrantes europeos; 3) la invasión norteamericana; 4) "el capitalismo tardío norteamericano y el populismo oportunista puertorriqueño" (40–41).

31. Otro piso al que alude la novela es la presencia de puertorriqueños como la Loca en el barrio dominicano. También, puede tratarse de la presencia de los migrantes dominicanos en Puerto Rico; ver Miguel Cordero Ortiz.

32. Como sostiene La Fountain-Stokes, el nalgatorio es un sitio de identificación homosexual en América Latina, asociado con el rol pasivo, receptivo (*Queer Ricans* 4). Barradas explica la figura de un hombre homosexual de la siguiente manera: "Si el macho piensa con los cojones, su otro, el homosexual, piensa con el culo" ("Macho" 144).

33. Para una descripción más detallada del concierto de Madonna y un recorrido de las opiniones en este debate, véanse Flores (31–34) y Negrón-Muntaner (*Boricua Pop* 160–71). También hay otros casos que provocaron una fuerte indignación entre el público puertorriqueño: el episodio de *Seinfield* en el que la bandera puertorriqueña coge fuego por accidente (Aparicio 169–73; Flores 224), y la entrega de la bandera a Jennifer López en la ceremonia de Grammy Awards en 1999 (Flores 224).

34. En *Sponsored Identities* Arlene Dávila explora el uso de los símbolos nacionales puertorriqueños y del nacionalismo cultural en el mercado donde las representaciones adecuadas de la cultura puertorriqueña se crean a base de la cultura jíbara y la herencia española. Según la estudiosa, nuevas maneras de representar la cultura puertorriqueña surgen a través de la recepción y el consumo de acuerdo a las jerarquías de autenticidad establecidas (19).

35. Los estudios dedicados a Iris Chacón y Jennifer López incluyen "Majestad negra" de Luis Palés Matos; *Narciso descubre su trasero* de Isabelo Zenón Cruz; *La guaracha del macho Camacho* de Luis Rafael Sánchez; *Una noche con Iris Chacón* de Edgardo Rodríguez Juliá; "De la colonización a la culonización" de Manuel Ramos Otero; "En o cerca de una nalga," el capítulo del libro de Félix Jiménez (153–71); y "Jennifer's Butt. Valorizing the Puerto Rican Racialized Female Body" de Frances Negrón-Muntaner (*Boricua Pop* 228–46).

36. Mi análisis parte de la siguiente cita de Leo Bersani: "if the rectum is a grave in which the masculine ideal ... of proud subjectivity is buried, then it should be celebrated for its very potential for death" (*Is the Rectum* 29).

37. En la literatura puertorriqueña el tema de la enfermedad y la puertorriqueñidad ha sido trabajado por Manuel Zeno Gandía en *El negocio (Crónicas de un mundo enfermo)* y *La charca* a fines del siglo XIX y principios del siglo XX, cuando se articula el discurso naturalista sobre higiene y enfermedad. Consúltense Ivette Rodríguez Santana; Sylvia Álvarez Curbelo et al. (*Polifonía*); Eileen Findlay; y Yolanda Martínez-San Miguel ("Deconstructing").

38. Lozada abre su primera novela *La patografía* (1998) con una explicación de la palabra homónima como "descripción de las enfermedades" (9). La palabra en inglés, *pathography*, es un género literario que existe desde 1917 y que estudia retrospectivamente las influencias y efectos de una enfermedad sobre la vida y el trabajo de un personaje histórico, o pone énfasis sobre los aspectos negativos de la vida y el trabajo de una persona, tales como fracasos, enfermedades, tragedias. En *La patografía* Lozada combina el miedo de las enfermedades con la homofobia y revela sus consecuencias negativas en la vida del personaje *queer*.

39. Tim Dean indaga sobre la reconceptualización de la enfermedad en la década de los 90 cuando surgen prácticas de sexo anal sin protección que a su vez crean nuevas identidades y comunidades sexuales (1–23).

Capítulo cuatro

1. En su título la compilación *Sun, Sex, and Gold: Tourism and Sex Work in the Caribbean* editada por Kemala Kempadoo tiene tres palabras—sol, sexo y arena—como la principal atracción turística de las Antillas. Sheller también ofrece una descripción muy amplia de la visión hedonística desde el descubrimiento del Nuevo Mundo hasta el momento presente. Véanse los trabajos de Mimi Sheller "Natural Hedonism: The Invention of Caribbean Islands as Tropical Playgrounds" y *Consuming the Caribbean*.

2. *Sexscape* es un término que Denise Brennan usa en relación con Sosúa, una pequeña ciudad dominicana representativa del turismo sexual: "I use the term sexscape to refer both a new kind of global sexual landscape and the sites within it. Sexscapes link the practices of sex work to the forces of a globalized economy. Defining characteristics are international travel from the developed to the developing world, consumption of paid sex and inequality. In a sexscape, there are differences in power between the buyers (sex tourists) and the sellers (sex workers) that can be based on race, gender, class, and nationality. These differences become eroticized and commodified inequalities" ("Sex Tourism" 312).

3. He de aclarar que el término "turismo sexual" que empleo en este trabajo, ha sido explicado por Cabezas como un fenómeno ambiguo e inconsistente que va más allá de ser una simple relación entre el opresor (turista) y el oprimido (trabajador sexual), eliminando el énfasis en el aspecto económico o afectivo que se transparenta en el uso de sus dos denominaciones mutuamente excluyentes: el turismo sexual o el turismo romántico (*Economies* 9–22).

4. Daniel Arbino cataloga *Mijn Zuster de negerin* (1935) de Cola Debrot como un texto antifundacional para el Caribe holandés. En el contexto sexo-turístico las relaciones interraciales están destinadas al fracaso debido a su corta duración y a la improductividad porque no terminan con el mestizaje ni garantizan la llegada a La Gloria: obtener el visado, contraer matrimonio "por residencia" y emigrar. Cabezas explica: "The majority of the women hope to attain what is commonly termed La Gloria (the glory), to enter into marriage with a foreigner who will provide them a house, a livelihood and care and protection for their family and children. La Gloria is a fantasy that motivates some women to stay in the sex trade with the hope of meeting that one tourist who will take care of all their needs" ("Women's" 108).

5. Véanse Mayes; García-Peña (*The Borders of Dominicanidad*); Candelario; Matibag; Ricourt; Sagas; Reyes-Santos; Martínez-Vergne; y Howard.

6. La unidad afectiva y el matrimonio formaban parte de intereses e inversiones de poderes imperialistas y neocoloniales que disciplinaban las relaciones sexuales y sociales. Sobre las regulaciones en Puerto Rico, ver Eileen Findlay, Laura Briggs; en Cuba, ver Hamilton, Daigle, Lumsden.

7. En su interpretación de la historia del turismo en la República Dominicana, Steven Gregory explica que los complejos hoteleros se asemejan al sistema de la plantación (23–26). Analizando el turismo sexual, Cabezas también menciona la reproducción de la economía de plantación. Su estudio más bien se centra en la división entre trabajo, capital y poder y en la exportación del placer, ocio y recuperación psíquica (*Economies* 31–41). Por mi parte, me interesan los estereotipos raciales que también funcionaban durante la economía de plantación en los siglos anteriores y que empiezan a exportarse con la proliferación de la industria turística.

8. O'Connell Davidson y Sánchez Taylor señalan que el deseo de los hombres blancos occidentales por el otro racializado tiene su origen en la frialdad de las mujeres y prostitutas occidentales. Para ellos, el contacto con las trabajadoras sexuales exotizadas de otros países es una manera de restablecer el poder genérico y la dominación masculina (38–47; Sánchez Taylor, "Tourism" 43). En su artículo "Dollars Are a Girl's Best Friend?" Sánchez Taylor estudia de la presencia de las turistas extranjeras en el Caribe. También Patricia Mohammed sostiene que "through interracial relationships, each party implicitly strikes a blow against hegemonic white masculinity" (56).

9. Reapropio el término de la modernidad carnal de Stephan Palmié que demuestra que las culturas religiosas afro-cubanas paralelas a la apropiación y destrucción del cuerpo humano en el tráfico de esclavos transnacional pertenecen a la misma historia que produce la modernidad y la racionalidad.

10. Durante la dictadura de Fulgencio Batista (1933–44, 1952–59), Cuba se convirtió en un lugar de inversiones norteamericanas, donde proliferaron los casinos, la prostitución y la mafia. En su libro *Pleasure Island*, Rosalie Schwartz ofrece un recorrido de la historia del turismo en Cuba.

11. En los años 90 del siglo XX el jineterismo en Cuba se refiere a cualquier tipo de actividad ilícita. Sin embargo, mientras que las jineteras se asocian principalmente con el trabajo sexual, los jineteros no tienen un empleo estable y se involucran en cualquier actividad para obtener divisa (dólares americanos) durante el Período Especial. En este contexto, por ejemplo, Vladimir, el personaje principal de *Contrabando de sombras*, podría considerarse un jinetero ya que trabaja para el viejo fotógrafo libanés. Para más información, véase Alcázar Campos; Cabezas (*Economies*; "Between Love"); Fusco; Sánchez Taylor ("Dollars"); García; Pope; Roland; Stout; Wonders y Michalowski; Facio; y Berg ("Sleeping," "Tourism").

12. El resumen de la novela aparece en el primer capítulo.

13. El matrimonio por residencia es un nombre con el que Brennan llama al matrimonio por conveniencia en el contexto dominicano ("Women" 713).

14. La presencia abundante de jineteras en las letras cubanas proviene de las demandas de los lectores extranjeros que esperan encontrarlas en las obras literarias de ese momento histórico (Whitfield 1). La narrativa que cuenta con la presencia de esas trabajadoras sexuales explora su afiliación nacional y su pertenencia a Cuba y retrata a las mujeres cubanas que después de emigrar regresan a la isla (Whitfield 92–93). Por ejemplo, en su libro *Historias del cuerpo* Fowler Calzada analiza los cuentos de Anna Lidia Vega Serova titulados "La encomienda" y "Billetes falsos" (343).

15. Parafraseo a Nadine Fernández: "In the Special Period and post-Soviet Cuba, *mestizaje* is not a means of building the nation, but a way to flee it. Interracial unions between Cubans and foreigners are not an escape hatch out of blackness, but one out of the country" (133).

16. Tras la publicación de un artículo crítico de Roberto Zurbano contra el racismo en Cuba en *New York Times*, en 2013, estalló un debate acalorado entre partidarios y opositores al tema. Finalmente, Zurbano fue separado de su cargo como Director del Fondo Editorial de la Casa de las Américas.

17. Véanse Fernández (139) y Roland (160).

18. Vera Kutzinski y Megan Daigle exploran las intersecciones de raza y sexualidad en las representaciones de la mulata en toda la tradición literaria y cultural cubana. También, Arrizón estudia la figura de la mulata dentro del contexto del mestizaje latinoamericano.

19. Berg aclara: "Young Afro-Cuban women show their insertion into this pleasurable consumerism when they sport bright, colorful clothes, which is only available for dollars" ("Tourism" 51).

20. Para más información sobre la política igualitaria, la eliminación de la prostitución y la reeducación, véase Facio (57); Fusco (153); Facio, Toro-Morn y Roschelle (124–25); García (176–78); Stout (35–39); Hamilton (27–38); y Daigle (50–54).

21. Véanse Fernández (95–98) y Daigle (129–31).

22. Kempadoo define estas transacciones como la estrategia de sobrevivencia y resistencia durante el período colonial ("Continuities" 8–9). También, en *Sexing*, la estudiosa ofrece un recorrido histórico valioso sobre este tipo de transacciones (53–85). Apropio el término del conquistador sexual del trabajo de Roland (71).

23. Para más detalles sobre la Operación Lacra, ver Daigle (25–27) y Hamilton (47).

24. Las referencias a la Virgen Mambisa y su simbolismo en la historia de Cuba se encuentran en los trabajos de Fernando Ortiz (66–67). Estudiando los orígenes del jineterismo, Berg se refiere a la jinetera mambisa ("Tourism" 49–50).

25. Por ejemplo, Daigle afirma: "Contrary to the Latin American standard of marianismo, the veneration of feminine restraint and sexual purity based on the model of the Virgin Mary, Cuban women prefer the hembra: technically the female of a species but here denoting a more spirited, headstrong, and sexual femininity" (63).

26. García también explica brevemente el fenómeno de la *titimania* en su trabajo (184). También, consúltese Stout (97).

27. Stout explica: "These discourses of race, class, and sexuality fomented by social hygienic rhetoric linked social reproduction, racial engineering, sexual regulation, and the family as critical components of independent nation-building in ways that continued to resonate after the 1959 revolution" (35). Hamilton aclara que el Código Familiar de 1975 significa el regreso a una noción más convencional de familia (34). Véase también Allen (*¿Venceremos?* 113–14).

28. Cynthia Pope afirma: "Yet, these feelings of empowerment depend on their youthful appearance and feelings of commoditization. Participants insisted they were following the dictates of Cuban communism, even as their bodies were being used to attract foreign capital. They claimed that hard currency can then be used to buy goods in dollars, which bolsters the Cuban economy. Thus, these participants claim, it is through their bodies that the Cuban government continues to exist" (111).

29. Ya en los años 80 el turismo remplaza a la producción azucarera y genera más de la mitad del ingreso extranjero del país (Cabezas, *Economies* 41).

30. Además de Rita Indiana Hernández, se puede mencionar Aurora Arías, Carmen Imbert Brugal y Junot Díaz.

31. Hago un resumen breve de esta novela en el segundo capítulo.

32. Véase el Capítulo 2.

33. La imagen del *sanky-panky* ha sido popularizada con una película, *Sanky Panky* (2007), de José Enrique Pintor, en la que Genaro, un joven pobre dominicano, sueña con hacerse *sanky-panky* para irse del país. Filmada por un director español en la República Dominicana, la película retrata cierto grado de la conciencia de sus habitantes respecto al exceso del fenómeno del *sanky-pankynismo*. En *Geographies of Transit*, Medina-Vilariño analiza la representación de Genaro como una antítesis del *sanky-panky* porque

se resiste a vender los ideales nacionales. Se queda en el país y se convierte en un héroe nacional que forma pareja con una trabajadora sexual. Según Medina-Vilariño, la película filmada por un director español contiene una doble colonialidad ya que imperceptiblemente promueve la cadena hotelera Bávaro-Barceló, infame por la accesibilidad que proporciona a los servicios sexuales. Como el resultado, la doble moral hace cuestionar el heroísmo de Genaro. Su romance fundacional cinematográfico, como lo llama Patricia Tomé, no se percibe como una solución aceptable para un romance sexo-turístico (386–403). Sin embargo, *Sanky Panky 2* (2013), del mismo director, muestra que la relación de Genaro con su novia dominicana no puede coexistir con las aventuras amorosas que aún mantiene con su exnovia norteamericana: Genaro se casa luego rechazar definitivamente a su exnovia. La tercera entrega de la popular comedia, que se estrenó en el cine dominicano en agosto de 2017, fue filmada en Puerto Rico por el director puertorriqueño Transfor Ortiz, que también rodó *Domirriqueños* (2015) con el mismo elenco. Esto, a su vez, evidencia la internalización de la figura del *sanky-panky*. Véanse Medina-Vilariño y Montalvo.

34. Las migraciones internas y externas no son exclusivas de la República Dominica. Los desplazamientos y la asimilación se forjan como una experiencia inherente del Caribe y su diáspora. Ver Danny Méndez y el volumen editado por Vanessa Pérez Rosario.

35. Aparicio y Chávez Silverman definen la tropicalización del siguiente modo: "To tropicalize … means to imbue a particular space, geography, group, or nation with a set of traits, images and values" (8). Uso este concepto para abordar la manera estadounidense de exotizar al otro latinoamericano—similar a la teoría del orientalismo de Edward Said.

36. Los *sanky-pankys* tratan de preservar cierta coherencia entre su masculinidad pública y las prácticas sexuales privadas. En la relación con los clientes masculinos, los *sanky-pankys* navegan la frontera entre pasividad y actividad, manteniendo una reputación de activo para negar cualquier asociación con los actos sexuales pasivos (Padilla, *Caribbean Pleasure* 96). El mercadeo de la *performance* de la hombría y el uso de sus cuerpos se convierte en un mecanismo estratégico (Padilla, "Embodiment" 785). Por ejemplo, Kristina Medina-Vilariño analiza cómo en la película *Sanky Panky* el "culipandeo" del personaje principal contiene una amenaza a la heterosexualidad y a la masculinidad hegemónica que él debe representar.

37. Para más información sobre las migraciones de la actual Palestina, Líbano y Siria a la República Dominicana, ver Orlando Inoa.

38. Procesos semejantes se observan entre los trabajadores sexuales en Cuba. Por ejemplo, Forrest describe que "Cubans often imagined themselves to be racialized and sexualized within an international context. It is imperative that we consider how such sexual imaginings necessarily draw heavily upon internal imaginings of a racialized sexuality" (75).

39. Rosa explica el desarrollo turístico de la siguiente manera:
During the last ten years in Puerto Rico, the government has turned once again to tourism to rescue its failing economic model, making

tourism the 'punta de lanza de la economía,' as former Governor Pedro Roselló put it … In Puerto Rico, this emergence is part of a cyclical, continual revival in which tourism appears not only as the island's major economic asset during troubled times, but also as a referential system that grounds Puerto Rican cultural nationalism. (449)
Para más información sobre el funcionamiento del turismo en Puerto Rico ver Caronan (32–40).

40. Este tipo de relación ya ha sido destacada por varios críticos. Por ejemplo, en su análisis de *Sirena Selena vestida de pena*, Arroyo también indica que "Santos-Febres parece señalar que, en Puerto Rico, por su relación colonial, el turismo homosexual está más ligado a los Estados Unidos, mientras que en República Dominicana se establece una relación más directa con el turismo europeo" ("Sirena" 50). El documental *Mala Mala* (2014), dirigido por Dan Sickles y Antonio Santini ilustra la presencia de sujetos estadounidenses en la comunidad *trans* en Puerto Rico.

41. El resumen de la novela se encuentra en el tercer capítulo.

42. Janer considera la precariedad de la hombría frustrada como una característica de la literatura puertorriqueña que surge con la implementación del Estado Libre Asociado (70–84).

43. José Esteban Muñoz explora la pertenencia *queer* y la potencialidad política de la futuridad *queer* como una utopía: "Queerness is not yet here. Queerness is an ideality" (1).

44. Para más información sobre el nacionalismo cultural ver Gelpí (11–15) y Janer (73).

45. Véase Sheller, *Consuming the Caribbean*.

46. El tema del vínculo entre el colonialismo y la feminización del hombre colonizado cuenta con una amplia bibliografía. La feminización de los enemigos o los colonizados se ve como una dominación simbólica. Véanse Nelson Maldonado Torres y Enrique Dussel.

47. Los pingueros son trabajadores sexuales cubanos que tienen clientes de ambos sexos. Con los clientes masculinos cumplen el rol activo, sin considerarse homosexuales. Pinguero proviene de pinga, una palabra en español que significa el miembro masculino. Ver Hamilton; Allen (*¡Venceremos?*); y Stout.

48. Véase, Lawrence La Fountain-Stokes, "1898 and the History of a Queer Puerto Rican Century: Gay Lives, Island Debates, and Diasporic Experience."

49. En su artículo dedicado al caso de Margarita Sánchez de León, "Getting F****d," Juana María Rodríguez estudia una relación de la dependencia neocolonial de Puerto Rico, el activismo *queer* puertorriqueño y la interpretación de las leyes estadounidenses en la isla.

Coda

1. A pesar del evidente avance y reconocimiento de las necesidades los sujetos *trans*, para algunos estudiosos el acercamiento de CENESEX a la operación cambio de sexo coloca al sujeto *queer* y *trans* dentro del campo de la medicalización que automáticamente lo concibe como patología que amenaza al proyecto nacional heteronormativo (Sierra Madero, "Del hombre").

2. Para un análisis más exhaustivo sobre las implicaciones de la discriminación de Artículo 103, ver Juana María Rodríguez ("Getting F****d" 136).

3. Para un recorrido histórico del activismo LGBTQ en la República Dominicana, ver Quinn y A. Lara.

4. La Constitución de 2010 es un ejemplo del involucramiento de la Iglesia Católica que ejerce poder sobre el estado-nación e invoca su autoridad moral y ética en la constitución de la familia heteropatriarcal y los ciudadanos homonacionales. Ver A. Lara (108–10).

5. Según Afi Quinn, para 2013, el año de la llegada de Brewster al país, se han documentado múltiples abusos y violaciones de derechos humanos y civiles de los dominicanos LGBTQ que fundamentan una base jurídica y discursiva para el movimiento LGBTQ. Así, en mayo 2013, el representante del Procurador General del país reconoce públicamente la necesidad de encarar esos abusos (138).

6. Para un análisis más exhaustivo de la figura controversial del embajador James "Wally" Brewster, ver Quinn (128–33).

Bibliografía

Agamben, George. *Homo Sacer: Sovereign Power and Bare Life*. Stanford UP, 1998.

Ahmed, Sara. "The Skin of the Community: Affect and Boundary Formation." *Revolt, Affect, Collectivity: The Unstable Boundaries of Kristeva's Polis*, editado por Tina Chanter y Ewa Plonowska Ziarek, State U of New York P, 2005, pp. 95–112.

———. *The Cultural Politics of Emotion*. Routledge, 2004.

Alcántara Almánzar, José. *El sabor prohibido. Antología personal de cuentos*. Editorial de la Universidad de Puerto Rico, 1993.

Alcázar Campos, Ana. "Turismo sexual, jineterismo, turismo de romance. Fronteras difusas en la interacción con el otro en Cuba." *Gazeta de Antropología*, vol. 25, no. 1, 2009, www.ugr.es/~pwlac/G25_16Ana_Alcazar_Campos.html

Alcoff, Linda Martín. *Rape and Resistance. Understanding the Complexities of Sexual Violation*. Polity Press, 2018.

Alexander, M. Jacqui. *Pedagoies of Crossing: Meditations on Feminism, Sexual Politics, Memory, and the Sacred*. Duke UP, 2005.

Allan, Jonathan A. *Reading from Behind: A Cultural Analysis of the Anus*. U of Regina P, 2016.

Allen, Jafari S. *¡Venceremos?: the Erotics of Black Self-making In Cuba*. Duke UP, 2011.

———. "Black/Queer Rhizomatics. Train Up a Child in the Way Ze Should Grow..." *No Tea, No Shade: New Writings in Black Queer Studies*, editado por E. Patrick Johnson, Duke UP, 2016, pp. 27–47.

Alonso, Carlos J. "La escritura fetichizadora de Antonio José Ponte." *Revista de Estudios Hispánicos*, vol. 43, no. 1, 2009, pp. 93–108.

Aluma-Cazorla, Andrés. "La visibilidad del homosexual, sus cartografías urbanas y la tolerancia del consumo." *Revista de humanidades*, no. 25, 2012, pp. 121–44.

Álvarez Curbelo, Silvia. "Que te coge el holandés: miedos y conjuros en la ciudad de San Juan." *Más allá de la ciudad letrada: crónicas y espacios urbanos*, editado por Boris Muñoz y Silvia Spitta, IILI-Biblioteca de América, 2003, pp. 239–63.

Álvarez Curbelo, Silvia, et al., editores. *Polifonía salvaje: ensayos de cultura y política en la postmodernidad*. Postdata, 1995.

Alvarez-Tabío Albo, Emma. *Invención de La Habana*. Editorial Casiopea, 2000.

Anderson, Mark. *Disaster Writing: The Cultural Politics of Catastrophe in Latin America*. U of Virginia P, 2011.

Bibliografía

Andújar, R. Emmanuel. *El hombre triángulo*. Isla Negra Editores, 2005.

Anzieu, Didier. *The Skin Ego*. Yale UP, 1989.

Aparicio, Frances R. "Exposed Bodies: Media and U.S. Puerto Ricans in Public Space." *None of the Above. Puerto Ricans in the Global Era*, editado por Frances Negrón-Muntaner, Palgrave Macmillan, 2007, pp. 165–82.

Aparicio, Frances y Susana Chávez-Silverman. *Tropicalizations: Transcultural Representations of Latinidad*. UP of New England / Dartmouth College, 1997.

Arango Medina, Raiza. "Emily Kirk demuestra que hay otras maneras de explicar la sexualidad." *Centro Nacional de Educación Sexual, CENESEX*, 31 de enero de 2018, www.cenesex.org

Arbino, Daniel. "Finding the Ducth Caribbean with *Mijn Zuster De Negerin*." *Journal of Caribbean Literatures*, vol. 7, no. 2, 2013, pp. 71–87.

Arenas, Reinaldo. *Antes que anochezca*. Tusquets, 1992.

Argüelles, Lourdes y Ruby Rich. "Homosexuality, Homophobia and Revolution: Notes toward an Understanding of the Cuban Lesbian and Gay Experience." *Signs*, vol. 9, no. 4, 1984, pp. 683–99.

Arias, Aurora. *Emoticons*. Terranova Editores, 2007.

———. *Invi's Paradise y otros relatos*. Talleres Gráficos de Editora Búho, 1998.

Arrizón, Alicia. *Queering Mestizaje. Transculturation and Performance*. U of Michigan P, 2006.

Arroyo, Jossianna. "Exilio y tránsitos entre La Norzagaray y Christopher Street: acercamientos a una poética del deseo homosexual en Manuel Ramos Otero." *Revista Iberoamericana*, vol. 67, no. 194–195, 2001, pp. 31–54.

———. "Historias de familia: migraciones y escritura homosexual en la literatura puertorriqueña." *Revista Canadiense de Estudios Hispánicos*, vol. 26, no. 3, 2002, pp. 361–78.

———. "Itinerarios de viaje: las otras islas de Manuel Ramos Otero." *Revista Iberoamericana*, vol. 71, no. 212, 2005, pp. 865–85.

———. "Manuel Ramos Otero: las narrativas del cuerpo más allá de insularismo." *Revista de Estudios Hispánicos*, no. 21, 1994, pp. 303–24.

———. "Sirena canta boleros: travestismo y sujetos transcaribeños en *Sirena Selena vestida de pena*." *Centro Journal*, vol. 15, no. 2, 2003, pp. 38–51.

Báez-Jorge, Félix. "La Virgen de la Caridad del Cobre y la historiografía cubana (Dogmatismos y silencios en torno al poder y la nación)." *Ulúa*, no. 1, 2003, pp. 117–36.

Balderston, Daniel. *El deseo, enorme cicatriz luminosa*. Ediciones eXcultura, 1999.

Barradas, Efraín. "El macho como travesti. Propuesta para una historia del machismo en Puerto Rico." *Fuentes humanísticas*, no. 33, 2006, pp. 141–51.

———. "El machismo existencialista de René Marqués. Relecturas y nuevas lecturas." *Sin nombre*, vol. 8, no. 3, 1977, pp. 69–81.

———. "*Sirena Selena vestida de pena* o el Caribe como travesti." *Centro Journal*, vol. 15, no. 2, 2003, pp. 52–65.

Beauvoir, Simone de. *The Second Sex*. Traducido por H. M. Parshley, Vintage Books, 1989.

Bejel, Emilio. *Gay Cuban Nation*. U of Chicago P, 2001.

Benítez Rojo, Antonio. *La isla que se repite: el Caribe y la perspectiva posmoderna*. Ediciones del Norte, 1989.

Benjamin, Walter. *The Writer of Modern Life. Essays on Charles Baudelaire*. The Belknap Press of Harvard UP, 2006.

Berg, Mette Louise. "Localising Cubanness: Social Exclusion and Narratives of Belonging in Old Havana." *Caribbean Narratives of Belonging: Fields of Relations, Sites of Identity*, editado por Karen Fog Olwig, Macmillan, 2005, pp. 133–48.

———. "'Sleeping with the Enemy': *Jineterismo*, 'Cultural Level' and 'Antisocial Behaviour' in 1990's Cuba." *Beyond the Blood, the Beach and the Banana*, editado por Sandra Courtman, Ian Randle, 2004, pp. 184–204.

———. "Tourism and the Revolutionary New Man: the Specter of Jineterismo in late 'Special Period Cuba.'" *Focaal: European Journal of Anthropology*, no. 43, 2004, pp. 46–56.

Berlant, Laura. *Cruel Optimism*. Duke UP, 2011.

Berlant, Lauren y Lee Edelman. Preface. *Sex, or the Unbearable*. Duke UP, 2014, vii–xvii.

Bersani, Leo. *Is the Rectum a Grave? And Other Essays*. U of Chicago P, 2010.

———. *Homos*. Harvard UP, 1995.

Bolin, Anne. "Transcending and Transgendering: Male-to-Female Transsexuals, Dichotomy and Diversity." *Third Sex, Third Gender. Beyond Sexual Dimorphism in Culture and History*, editado por Gilbert Herdt, Zone Books, 1994, pp. 447–86.

Bibliografía

Brennan, Denise. "Selling Sex for Visas: Sex Tourism as Stepping Stone to International Migration for Dominican Women." *Global Woman: Nannies, Maids, and Sex Workers in the New Economy*, editado por Barbara Ehrenreich y Arlie Russell Hochschild, Metropolitan Books, 2003, pp. 154–68.

———. *What's Love Got to Do with It? Transnational Desires and Sex Tourism in the Dominican Republic*. Duke UP, 2004.

———. "Women Work, Men Sponge, and Everyone Gossips: Macho Men and Stigmatized/ing Women in a Sex Tourist Town." *Anthropological Quarterly*, vol. 77, no. 4, 2004, pp. 705–33.

———. "Sex tourism and Sex Workers' Aspirations." *Sex for Sale. Prostitution, Pornography, and the Sex Industry*, editado por Ronald Weitzer, Routledge, 2010, pp. 307–24.

Briggs, Laura. *Reproducing Empire: Race, Sex, Science, and U.S. Imperialism in Puerto Rico*. U of California P, 2003.

Brincando el Charco: Portrait of a Puerto Rican. Dirigido por Frances Negrón-Munatner, Women Make Movies, 1995.

Brison, Susan J. *Aftermath: Violence and the Remaking of a Self*. Princeton UP, 2002.

Bustamante Escalona, Fernanda. "Santo Domingo literario: lo exótico de lo abyecto." *Éste que ves, engaño colorido. Literaturas, culturas y sujetos alternos en América Latina*, editado por Chiara Bolognese, Fernanda Bustamante Escalona y Mauricio Zalbalgoitia, Icaria, 2012, pp. 299–310.

———. *A ritmo desenfadado, narrativas dominicanas del nuevo milenio*. Cuarto Propio, 2014.

———. "Relatos de un Caribe 'otro': simulacros de lo monstruoso y distópico en obras narrativas y cinematográficas recientes." *Ogigia*, no. 13, 2013, pp. 49–64.

Butler, Judith. "Imitation and Gender Insubordination." *Inside/out. Lesbian Theories, gay Theories*, editado por Diana Fuss, Routledge, 1991, pp. 13–31.

———. *Gender Trouble: Feminism and the Subversion of Identity*. Routledge, 2006.

———. *Precarious Life. The Powers of Mourning and Violence*. Verso, 2006.

Cabezas, Amalia L. "Tropical Blues: Tourism and Social Exclusion in the Dominican Republic." *Latin American Perspectives*, vol. 35, no. 3, 2008, pp. 21–36.

———. "Between Love and Money: Sex, Tourism, and Citizenship in Cuba and the Dominican Republic." *Signs*, vol. 29, no. 4, 2004, pp. 987–1015.

———. *Economies of Desire: Sex and Tourism in Cuba and the Dominican Republic*. Temple UP, 2009.

———. "Women's Work is Never done: Sex Tourism in Sosúa, the Dominican Republic." *Sun, Sex, and Gold: Tourism and Sex Work in the Caribbean*, editado por Kamala Kempadoo, Rowman & Littlefield Publishers, 1999, pp. 93–123.

Cabrera Infante, Guillermo. *Tres tristes tigres*. Seix Barral, 1967.

Cámara, Madeline. "Ochún en la cultura cubana: metáfora y metonimia en el discurso de la nación." *La Palabra y el Hombre*, no. 125, 2003, pp. 21–34.

Candelario, Ginetta. *Black behind the Ears: Dominican Racial Identity from Museums to Beauty Shops*. Duke UP, 2007.

Caronan, Fayle. "Colonial Consumption and Colonial Hierarchies in Representation of Philippine and Puerto Rican Tourism." *Philippine Studies*, vol. 53, no. 1, 2005, pp. 32–58.

Casamayor-Cisneros, Odette. "¿Cómo vivir las ruinas habaneras de los años noventa?: respuestas disímiles desde la isla en las obras de Abilio Estévez, Pedro Juan Gutiérrez y Ena Lucía Portela." *Caribbean Studies*, vol. 32, no. 2, 2004, pp. 63–103.

———. "Incertidumbre resplandeciente. Breve incursión en la narrativa escrita durante la década del 90 en la Isla de Cuba." *Caravelle (1988–)*, no. 78, 2002, pp. 179–96.

———. *Utopía, distopía e ingravidez: reconfiguraciones cosmológicas en la narrativa postsoviética cubana*. Iberoamericana / Vervuert, 2013.

Castro, Aquiles. "¡Ahora Nos Cercan Los Parques!" *Cielo Naranja. Espacio de Creación y pensamiento, dominicano y del Caribe*. www.cielonaranja.com

Castro Pérez, Joel I. "La lucha por el derecho a ser: una historia de transfobia institucional, 1995–2018." *Centro Journal*, vol. 30, no. 2, 2018, pp. 478–501.

Causas y azares. Dirigido por Yaíma Pardo, Studio CreActivo, 2017.

Certeau, Michel de. *The Practice of Everyday Life*. Traducido por Steven Rendall, U of California P, 1988.

Chantada, Amparo. "Ciudad, ética y compromiso social." *Cielo naranja. Espacio de creación y pensamiento, dominicano y del Caribe*, www.cielonaranja.com

———. "La Política de vivienda social. Reflexiones y preocupaciones." *Cielo naranja. Espacio de creación y pensamiento, dominicano y del Caribe*, www.cielonaranja.com

———. "Yo Soy De Santo Domingo." *Cielo naranja. Espacio de creación y pensamiento, dominicano y del Caribe*, www.cielonaranja.com

Bibliografía

Chetkovich, Ann. *An Archive of Feelings: Trauma, Sexuality, and Lesbian Public Cultures.* Duke UP, 2003.

Clavell Carrasquillo, Manuel. "Entrevista con Rita Indiana Hernández." *Especial El Nuevo Día,* 28 marzo 2004. www.glorydays63.blogspot.com/2005/09/entrevista-con-rita-indiana-hernandez.html

Cohen, Cathy. "Deviance as Resistance: A New Research Agenda for the Study of Black Politics." *Du Bois Review: Social Science Research on Race,* vol. 1 no. 1, 2004, pp. 27–45.

Collado, Lipe. *El tíguere dominicano: hacia una aproximación de cómo son los dominicanos.* Editora Collado, 2002.

Connell, Raewyn. W. *Masculinities.* U of California P, 1995.

Contín Aybar, Pedro René. "Biel, el marino." *Poemas,* editado por Víctor Villegas, Comisión Organizadora de la X Feria Nacional del Libro, 1982, pp. 99–114.

Cordero Ortiz, Miguel. "Dominico-puertorriqueños" en el 'país de cinco pisos.'" *Desde la orilla hacia una nacionalidad sin desalojos,* editado por Silvio Torres-Saillant, Ramona Hernández y Blas Jiménez, Editora Manatí/Ediciones Librería La Trinitaria, 2004, pp. 111–28.

Correa Mujica, Miguel. "La generación del Mariel: literatura y transgresión." *Espéculo,* no. 23, 2003. www.ucm.es/info/especulo/numero23/gmariel.html

Cortés, Jason. *Macho Ethics. Masculinity and Self-Representation in Latino-Caribbean Narrative.* Bucknell UP, 2015.

Crespo-Kebler, Elizabeth. "'The Infamous Crime against Nature.' Constructions of Heterosexuality and lesbian Subversions in Puerto Rico." *The Culture of Gender and Sexuality in the Caribbean,* editado por Linden Lewis, UP of Florida, 2003, pp. 190–212.

Cruz-Malavé, Arnaldo y Martin Manalasan. *Queer Globalizations: Citizenship and the Afterlife of Colonialism.* New York UP, 2002.

Cruz-Malavé, Arnaldo. "Lecciones de cub*anía*: Identidad nacional y errancia sexual en Senel Paz, Martí y Lezama." *Revista de crítica cultural,* no. 17, 1998, pp. 58–67.

———. "The Oxymoron of Sexual Sovereignty: Some Puerto Rican Literary Reflections." *Centro Journal,* vol. 19, no. 1, 2007, pp. 50–73.

———. "Para virar al macho: la autobiografía como subversión en la cuentística de Manuel Ramos Otero." *Revista Iberoamericana,* vol. 59 no. 162–163, 1993, pp. 239–63.

———. "Toward an Art of Transvestism: Colonialism and Homosexuality in Puerto Rican Literature." *¿Entiendes? Queer Readings, Hispanic Writings,* editado por Emilie L. Bergmann y Paul Julian Smith, Duke UP, 1995, pp. 137–67.

———. *Queer Latino Testimonio, Keith Haring, and Juanito Xtravaganza: Hard Tails.* Palgrave Macmillan, 2007.

Cuesta, Mabel. "Otras isleñas en Lesbos: una mirada retrospectiva a la historia de lesbianas en Cuba." Artículo no publicado.

Daigle, Megan. *From Cuba with Love: Sex and Money in the Twenty-first Century.* U of California P, 2015.

De Ferrari, Guillermina. *Vulnerable States: Bodies of Memory in Contemporary Caribbean Fiction.* U of Virginia P, 2007.

———. *Community and Culture in Post-Soviet Cuba.* Routledge, 2014.

De Los Reyes, Guillermo. "'Curas, Dones y Sodomitas': Sexual Moral Discourses and Illicit Sexualities among Priests in Colonial Mexico." *Anuario de Estudios Americanos*, no. 671, 2010, pp. 53–76.

De Llano, Pablo. "Jodie Foster cena en Cuba con la hija de Raúl Castro. La actriz se interesó por el organismo de educación sexual que dirige Mariela Castro." *El País*, 10 abril 2017. www.elpais.com/elpais/2017/04/10/gente/1491778088_069095.html.

De Maeseneer, Rita. *Encuentro con la narrativa dominicana contemporánea.* Iberoamericana / Vervuert, 2006.

———. "Dominican Literature and Dominicanness from a European Perspective." *Reception*, no. 8, 2016, pp. 29–44.

De Maeseneer, Rita y Fernanda Bustamante Escalona. "Cuerpos heridos en la narrativa de Rita Indiana Hernández, Rey Emmanuel Andújar y Junot Díaz." *Revista Iberoamericana*, vol. 79, no. 243, 2013, pp. 395–414.

de Moya, Antonio. "Power Games and Totalitarian Masculinity in the Dominican Republic." *Interrogating Caribbean Masculinities: Theoretical and Empirical Analyses*, editado por Rhoda Reddock, U of the West Indies P, 2004, pp. 68–104.

Dávila, Arlene M. *Sponsored Identities. Cultural Politics in Puerto Rico.* Temple UP, 1997.

Decena, Carlos. *Tacit Subjects. Belonging and Same-Sex Desire among Dominican Immigrant Men.* Duke UP, 2011.

Dean, Tim. *Unlimited Intimacy: Reflections on the Subculture of Barebacking.* U of Chicago P, 2009.

D'Emilio, John. "Capitalism and Gay Identity." *The Lesbian and Gay Studies Reader*, editado por Henry Abelove, Michele Aina Barale y David M. Halperin, Routledge, 1993, pp. 467–76.

Derby, Lauren H. *The Dictator's Seduction. Politics and the Popular Imagination in the Era of Trujillo.* Duke UP, 2009.

Derrida, Jacques. *Dissemination.* Traducido por Barbara Johnson, U of Chicago P, 1981.

Bibliografía

"Documento: Revolución y sexo." *Informe Secreto sobre la Revolución Cubana.* Ediciones Sedmay, 1976, pp. 178–80.

Domínguez Ruvalcaba, Héctor. *Modernity and the Nation in Mexican Representations of Masculinity. From Sensuality to Bloodshed.* Palgrave Macmillan, 2007.

Donoso, José. *El lugar sin límites.* Joaquín Moritz, 1966.

Dopico, Ana Maria. "Picturing Havana: History, Vision, and the Scramble for Cuba." *Nepantla: Views from South*, vol. 3, no. 3, 2002, pp. 451–93.

Dorrejo, Erick. "El peatón es gente." *Cielo naranja. Espacio de creación y pensamiento, dominicano y del Caribe.* www.cielonaranja.com

Dorta, Walfrido. "Políticas de la distancia y del agrupamiento. Narrativa cubana de las últimas dos décadas." *Istor. Revista de Historia Internacional*, no. 63, 2015, pp. 115–35.

Douglas, Mary. *Purity and Danger. An Analysis of the Concepts of Pollution and Taboo.* Routledge, 2001.

Duany, Jorge. "Nation and Migration: Rethinking Puerto Rican Identity in a Transnational Context." *None of the Above. Puerto Ricans in the Global Era*, editado por Frances Negrón-Muntaner, Palgrave Macmillan, 2007, pp. 51–64.

———. "The Rough Edges of Puerto Rican Identities: Race, Gender, and Transnationalism." *Latin American Research Review*, vol. 40, no. 3, 2005, pp. 177–91.

———. *The Puerto Rican Nation on the Move. Identities on the Island and in the United States.* U of North Carolina P, 2002.

Duberman, Martin. *Stonewall.* Plume, 1994.

Duchense Winter, Juan. *Ciudadano insano. Ensayos bestiales sobre cultura y literatura.* Ediciones Callejón, 2001.

Duggan, Lisa. "The New Homonormativity: The Sexual Politics of Neoliberalism." *Materializing Democracy. Toward a Revitalized Cultural Politics*, editado por Russ Castronovo y Dana D. Nelson, Duke UP, 2002, pp. 175–94.

Dussel, Enrique. *Filosofía ética de la liberación*, vol. 3, Ediciones Megápolis, 1977.

Edelman, Lee. *No Future: Queer Theory and the Death Drive.* Duke UP, 2004.

Epps, Brad. "Proper Conduct: Reinaldo Arenas, Fidel Castro, and the Politics of Homosexuality." *Journal of the History of Sexuality*, vol. 6, no. 2, 1995, pp. 231–83.

Espinosa Mendoza, Norge. "Queer Cuban Nation." *Nuestro Caribe. Poder, raza y posnacionalismo desde los límites del mapa LGBTQ*, editado por Mabel Cuesta, Isla Negra Editores, 2016, pp. 124–35.

———. *Cuerpos de un deseo diferente: Notas sobre homoerotismo, espacio social y cultura en Cuba*. Ediciones Matanzas, 2012.

Espinosa Miñoso, Yuderkys. "Homogeneidad, proyecto de nación y homofobia." *Desde la orilla hacia una nacionalidad sin desalojos*, editado por Silvio Torres-Saillant, Ramona Hernández y Blas Jiménez, Editora Manatí/Ediciones Librería La Trinitaria, 2004, pp. 361–68.

Estrada, Alfredo José. *Havana: Autobiography of a City*. Palgrave Macmillan, 2007.

Facio, Elisa. "*Jineterismo* during the Special Period." *Cuban Transitions at the Millennium*, editado por Eloise Linger y John Walton Cotman, International Development Options, 2000, pp. 55–74.

Facio, Elisa, Maura Toro-Morn y Anne R. Roschelle. "Tourism, Gender, and Globalization: Tourism in Cuba during the Special Period." *Transnational Law & Contemporary Problems*, vol. 14, no. 119, 2004, pp. 120–42.

Fanon, Frantz. *Black Skin, White Masks*. Traducido por Charles Lam Markmann, Pluto Press, 1986.

Faxas, Laura. *El mito roto. Sistema político y movimiento popular en la República Dominicana, 1961–1990*. Siglo XXI/Fundación Global Democracia y Desarrollo/FLACSO, 2007.

Feliciano-Arroyo, Selma. *Autogestión: Reconfiguring the Spaces of Cultural Production in Latin America*, tesis doctoral, U of Pennsylvania, 2011.

Felski, Rita. *Beyond Feminist Aesthetics: Feminist Literature and Social Change*. Harvard UP, 1989.

Ferguson, Harvie. "Watching the World go round: Atrium Culture and the Psychology of Shopping." *Lifestyle Shopping. The Subject of Consumption*, editado por Robert Shields, Routledge, 1992, pp. 21–39.

Ferly, Odile. "Defying Binarism. Cross-Dressing and *Transdressing* in Mayra Santos Febres's *Sirena Selena vestida de pena* and Rita Indiana Hernández's *La estrategia de Chochueca*." *The Cross-Dressed Caribbean. Writing, Politics, Sexualities*, editado por María Cristina Fumagalli, Bénédicte Ledent y Roberto del Valle Alcalá, U of Virginia P, 2013, pp. 239–252.

Fernández, Nadine. *Revolutionizing Romances: Interracial Couples in Contemporary Cuba*. Rutgers UP, 2010.

Fernández Retamar, Roberto. *Calibán: apuntes sobre la cultura en nuestra América*. Editorial Diógenes, 1974.

Ferreira da Silva, Denise. *Toward a Global Idea of Race*. U of Minnesota P, 2007.

Findlay, Eileen. *Imposing Decency: The Politics of Sexuality and Race in Puerto Rico, 1870–1920*. Duke UP, 1999.

Fiol-Matta, Licia. *Queer Mother for the Nation. The State and Gabriela Mistral*. U of Minnesota P, 2002.

Flores, Juan. *From Bomba to Hip-Hop. Puerto Rican Culture and Latino Identity*. Columbia UP, 2000.

Fornet, Ambrosio. "La crítica bicéfala: Un nuevo desafío." *La Gaceta de Cuba*, no. 1, 2002, pp. 20–25.

Fornet, Jorge. "La narrativa cubana entre la utopía y el desencanto." *Hispamérica*, vol. 32, no. 95, 2003, pp. 3–20.

Forrest, David Peter. *Bichos, maricones and pingueros: An Ethnographic Study of Maleness and Scarcity in Contemporary Socialist Cuba*, tesis doctoral, U of London, 1999.

Foucault, Michel. *History of Sexuality*, vol. 1. Traducido por Robert Hurley, Vintage Books, 1990.

———. *Society Must Be Defended. Lectures at the College de France 1975–1976*. Traducido por David Macey, Picador, 2003.

———. "Friendship as a Way of Life." *Ethics: Subjectivity and Truth. (Essential Works of Foucault, 1954–1984)*, vol. 1, New Press, 1998, pp. 135–40.

———. "Different Spaces." *Aesthetics, Method, and Epistemology*, editado por James D. Faubion, vol. 2, New York Press, 1998, pp. 175–85.

Fowler Calzada, Víctor. *Historias del cuerpo*. Editorial Letras Cubanas, 2001.

———. *La maldición: una historia del placer como conquista*. Editorial Letras Cubanas, 1998.

Francis, Donette. *Fictions of Feminine Citizenship: Sexuality and the Nation in Contemporary Caribbean Literature*. Palgrave Macmillan, 2010.

Freud, Sigmund. *The Freud Reader*. Editado por Peter Gay, W. W. Norton and Company, 1989.

Fusco, Coco. "Hustling for Dollars: *Jineterismo* in Cuba." *Global Sex Workers: Rights, Resistance, and Redefinition*, editado por Kamala Kempadoo y Jo Doezema, Routledge, 1998, pp. 151–66.

Galván, Manuel de Jesús. *Enriquillo: Leyenda histórica Dominica (1503–1533)*. Nabu Press, 2010.

Garber, Marjorie. *Vested Interests: Cross-Dressing and Cultural Anxiety*. Routledge, 1992.

García, Alyssa. "Continuous Moral Economies: The State Regulation of Bodies and Sex Work in Cuba." *Sexualities*, vol. 13, no. 2, 2010, pp. 171–96.

García, Mélida y Miguel de Camps Jiménez, compiladores. *Antología de la literatura gay en la República Dominicana*. Editora Manatí, 2004.

García Canclini, Néstor. *Culturas híbridas: estrategias para entrar y salir de la modernidad*. Paidós, 2001.

García Márquez, Gabriel. *Cien años de soledad*. Alfaguara, 2007.

García-Peña, Lorgia. "Being Black Ain't So Bad... Dominican Immigrant Women Negotiating Race in Contemporary Italy." *Caribbean Studies*, vol. 41, no. 2, 2013, pp. 137–61.

———. *The Borders of Dominicanidad: Race, Nation, and Archives of Contradiction*. Duke UP, 2016

Gelpí, Juan. *Literatura y paternalismo en Puerto Rico*. Editorial Universitaria de Puerto Rico, 2005.

Girard, René. *Deceit, Desire and the Novel. Self and Other in Literary Structure*. Traducido por Yvonne Freccero, Johns Hopkins UP, 1965.

Godreau, Isar. "Changing Space, Making Race: Distance, Nostalgia, and the Folklorization of Blackness in Puerto Rico." *Identities*, vol. 9, no. 3, 2002, pp. 281–304.

———. "Folkloric 'Others': Blanqueamiento and the Celebration of Balckness as an Exception in Puerto Rico." *Globalization and Race. Transformations in the Cultural Production of Blackness*, editado por Kamari Maxine Clarke y Deborah A. Thomas, Duke UP, 2006, pp. 171–86.

———. *Scripts of Blackness. Race, Cultural Nationalism, and U.S. Colonialism in Puerto Rico*. U of Illinois P, 2015.

Goel, Vinod. *Role of Sex in Tourism Development*. Cyber Tech Publications, 2008.

Goldman, Dara E. *Out of Bounds. Islands and the Demarcation of Identity in the Hispanic Caribbean*. Bucknell UP, 2008.

González, José Luis. "El país de cuatros pisos." *El país de cuatro pisos y otros ensayos*. Ediciones Huracán, 1980, pp. 9–44.

González, Robert Alexander. "Unresolved Public Expressions of Anti-Trujilloism in Santo Domingo." *Ordinary Places, Extraordinary events. Citizenship, Democracy, and Public Space in Latin America*, editado por Clara Irazábal, Routledge, 2008, pp. 221–47.

González Suárez, Jorge Luis. "Yo también fui un 'vago' de la revolución. Los inicios de la década de los 70 fueron un período muy represivo en Cuba." *Cubanet*, 29 marzo 2017. www.cubanet.org/actualidad-destacados/yo-tambien-fui-un-vago-de-la-revolucion/

Gopinath, Gayatri. *Impossible Desires: Queer Diasporas and South Asian Public Cultures*. Duke UP, 2005.

Gregory, Steven. *The Devil behind the Mirror: Globalization and Politics in the Dominican Republic.* U of California P, 2007.

Grosfoguel, Ramón, Frances Negrón-Muntaner y Chloé S. Georas. "Beyond Nationalist and Colonialist Discourses: The *Jaiba* Politics of the Puerto Rican Ethno-Nation." *Puerto Rican Jam: Essays on Culture and Politics. Rethinking Colonialism and Nationalism,* editado por Frances Negrón-Muntaner y Ramón Grosfoguel, U of Minnesota P, 1997, pp. 1–38.

Grosfoguel, Ramón. *Colonial Subjects. Puerto Ricans in a Global Perspective.* U of California P, 2003.

Grosz, Elizabeth. "Inscriptions and Body-Maps. Representation and the Corporeal." *Feminine/ Masculine/ Representation,* editado por Terry Threadgold y Anne Cranny-Francis, Allen and Unwin, 1990, pp. 62–74.

———. *Volatile Bodies: Toward a Corporeal Feminism.* Indiana UP, 1994.

Gruzinski, Serge. "Las cenizas del deseo: homosexuales novohispanos a mediados del siglo XVII." *De la santidad a la perversión: o de por qué no se cumplía la ley de Dios en la sociedad novohispana,* editado por Sergio Ortega, Grijalbo, 1986, pp. 255–81.

Grzegorczyk, Marzena. "From Urb of Clay to the Hypodermic City: Improper Cities in Modern Latin America." *Journal of Latin American Cultural Studies,* vol. 7, no. 1, 1998, pp. 55–74.

Guerra, Lucía. "Género y cartografías significantes en los imaginarios urbanos de la novela latinoamericana." *Más allá de la ciudad letrada: crónicas y espacios urbanos,* editado por Boris Muñoz y Silvia Spitta, IILI-Biblioteca de América, 2003, pp. 287–306.

Guevara, Ernesto "Che." "El socialismo y en hombre nuevo." *El socialismo y el hombre nuevo,* editado por José Aricó, Siglo XXI, 1977, pp. 3–17.

Gutiérrez, Pedro Juan. *Trilogía sucia de La Habana.* Anagrama, 1998.

Gutiérrez Negrón, Sergio. "Cruel Dispositions: Queer Literature, the Contemporary Puerto Rican Literary Field and Luis Negrón's *Mundo cruel* (2010)." *Pierre Bourdieu in Hispanic Literature and Culture,* editado por Ignacio Sánchez Prado, Palgrave Macmillan, 2018, pp. 157–86.

Gutmann, Matthew. *Changing Men and Masculinities in Latin America.* Duke UP, 2003.

Guzmán, Manuel. "'Pa'La Escuelita con Mucho Cuida'o y por la Orillita': A Jorney through the Contested Terrains of the Nation and Sexual Orientation." *Puerto Rican Jam: Essays on Culture and Politics. Rethinking Colonialism and Nationalism,* editado por Frances Negrón-Muntaner y Ramón Grosfoguel, U of Minnesota P, 1997, pp. 209–30.

Halberstam, Jack. *In a Queer Time and Place: Transgender Bodies, Subcultural Lives.* New York UP, 2005.

———. *The Queer Art of Failure.* Duke UP, 2011.

Hall, Michael R. *Sugar and Power in the Dominican Republic: Eisenhower, Kennedy, and the Trujillos.* Greenwood Press, 2000.

Hamilton, Carrie. *Sexual Revolutions in Cuba: Passion, Politics, and Memory.* U of North Carolina P, 2012.

Haritaworn, Jin, Adi Kuntsman y Silvia Posocco. "Introduction." *Queer Necropolitics*, editado por Jin Haritaworn, Adi Kuntsman y Silvia Posocco, Routledge, 2014, pp. 1–28

Hernández, Rita Indiana. *La estrategia de Chochueca.* Isla Negra Editores, 2003.

———. *Rumiantes.* Riann Editorial, 1998.

Hernández-Reguant, Ariana. "Writing the Special Period: An Introduction." *Cuba in the Special Period: Culture and Ideology in the 1990s*, editado por Ariana Hernández-Reguant, Palgrame Macmillan, 2009, pp. 1–18.

Hernández Salván, Marta. *Mínima Cuba: Heretical Poetics and Power in Post-Soviet Cuba.* State U of New York P, 2015.

Herrera, Mairobi. "El parque Duarte es un centro de promiscuidad. Homosexuales, prostitutas y consumidores de drogas lo han invadido." *Listín Diario*, 5 abril 2010. www.listindiario.com/la-republica/2010/4/4/137227/El-parque-Duarte-es-un-centro-de-promiscuidad.

Herrera, Georgina. "Poetry, Prostitution, and Gender Esteem." *Afro-Cuban Voices: On Race and Identity in Contemporary Cuba*, editado por Pedro Pérez Sarduy y Jean Stubbs, UP of Florida, 2000, pp. 118–26

Hey-Colón, Rebeca. "Toward a Genealogy of Water: Reading Julia de Burgos in the Twenty-First Century." *Small Axe*, vol. 21, no. 3, 2017, pp. 179–87.

Hocquenghem, Guy. *Homosexual Desire.* Duke UP, 1993.

Horn, Maja. *Masculinity After Trujillo: The Politics of Gender in Dominican Literature.* UP of Florida, 2014.

Howard, David. *Coloring the Nation. Race and Ethnicity in the Dominican Republic.* Signal Books / L. Rienner Publishers, 2001.

Inoa, Orlando. *Azúcar: árabes, cocolos y haitianos.* Editora Cole, 1999.

Jameson, Frederic. *Postmodernism, Or, The Cultural Logic of Late Capitalism.* Duke UP, 1991.

Janer, Zilkia. *Puerto Rican Nation-building Literature: Impossible Romance.* UP of Florida, 2005.

Bibliografía

Jiménez, Félix. *Las prácticas de la carne: construcción y representación de las masculinidades puertorriqueñas*. Ediciones Vértigo, 2004.

Jiménez Polanco, Jacqueline. "Las mujeres y otros subordinados en el espacio público nacional." *Desde la orilla hacia una nacionalidad sin desalojos*, editado por Silvio Torres-Saillant, Ramona Hernández y Blas Jiménez, Editora Manatí / Ediciones Librería La Trinitaria, 2004, pp. 315–32.

———. *Divagaciones bajo la luna: voces e imágenes de lesbianas dominicanas = Musings Under the Moon: Voices and Images of Dominican Lesbians*. Idegraf Editora, 2006.

Kapcia, Antoni. *Havana: The Making of Cuban Culture*. Berg, 2005.

Kaufman, Michael. "Las experiencias contradictorias del poder entre los hombres." *Masculinidades, Poder y Crisis*, editado por T. Valdés y J. Olavarría, Isis Internacional / FLACSO, 1997, pp. 63–81.

Kempadoo, Kamala, editora. *Sun, Sex, and Gold: Tourism and Sex Work in the Caribbean*. Rowman & Littlefield Publishers, 1999.

Kempadoo, Kamala. *Sexing the Caribbean*. Routledge, 2004.

———. "Freelancers, Temporary Wives, and Beach-Boys: Researching Sex Work in the Caribbean." *Feminist Review*, no. 67, 2001, pp. 39–62.

———. "Continuities and Change. Five Centuries of Prostitution in the Caribbean." *Sun, Sex, and Gold: Tourism and Sex Work in the Caribbean*, editado por Kamala Kempadoo, Rowman & Littlefield Publishers, 1999, pp. 3–34.

Kimmel, M. S. "Homofobia, temor, vergüenza y silencio en la identidad masculina." *Masculinidades, Poder y Crisis*, editado por T. Valdés y J. Olavarría, Isis Internacional / FLACSO, 1997, pp. 49–62.

King, Rosamond. "Re/Presenting Self and Other Trans Deliverance in Caribbean Texts." *Callaloo*, vol. 31, no. 2, 2008, pp. 581–99.

———. *Island Bodies: Transgressive Sexualities in the Caribbean Imagination*. UP of Florida, 2014.

Kirk, Emily. *Cuba's Gay Revolution: Normalizing Sexual Diversity Through a Health-Based Approach*. Rowman & Littlefield Publishers, 2017.

Kristeva, Julia. *Powers of Horror. An Essay on Abjection*. Traducido por Leon S. Roudiez, Columbia UP, 1982.

Krohn-Hansen, Christian. *Political Authoritarianism in the Dominican Republic*. Palgrave Macmillan, 2009.

Kutzinski, Vera. *Sugar's Secrets: Race and The Erotics of Cuban Nationalism*. UP of Virginia, 1993.

La Fountain-Stokes, Lawrence. "De sexilio(s) y diáspora(s) homosexual(es) latina(s): cultura puertorriqueña y lo nuyorican queer." *Debate feminista*, vol. 29, 2004, pp. 138–57.

———. "Entre boleros, travestismos y migraciones translocales: Manuel Ramos Otero, Jorge Merced y *El bolero fue mi ruina* del Teatro Pregones del Bronx." *Revista Iberoamericana*, vol. 71, no. 212, 2005, pp. 887–907.

———. "La política queer del espanglish." *Debate feminista*, vol. 17, no. 33, 2006, pp. 141–53.

———. "Queer Ducks, Puerto Rican Patos, and Jewish-American Feygelekh: Birds and the Cultural Representation of Homosexuality." *Centro Journal*, no. 19, 2007, pp. 192–229.

———. "1898 and the History of a Queer Puerto Rican Century: Gay Lives, Island Debates, and Diasporic Experience." *Centro Journal*, no. 2, 1999, pp. 91–110.

———. *Queer Ricans: Cultures and Sexualities in the Diaspora*. U of Minnesota P, 2009.

———. "Trans/Bolero/Drag/Migration: Music, Cultural Translation, and Diasporic Puerto Rican Theatricalities." *Women's Studies Quarterly*, vol. 36, no. 3/4, 2008, pp. 190–209.

———. "Early Puerto Rican Queer Imaginaries in 1920s New York." PRSA Biannual Conference, octubre 25–28, 2012, University at Albany, State U of New York.

———. "Recent Developments in Queer Puerto Rican History, Politics, and Culture." *Centro Journal*, vol. 30, no. 2, 2018, pp. 502–40.

Lacan, Jacques. *Ecrits: A Selection*. Traducido por Bruce Fink, W. WE Norton and Company, 2004.

Lamble, Sarah. "Queer Investments in Punitiveness: Sexual Citizenship, Social Movements and the Expanding Carceral State." *Queer Necropolitics*, editado por Jin Haritaworn, Adi Kuntsman y Silvia Posocco, Routledge, 2014, pp. 151–71.

Laó, Agustín. "Islands at the Crossroads: Puerto Ricanness Traveling between the Translocal Nation and the Global City." *Puerto Rican Jam: Essays on Culture and Politics*, editado por Frances Negrón-Muntaner y Ramón Grosfoguel, U of Minnesota P, 1997, pp. 169–88.

Lara, Ana-Maurine. "Strategic Universalisms and Dominican LGBT Activist Struggles for Civil and Human Rights." *Small Axe*, vol. 22, no. 2, 2018, pp. 99–114.

Lara, Xiomara. "'Los pájaros (homosexuales) no nos vamos del Parque Duarte, aunque quieren sacarnos de la Zona Colonial,' dice activista." *Hoy Digital*, 6 octubre 2016. www.hoy.com.do/los-pajaros-homosexuales-no-nos-vamos-del-parque-duarte-aunque-quieren-sacarnos-de-la-zona-colonial-dice-activista/.

Bibliografía

Larson, Scott. "Gay Space in Havana." *Cuba Today. Continuity and Change since the 'Periodo Especial,'* editado por Mauricio A. Front, Scott Larson y Danielle Xuereb, Bildner Center for Western Hemisphere Studies / The Graduate Center / The City University of New York, 2004, pp. 63–80.

Laureano, Javier E., "Antonio Pantojas se abre el traje para que escuchemos el mar: una historia de vida transformista." *Centro Journal*, vol. 19, no. 1, 2007, pp. 330–49.

———. *San Juan gay: conquista de un espacio urbano de 1948 a 1991*. Instituto de Cultura Puertorriqueña, 2016.

Leiner, Marvin. *Sexual Politics in Cuba: Machismo, Homosexuality, and AIDS*. Westview Press, 1994.

Lemebel, Pedro. "El Cronista de los Márgenes." Entrevista con Andrea Jeftanovic. *Lucero*, vol. 11, no. 1, UC Berkeley, 2000. www.letras.mysite.com/lemebel50.htm

Lightfoot, Claudia. *Havana: A Cultural and Literary Companion*. Interlink Books, 2002.

López Parada, Esperanza. "El mapa del caos: ciudad y ensayo en Hispanoamérica." *La ciudad imaginaria*, editado por Javier de Navascués, Iberoamericana / Vervuert, 2007, pp. 223–32.

Loss, Jacqueline. *Dreaming in Russian: The Cuban Soviet Imaginary*. U of Texas P, 2014.

Lowe, Lisa. *The Intimacies of Four Continents*. Duke UP, 2015.

Lozada, Ángel. *La patografía*. Planeta, 1998.

———. *No quiero quedarme sola y vacía*. Isla Negra Editores, 2006.

Ludmer, Josefina. "Tretas del débil." *La sartén por el mango: Encuentro de escritoras latinoamericanas*, editado por Patricia Elen González y Eliana Ortega, Ediciones Huracán, 1984, pp. 47–54.

Lugones, María. "Toward a Decolonial Feminism." *Hypatia*, vol. 25, no. 4, 2010, pp. 742–59.

Luibhéid, Eithne y Lionel Cantú Jr., editores. *Queer migrations: Sexuality, U.S. Citizenship and Border Crossings*. U of Minnesota P, 2005.

Lumsden, Ian. *Machos, Maricones, and Gays: Cuba and Homosexuality*. Temple UP, 1996.

Maguire, Emily. "Ciudad insana: la locura femenina en los cuentos urbanos de Aurora Arias." *Estudios*, vol. 17, no. 33, enero–junio 2009, pp. 127–44.

Maillo-Pozo, Sharina. "La comunión entre música y literatura en *La estrategia de Chochueca*: En busca de la heterogeneidad perdida." *El sonido de la música en la narrativa dominicana: Ensayo sobre identidad, nación y performance*, editado por Médar Serrata, Instituto de Estudios Caribeños, 2012, pp. 217–34.

———. "(Des) marginalización del cuerpo Queer: Un travesti y una loca en dos cuentos de Rey Emmanuel Andújar." *Nuestro Caribe. Poder, raza y posnacionalismo desde los límites del mapa LGBTQ*, editado por Mabel Cuesta, Isla Negra Editores, 2016, pp. 237–53.

Mala Mala. Dirigido por Dan Sickles y Antonio Santini, Strand, 2015.

Maldonado Torres, Nelson. *Against War. Views from the Underside of Modernity.* Duke UP, 2008.

"Mariela Castro: En Cuba no hay matrimonio homosexual porque 'no nos gusta copiar.' Así afirmó la directora del CENESEX." *Cubanet*, 12 marzo 2017. www.cubanet.org/noticias/mariela-castro-en-cuba-no-hay-matrimonio-homosexual-porque-no-nos-gusta-copiar-otros/

Maristany, José Javier. "Topografías urbanas: de los andamios a los apuntalamientos. A propósito de Contrabando De Sombras de Antonio José Ponte." *Torre: Revista de la Universidad de Puerto Rico*, vol. 10, no. 35, 2005, pp. 135–48.

Marqués, René. "El puertorriqueño dócil (literatura y realidad psicológica)." *Puertorriqueño dócil y otros ensayos* (1953–1971), Editorial Antillana, 1977, pp. 151–216.

Marqués de Armas, Pedro. "Ronda nocturna: itinerarios del discurso homofóbico cubano. (A propósito de 'La pederastia en Cuba,' de Luis Montané)." *La Habana Elegante*, no. 24, 2003. www.habanaelegante.com/Winter2003/Panoptico.html.

Martínez-San Miguel, Yolanda. "Boricua (Between) Borders: On the Possibility of Translating Bilingual Narratives." *None of the Above. Puerto Ricans in the Global Era*, editado por Frances Negrón-Muntaner, Palgrave Macmillan, 2007, pp. 195–210.

———. *Caribe two ways: cultura de la migración en el Caribe insular hispánico.* Ediciones Callejón, 2003.

———. "Deconstructing Puerto Ricanness through Sexuality: Female Counternarratives on Puerto Rican Identity (1894–1934)." *Puerto Rican Jam: Essays on Culture and Politics*, editado por Frances Negrón-Muntaner y Ramón Grosfoguel, U of Minnesota P, 1997, pp. 127–39.

———. "Más allá de la homonormatividad: intimidades alternativas en el Caribe hispano." *Revista Iberoamericana*, no. 25, 2008, pp. 1039–57.

———. "'Sexilios': hacia una nueva poética de la erótica caribeña." *América Latina Hoy*, no. 58, 2011, pp. 15–30.

Martínez-Vergne, Teresita. *Nation and Citizen in the Dominican Republic, 1880–1916.* U of North Carolina P, 2005.

Masiello, Francine. "Los sentidos y las ruinas." *Iberoamericana: América Latina-España-Portugal*, vol. 8, no. 30, 2008, pp. 103–12.

Mathey, Kosta. "Informal and Substandard Housing in Revolutionary Cuba." *Housing the Urban Poor: Policy and Practice in Developing Countries*, editado por Brian C. Aldrich y R. S. Sandhu, Zed Books, 1995, pp. 245–60.

Matibag, Eugenio. *Haitian-Dominican Counterpoint: Nation, State, and Race in Hispaniola*. Palgrave, 2003.

Mateo, Andrés. "La ciudad hostil." Cielo naranja. Espacio de creación y pensamiento, dominicano y del Caribe. www.cielonaranja.com

Mayes, April, J. *The Mulatto Republic: Class, Race, and Dominican National Identity*. UP of Florida, 2014.

Mbembé, Achille. "Necropolitics." *Public Culture*, vol. 15, no. 1, 2003, pp. 11–40.

McClintock, Anne. *Imperial Leather: Race, Gender, and Sexuality in the Colonial Contest*. Routledge, 1995.

McColl Kennedy, Ian. "Cuba's Ley Contra La Vagancia-The Law on Loafing." *UCLA Law Review*, no, 20, 1972–73, pp. 1177–268.

McKercher, Bob and Thomas G. Bauer. "Conceptual Framework of the Nexus Between Tourism, Romance, and Sex." *Sex and Tourism. Journeys of Romance, Love, and Lust*, editado por Bob McKercher y Thomas G. Baue, The Haworth Hospitality Press, 2003, pp. 3–18.

Medina-Villariño, Kristina. *Geographies of Transit: Representations of the Dominican Body in Contemporary Film and Literature*, tesis doctoral, U of Illinois at Urbana-Champaign, 2012.

Mena, Miguel. "Ciudades revisadas: la literatura pos-insular dominicana (1998–2011)." *Revista Iberoamericana*, vol. 79, no. 243, 2013, pp. 349–69.

Méndez, Danny. *Narratives of Migration and Displacement in Dominican Literature*. Routledge, 2012.

Menéndez Dávila, Mileyda, y Jorge Sánchez. "Experiencia única y especial en el mundo." *Diario de la juventud cubana*, 9 febrero 2018. www.juventudrebelde.cu/suplementos/sexo-sentido/2018-02-09/experiencia-unica-y-especial-en-el-mundo.

Miranda-Rodríguez, Edgardo. *Ricanstruction: Reminiscing & Rebuilding Puerto Rico*. Somos Arte, 2018.

Mohammed, Patricia. "Unmasking Masculinity and Deconstructing Patriarchy: Problems and Possibilities within Feminist Epistemology." *Interrogating Caribbean Masculinities: Theoretical and Empirical Analyses*, editado por Rhoda Reddock, U of the West Indies P, 2004, pp. 39–67.

Bibliografía

Montalvo, Jonathan. "¿Dónde está el bugarrón?: Exclusión e inclusión de un modelo de masculinidad y sexualidad alterno en la película Sanky Panky y la novela Sirena Selena vestida de pena." *Nuestro Caribe. Poder, raza y posnacionalismo desde los límites del mapa LGBTQ*, editado por Mabel Cuesta, Isla Negra Editores, 2016, pp. 221–36.

———. *Retórica de la imitación: identidad sexual y raza en la producción cultural dominicana y puertorriqueña contemporánea*, tesis doctoral, Michigan State U, 2017.

Montaner, Carlos Alberto. "Sexo Malo." *Informe Secreto sobre la Revolución Cubana*. Ediciones Sedmay, 1976, pp. 173–77.

Montenegro, Carlos. *Hombres sin mujer*. Lectorum 2008.

Moreno, Marisel. *Family Matters: Puerto Rican Women Authors on the Island and the Mainland*. U of Virginia P, 2012.

Morgan, David. "Theater of War. Combat, the Military, and Masculinities." *Theorizing Masculinities*, editado por Harry Brod y Michael Kaufman, Sage, 1994, pp. 165–81.

Moya Pons, Frank. *The Dominican Republic. A National History*. Markus Wiener Publishers, 2010.

———. "Dominican Republic." *Latin American Urbanization. Historical Profiles of Major Cities*, editado por Gerald Michael Greenfield, Greenwood Press, 1994, pp. 188–214.

Muñoz, José Esteban. *Cruising Utopia: The Then and There of Queer Futurity*. New York UP, 2009.

Nast, Heidi J. "Queer Patriarchies, Queer Racisms, International." *Antipode*, vol. 35, no. 4, 2002, pp. 877–909.

Negrón-Muntaner, Frances. *Boricua Pop. Puerto Ricans and the Latinization of American Culture*. New York UP, 2004.

———. Introduction. *None of the Above. Puerto Ricans in the Global Era*, editado por Frances Negrón-Muntaner, Palgrave Macmillan, 2007, pp. 1–17.

———. "English Only Jamás but Spanish Only Cuidado: Language and Nationalism in Contemporary Puerto Rico." *Puerto Rican Jam: Essays on Culture and Politics*, editado por Frances Negrón-Muntaner y Ramón Grosfoguel, U of Minnesota P, 1997, pp. 257–86.

———. "Dance with me." *Gay Latino Studies. A Critical Reader*, editado por Michael Hames-García y Ernesto Javier Martínez, Duke UP, 2011, pp. 311–20.

———. "'Mariconerías' de Estado." *Nuestro Caribe. Poder, raza y posnacionalismo desde los límites del mapa LGBTQ*, editado por Mabel Cuesta, Isla Negra Editores, 2016, pp. 105–123.

Bibliografía

Negrón-Muntaner, Frances y Ramón Grosfoguel, editores. *Puerto Rican Jam: Essays on Culture and Politics*. U of Minnesota P, 1997.

Nurse, Keith. "Masculinities in Transition: Gender and the Global Problematique." *Interrogating Caribbean Masculinities: Theoretical and Empirical Analyses*, editado por Rhoda Reddock, U of the West Indies P, 2004, pp. 3–37.

Ochoa, Marcia. "Ciudadanía perversa: divas, marginación y participación en la 'localización.'" *Políticas de ciudadanía y sociedad civil en tiempos de globalización*, editado por Daniel Mato, FACES / Universidad Central de Venezuela, 2004, pp. 239–56.

O'Connell Davidson, Julia and Jacqueline Sánchez Taylor. "Fantasy Islands. Exploring the Demands of Sex Tourism." *Sun, Sex, and Gold: Tourism and Sex Work in the Caribbean*, editado por Kamala Kempadoo, Rowman & Littlefield Publishers, 1999, pp. 37–54.

Omi, Michael y Howard Winant. *Racial Formation in the United States. From the 1960s to the 1980s*. Routledge / Regan Paul, 1986.

Orraca Paredes, Olga. "All the Identities on the Table: Power, Feminism, and LGBT Activism in Puerto Rico." *Queer Brown Voices: Personal Narratives of Latina/o LGBT Activism*, editado por Uriel Quesada, Letitia Gomez y Salvador Vidal-Ortiz, U of Texas P, 2015, pp. 192–202.

Ortiz, Fernando. *Historia de una pelea cubana contra los demonios*. Ediciones Erre, 1973.

Ortiz-Negrón, Laura. "Space out of Place: Consumer Culture in Puerto Rico." *None of the Above. Puerto Ricans in the Global Era*, editado por Frances Negrón-Muntaner, Palgrave Macmillan, 2007, pp. 39–50.

Padilla, Mark. *Caribbean Pleasure Industry: Tourism, Sexuality, and AIDS in the Dominican Republic (Worlds of Desire: The Chicago Series on Sexuality, Gender, and Culture)*. U of Chicago P, 2007.

———. "The Embodiment of Tourism among Bisexually-Behaving Dominican Male Sex Workers." *Archives of Sexual Behavior*, vol. 37, no. 5, 2008, pp. 783–93.

———. "'Western Union Daddies' and their Quest for Authenticity: An Ethnographic Study of the Dominican Gay Sex Tourism Industry." *Journal of Homosexuality*, vol. 53, no. 1/2, 2007, pp. 241–75.

Padilla, Art y Jerome M. McElroy. "Cuba and Caribbean Tourism After Castro." *Annals of Tourism Research*, vol. 34, no. 3, 2007, pp. 649–72.

Padura Fuentes, Leonardo. "La Habana Literaria." *Cuadernos Hispanoamericanos*, no. 670, 2006, pp. 41–50.

Bibliografía

Paiewonsky, Denise. "Modelo familiar y cuerpo femenino." *Desde la orilla hacia una nacionalidad sin desalojos*, editado por Silvio Torres-Saillant, Ramona Hernández y Blas Jiménez, Editora Manatí / Ediciones Librería La Trinitaria, 2004, pp. 333–46.

Palacios, Rita M. "Actos peatonales, actos de consumo: La queerificación del espacio en *La estrategia de Chochueca* de Rita Indiana Hernández." *Hispania*, vol. 97, no. 4, 2014, pp. 566–77.

Palés Matos, Luis. "Majestad negra." *Poesía (1915–1956)*. Editorial de la Universidad de Puerto Rico, 1974, pp. 219–20.

Palmié, Stephan. *Wizards and Scientists: Explorations in Afro-Cuban Modernity and Tradition*. Duke UP, 2002.

Patton, Cindy y Benigno Sánchez-Eppler, editores. *Queer diasporas*. Duke UP, 2000.

Paz, Octavio. *El laberinto de soledad*. Fondo de Cultura Económica 2007.

Pedreira, Antonio S. *Insularismo: ensayos de interpretación puertorriqueña*. 1934. Editorial Edil, 1973.

Peix, Pedro. *El placer está en el último piso*. Taller Offset de la Editorial Cultural Dominicana, 1974.

Pentón, Mario J. "Un movimiento alternativo reta la hegemonía de Mariela Castro sobre la comunidad LGBTI." *14 y Medio*, 3 junio 2017. www.14ymedio.com/nacional/movimiento-alternativo-Mariela-Castro-LGBTI-Macro_Proyecto_Manos-Ar-Cenesex_0_2228177172.html.

Pérez, Louis A., Jr. *To Die in Cuba: Suicide and Society*. U of North Carolina P, 2005.

Pérez, Marta Isabel. "Espacios incómodos e hirientes: el exilio en 'El cuento de la mujer del mar.'" *Ventana Abierta: Revista Latina de Literatura, Arte y Cultura*, vol. 6, no. 22, 2007, pp. 29–33.

Pérez Rosario, Vanessa, editora. *Hispanic Caribbean Literature of Migration*. Palgrave Macmillan, 2010.

Perlongher, Néstor. "Matan a una marica." *Prosa plebeya: ensayos, 1980–1992*. Colihue, 2008, pp. 35–40.

Peguero, Valentina. *The Militarization of Culture in the Dominican Republic, from the Captains General to General Trujillo*. U of Nebraska P, 2004.

Piñera, Virgilio. *La isla en peso*. Ediciones Unión, 2011.

Ponte, Antonio José. *Un arte de hacer ruinas y otros cuentos*. Fondo de Cultura Económica, 2005.

———. *Contrabando de sombras*. Mondadori, 2002.

Bibliografía

Pope, Cynthia. "The Political Economy of Desire: Geographies of Female Sex Work in Havana, Cuba." *Journal of International Women's Studies*, vol. 6, no. 2, 2005, pp. 99–118.

Posser, Jay. "Skin Memories." *Thinking through the Skin*, editado por Sara Ahmed y Jackie Stacey, Routledge, 2001.

Puar, Jasbir K. *Terrorist Assemblages: Homonationalism in Queer Times*. Duke UP, 2007.

Puñales-Alpizar, Damaris. "La Habana de Antonio José Ponte y Pedro Juan Gutiérrez: el mapa de una ciudad marginal." *Mester*, vol. 41, no. 1, 2012, pp. 49–63.

———. "La Habana (im) posible de Ponte o las ruinas de una ciudad atravesada por una guerra que nunca tuvo lugar." *Ciberletras,* vol. 20, 2008.

Quinn, Rachel Afi. "Dominican Pride and Shame: Gender, Race, and LGBT Activism in Santo Domingo." *Small Axe*, vol. 22, no. 2, 2018, pp. 128–43.

Quiroga, José. *Cuban Palimpsests*. U of Minnesota P, 2005.

———. Introduction. *El deseo, enorme cicatriz luminosa*, de Daniel Balderston, Ediciones eXcultura, 1999, 11–15.

———. "Fleshing Out Virgilio Piñera from the Cuban Closet." *¿Entiendes? Queer Readings, Hispanic Writings*, editado por Emilie L. Bergmann y Paul Julian Smith, Duke UP, 1995, pp. 168–80.

———. *Tropics of Desire: Interventions from Queer Latino America*. New York UP, 2001.

———. "Homosexualities in the Tropic of Revolution." *Sex and Sexuality in Latin America*, editado por Daniel Balderston y Donna J. Guy, New York UP, 1997, pp. 133–54.

Rama, Ángel. *La ciudad letrada*. Arca, 1998.

Ramírez, Rafael L. "Nosotros los Boricuas." *Masculinidades, Poder y Crisis*, editado por T. Valdés y J. Olavarría, Isis Internacional / FLACSO, 1997, pp. 102–12.

———. *What It Means To Be A Man: Reflections on Puerto Rican Masculinity*. Rutgers UP, 1999.

Ramos, Julio. *Desencuentros de la Modernidad en América Latina: literatura y política en el siglo XIX*. Fondo de Cultura Económica, 1989.

Ramos Otero, Manuel. "De la colonización a la culonización." *Cupey*, vol. 8, no. 1–2, 1991, pp. 63–79.

———. *Invitación al polvo*. Editorial Plaza Mayor, 1991.

———. *El libro de la muerte*. Editorial Cultural / Waterfront Press, 1985.

———. "Loca la de la locura." *Cuentos de buena tinta*. Instituto de Cultura Puertorriqueña, 1992, pp. 233–40.

———. *Página en blanco y staccato*. Editorial Playor, 1984.

———. "La otra isla de Puerto Rico." *Página en blanco y staccato*, Editorial Playor, 1984, pp. 9–23.

Rancier, Omar. "Ciudad mediata." *Cielo naranja. Espacio de creación y pensamiento, dominicano y del Caribe*. www.cielonaranja.com

Rangelova, Radost. *Gendered Geographies in Puerto Rican Culture: Spaces, Sexualities, Solidarities*. U of North Carolina P, 2015.

Redruello, Laura. "Disparidad Discursiva En Los Márgenes De La Habana." *Colorado Review of Hispanic Studies*, vol. 1, no. 1, 2003, pp. 91–107.

Renan, Ernest. "¿Qué es una nación?" *La invención de la Nación: Lecturas de la identidad de Herder a Homi Bhabha*, editado por Álvaro Fernández Bravo, Manantial, 1995, pp. 53–66.

Reyes, Israel. "Modernism and Migration in Manuel Ramos Otero's El Cuento De La Mujer Del Mar." *Journal of the Midwest Modern Language Association*, vol. 29, no. 1, 1996, pp. 63–75.

Reyes-Santos, Alaí. *Our Caribbean Kin: Race and Nation in the Neoliberal Antilles*. Rutgers UP, 2015.

Ricourt, Milagros. *The Dominican Racial Imaginary: Surveying the Landscape of Race and Nation in Hispaniola*. Rutgers UP, 2016.

Riofrio, John. "Situating Latin American Masculinity: Immigration, Empathy, and Emasculation in Junot Díaz's *Drown*." *ATENEA*, vol. 28, no. 1, 2008, pp. 23–36.

Ríos Ávila, Rubén. "Rambling." *La raza cómica del sujeto en Puerto Rico*. Ediciones Callejón, 2002, pp. 311–18.

———. "Caribbean Dislocations: Arenas and Ramos Otero in New York." *Hispanism and Homosexualities*, editado por Sylvia Molloy y Robert McKree Irwin, Duke UP, 1998, pp. 101–22.

———. "Queer Nation." *Revista Iberoamericana*, vol. 75, no. 229, 2009, pp. 1129–38.

———. "El estadolibrismo trans." *80grados*, 2 mayo 2014. www.80grados.net/estadolibrismo-trans/

———. "Pornoliteratura." *80grados*, 17 enero 2014. www.80grados.net/pornoliteratura/

———. "Sobre la masculinidad." *80grados*, 17 enero 2014. www.80grados.net/sobre-la-masculinidad/.

Rivera, Martha. *He olvidado tu nombre*. Casa de Teatro, 1997.

Rivera-Servera, Ramón H. "Choreographies of Resistance: Latino Queer Dance and the Utopian Performative." *Gay Latino Studies. A Critical Reader*, editado por Michael Hames-García y Ernesto Javier Martínez, Duke UP, 2011, pp. 259–80.

Rivera-Velázquez, Celiany. "The Importance of Being Rita Indiana-Hernández: Women-Centered Video, Sound, and Performance interventions within Spanish Caribbean Cultural Studies." *Globalizing Cultural Studies. Ethnographic Interventions in Theory, Method and Policy*, editado por Cameron McCarthy, Aisha S. Durham, and Laura C. Engel et al., Peter Lang Publishing, 2007, pp. 205–28.

Roach, Tom. *Friendship as a Way of Life: Foucault, AIDS, and the Politics of Shared Estragement*. State U of New York P, 2012.

Robyn, Ingrid. "Betraying the Island. Identidad puertorriqueña y subalternidad en *No quiero quedarme sola y vacía*." *Mester*, vol. 40, no. 1, 2011, pp. 33–52.

Rodríguez, Juana María. *Queer Latinidad: Identity Practices, Discursive Spaces*. New York UP, 2003.

———. "Getting F****d in Puerto Rico: Metaphoric Provocations and Queer Activist Interventions." *None of the Above. Puerto Ricans in the Global Era*, editado por Frances Negrón-Muntaner, Palgrave Macmillan, 2007, pp. 129–46.

———. *Sexual Futures, Queer Gestures, and Other Latina Longings*. New York UP, 2014.

Rodríguez, Néstor E. *La isla y su envés: representaciones de lo nacional en el ensayo dominicano contemporáneo*. Instituto de Cultura Puertorriqueña, 2003.

———. *Escrituras de desencuentro en la República Dominicana*. Siglo XXI, 2005.

———. "Un arte de hacer ruinas: entrevista con el escritor cubano Antonio José Ponte." *Revista Iberoamericana*, vol. 68, no. 198, 2002, pp. 179–86.

Rodríguez Juliá, Edgardo. *Una noche con Iris Chacón*. Editorial Antillana, 1986.

Rodríguez Santana, Ivette. "Las mujeres y la higiene: la construcción de 'lo social' en San Juan, 1880–1929." *Historia y género: vidas y relatos de mujeres en el Caribe*, compilado por Mario R. Cancel, Asociación Puertorriqueña de Historiadores, 1997, pp. 80–95.

Rojas, Rafael. *Isla sin fin: contribución a la crítica del nacionalismo cubano*. Ediciones Universal, 1998.

———. *Tumbas sin sosiego: revolución, disidencia y exilio del intelectual cubano*. Anagrama, 2006.

Roland, Kaifa. *Cuban Color in Tourism and La Lucha: An Ethnography of Racial Meanings*. Oxford UP, 2011.

Rosa, Richard. "Business as Pleasure Culture, Tourism, and Nation in Puerto Rico in the 1930s." *Nepantla: Views from South*, vol. 2, no. 3, 2001, pp. 449–88.

Roy-Féquière, Magali. *Women, Creole Identity, and Intellectual Life in Early Twentieth-Century Puerto Rico*. Temple UP, 2004.

Rueda, Manuel. *Papeles de Sara y otros relatos*. Voluntariado del Museo de las Casas Reales, 1985.

Rundle, Mette, L. B. "Tourism, Social Change and Jineterismo in Contemporary Cuba." *The Socity for CArbbean Studies (UK) Annual Conference Papers*, no. 2, 2001. www.community-languages.org.uk/SCS-Papers/olv2p3.pdf.

Russ, Elizabeth. "Walking in the *Ciudad Trujillista*. Remapping the Dominican Idenitity in *Escalera para Electra* y *La estrategia de Chochueca*." *Escritoras dominicanas a la deriva: marginación, dolor y resistencia*, editado por Sintia Molina, Editorial Verbum, 2014, pp. 115–36.

Saco, Antonio José. *Obras de don José Antonio Saco*. Libreria americana y estrangera de R. Lockwood é hijo, 1853.

Sagas, Ernesto. *Race and Politics in the Dominican Republic*. UP of Florida, 2000.

Said, Edward. *Orientalism*. Vintage Books, 1979.

Sánchez, Luis Rafael. "¡Jum!" *En cuerpo de camisa*. Editorial Antillana, 1971, pp. 53–60.

———. *La guaracha del macho Camacho*. Ediciones de La Flor, 1976.

Sánchez, Magnolia y Laura Brea. "Las dos caras de la Zona Colonial." *La Expresión*, 12 diciembre 2016, pp. 6–7. www.humanidades.pucmm.edu.do/

Sánchez, Peter M. y Kathleen M. Adams. "The Janus-Faced Character of Tourism in Cuba." *Annals of Tourism Research*, vol. 35, no. 1, 2008, pp. 27–46.

Sánchez Taylor, Jacqueline. "Dollars Are a Girl's Best Friend? Female Tourists' Sexual Behaviour in the Caribbean." *Sociology*, vol. 35, no. 3, 2001, pp. 749–64.

———. "Tourism and 'Embodied' Commodities: Sex Tourisma in the Caribbean." *Tourism and Sex. Culture, Commerce and Coercion*, editado por Stephen Clift y Simon Carter, Continuum International Publishing Group, 2000, pp. 41–53.

Sánchez-Eppler, Benigno. "Reinaldo Arenas, Re-writer Revenant, and the Re-patriation of Cuban Homoerotic Desire." *Queer diasporas*, editado por Cindy Patton y Benigno Sánchez-Eppler, Duke UP, 2000, pp. 154–82.

Sancholuz, Carolina. "Puerto Rico en Nueva York: escritura, desplazamiento y sujetos migrantes en cuentos de Manuel Ramos Otero." *Revista de Estudios Hispánicos*, vol. 33, no. 1, 2006, pp. 117–38.

Sandoval Sánchez, Alberto. "Imagining Puerto Rican Queer Citizenship: Frances Negrón-Muntaner's *Brincando el charco: Portrait of a Puerto Rican*." *None of the Above. Puerto Ricans in the Global Era*, editado por Frances Negrón-Muntaner, Palgrave Macmillan, 2007, pp. 147–64.

———. "Puerto Rican Identity Up in the Air: Air Migration, Its Cultural Representations, and Me 'Cruzando el Charco.'" *Puerto Rican Jam: Essays on Culture and Politics. Rethinking Colonialism and Nationalism*, editado por Frances Negrón-Muntaner y Ramón Grosfoguel, U of Minnesota P, 1997, pp. 189–208.

Sanky Panky. Dirigido por José Enrique Pintor, Premium Latin Films, 2007.

Sanky-Panky-2. Dirigido por José Enrique Pintor, Premium Latin Films, 2013.

Santí, Enrico Mario. "*Fresa y Chocolate*: The Rhetoric of Cuban Reconciliation." *MLN*, vol. 113, no. 2, 1998, pp. 407–25.

Santos-Febres, Mayra. *Sirena Selena vestida de pena*. Mondadori, 2002.

Sarduy, Severo. *Obra completa*. Vol. 2, edición crítica de Gustavo Guerreo y Francois Wahl, FCE / ALLCA XX / UNESCO, 1999.

Santa y Andrés. Dirigido por Carlos Lechuga, Breaking Glass Pictures, 2017.

Scarpaci, Joseph L., Roberto Serge y Mario Coyula. *Havana: Two Faces of the Antillean Metropolis*. U of North Carolina P, 2002.

Schmidt-Nowara, Christopher. *The Conquest of History: Spanish Colonialism and National Histories in the Nineteenth Century*. U of Pittsburgh P, 2006.

Schippers, Mimi. *Beyond Monogamy: Polyamory and the Future of Polyqueer Sexualities*. New York UP, 2016.

Schwartz, Rosalie. *Pleasure Island: Tourism and Temptation in Cuba*. U of Nebraska P, 1999.

Sedgwick, Eve Kosofsky. *Between Men: English Literature and Male Homosocial Desire*. Columbia UP, 1985.

———. *Epistemology of the Closet*. U of California P, 1990.

Serra, Ana. *The "New Man" in Cuba: Culture and Identity in the Revolution*. UP of Florida, 2007.

Sheller, Mimi. "Natural Hedonism: The Invention of Caribbean Islands as Tropical Playgrounds." *Beyond the Blood, the Beach and the Banana: New Perspectives in Caribbean Studies*, editado por Sandra Courtman, Ian Randle, 2004, pp. 170–85.

———. *Consuming the Caribbean: From Arawaks to Zombies*. Routledge, 2003.

———. *Citizenship from Below: Erotic Agency and Caribbean Freedom*. Duke UP, 2012.

Shields, Rob. "Spaces for the Subject of Consumption." *Lifestyle Shopping. The Subject of Consumption*, editado por Rob Shields, Routledge, 1992, pp. 1–20.

Sierra Madero, Abel. "Academias para producir machos en Cuba." *Letras Libres*, 21 enero 2016. www.letraslibres.com/espana-mexico/politica/academias-producir-machos-en-cuba

———. "'Camionero': violencia y pedagogía revolucionaria." *Diario de Cuba*, 29 marzo 2013. www.diariodecuba.com/cultura/1364597897_2456.html

———. "Del hombre nuevo al travestismo de estado." *Analítica*, 29 enero 2014. www.analitica.com/opinion/opinion-nacional/abel-sierra-madero-del-hombre-nuevo-al-travestismo-de-estado/

———. *La nación sexuada: relaciones de género y sexo en Cuba (1830–1855)*. Editorial de Ciencias Sociales, 2002.

———. *Del otro lado del espejo: la sexualidad en la construcción de la nación cubana*. Fondo Editorial Casa de las Américas / Delegación de Cultura de la Diputación de Córdoba / Centro Cultural de la Delegación del 27 de la Diputación de Málaga, 2006.

———. "Walls talk. Homoerotic networks and sexual graffiti in public washrooms in Havana." *Sexualidad, Salud y Sociedad-Revista Latinoamericana*, no. 12, 2012. www.scielo.br

———. "Del Hombre Nuevo al Travestismo de Estado." *Diario de Cuba*, 25 enero 2014. www.diariodecuba.com/cuba/1390513833_6826.html

Sifuentes-Jáuregui, Ben. *Transvestism, Masculinity, and Latin American Literature: Genders Share Flesh*. Palgrave, 2002.

Simmons, Kimberly Eison. *Reconstructing Racial Identity and the African Past in the Dominican Republic*. UP of Florida, 2009.

Smith, Faith. "Sexing the Caribbean." Introduction. *Sex and the Citizen: Interrogating the Caribbean*, editado por Faith Smith, U of Virginia P, 2011, pp. 1–20.

Solana, Anna y Mercedes Serna. "Entrevista a Antonio José Ponte." *Cuadernos Hispanoamericanos*, no. 665, 2005, pp. 127–34.

Bibliografía

Sommer, Doris. *Foundational Fictions: The National Romances of Latin America*. U of California P, 1991.

Staebler, Mark. "Inter-(Homo)-Textuality: Manuel Ramos Otero and the Nuyorican Intersection of Traditions." *Caribbean Studies*, no. 27, 1994, pp. 331–45.

Stinchcomb, Dawn F. *The Development of Literary Blackness in the Dominican Republic*. UP of Florida, 2004.

Stockton, Kathryn Bond. *Beautiful Bottom, Beautiful Shame: Where 'Black' Meets 'Queer.'* Duke UP, 2006.

Stoler, Ann Laura. *Carnal Knowledge and Imperial Power: Race and the Intimate in Colonial Rule*. U of California P, 2010.

Stout, Noelle. *After Love: Queer Intimacy and Erotic Economies in Post-Soviet Cuba*. Duke UP, 2014.

Subero, Gustavo. *Queer Masculinities in Contemporary Latin American Cinema: Male Bodies and Narrative Representations*. Tauris, 2014.

Sued Badillo, Jalil y Ángel López Cantos. *Puerto Rico negro*. Editorial Cultural, 1986.

Taylor, Diana. "La Raza Cosmética: Walter Mercado Performs Latino Psychic Space." *The Archive and the Repertoire: Performing Cultural Memory in the Americas*. Duke UP, 2003, pp. 110–32.

Thornton, Brendan Jamal. *Negotiating Respect: Pentecostalism, Masculinity, and the Politics of Spiritual Authority in the Dominican Republic*. UP of Florida, 2016.

Thomas, Piri. *Down These Mean Streets*. Vintage Books, 1997.

Tinsley, Omise'eke Natasha. "Black Atlantic, Queer Atlantic: Queer Imaginings of the Middle Passage." *GLQ: A Journal of Lesbian and Gay Studies*, vol. 14, no. 2, 2008, pp. 191–215.

Tomé, Patricia. "De amores y fundaciones transnacionales: La dominicanidad cinematográfica desde Punta Cana hasta Nueba Yol." *Cinema paraíso: Representaciones e imágenes audiovisuales en el Caribe hispano*, editado por Rosana Díaz-Zambrana y Patricia Tomé, Isla Negra Editores, 2010, pp. 386–403.

Torrado, Lorna. "Travesías bailables: revisión histórica en la música de Rita Indiana Hernández." *Revista Iberoamericana*, vol. 79, no. 243, 2013, pp. 465–77.

Torres, Daniel. *Conversaciones con Aurelia*. Isla Negra Editores, 2007.

———. *La isla del (des)encanto: apuntes sobre una nueva literatura boricua*. Isla Negra Editores, 2015.

Torres-Saillant, Silvio. *El tigueraje intelectual*. CIAM, Centro de Información Afroamericano / Sociedad Editorial Dominicana, 2002.

———. "La traición de Calibán: hacia una nueva indagación de la cultura caribeña." *Roberto Fernández Retamar y los estudios latinoamericanos*, editado por Elzbieta Sklodowska y Ben A. Heller, Instituto Internacional de Literatura Iberoamericana, Universidad de Pittsburgh, 2000, pp. 39–63.

———. *Intellectual History of the Caribbean*. Palgrave Macmillan, 2005.

———. *Introduction to Dominican Blackness*. CUNY Dominican Studies Institute / City College of New York, 1999.

———. "No es lo mismo ni se escribe igual: la diversidad en lo dominicano." Introducción. *Desde la orilla: hacia una nacionalidad sin desalojos*, editado por Silvio Torres-Saillant et al., Manatí / La Trinitaria, 2004, pp. 17–46.

———. "The Hispanic Caribbean Question: On Geographies of Knowledge and Interlaced Human Landscapes." *Small Axe*, vol. 20, no. 3, 2016, pp. 32–48.

Unruh, Vicky. "All in a Day's Work: Ruins Dwellers in Havana." *Telling ruins in Latin America*, editado por Michael J. Lazzara y Vicky Unruh, Palgrave Macmillan, 2009, pp. 197–209.

Urías Hernández, Roberto. "¿Por qué llora Leslie Caron?" *Cuentos desde La Habana: últimos narradores cubanos*, editado por Omar Felipe Mauri, Aguaclara, 1996, pp. 180–83.

Valdez, Pedro Antonio. *La bachata del angel caído*. Isla Negra Editores, 1999.

———. *Carnaval de Sodoma*. Alfaguara, 2002.

Valladares-Ruiz, Patricia. *Sexualidades disidentes en la narrativa cubana contemporánea*. Tamesis, 2012.

Vega, Ana Lydia. "Pollito Chicken." *Vírgenes y mártires*. Editorial Antillana, 1981, pp. 73–79.

Venkatesh, Vinodh. *The Body as Capital: Masculinities in Contemporary Latin American Fiction*. U of Arizona P, 2015.

Vidal-Ortiz, Salvador. "On Being a White Person of Color: Using Autoethnography to Understand Puerto Ricans' Racialization." *Qualitative Sociology*, vol. 27, no. 2, 2004, pp. 179–203.

Villaverde, Cirilo. *Cecilia Valdés o La loma del ángel: novela de costumbres cubanas*. Las Américas, 1964.

Warner, Michael. Introduction. *Fear of a Queer Planet: Queer Politics and Social Theory*, editado por Michael Warner, U of Minnesota P, 1993, pp. vii–xxxi.

———. *The Trouble with Normal: Sex, Politics, and the Ethics of Queer Life*. Harvard UP, 2000.

Bibliografía

West, Alan. *Tropics of History: Cuba Imagined*. Bergin & Garvey, 1997.

Whitfield, Esther Katheryn. *Cuban Currency: The Dollar and "Special Period" Fiction*. U of Minnesota P, 2008.

Wonders, Nancy A. y Raymond Michalowski. "Bodies, Borders, and Sex Tourism in a Globalized World: A Tale of Two Cities—Amsterdam and Havana." *Social Problems*, vol. 48, no. 4, 2001, pp. 545–71.

Young, Allen. "Cuba: Gay as the Sun." *Out of the Closets: Voices of Gay Liberation*, editado por Karla Jay y Allen Young, New York UP, 1992, pp. 206–50.

Zeno Gandía, Manuel. *La charca*. Centro de Estudios Avanzados de Puerto Rico y el Caribe, 1987.

———. *El negocio (Crónicas de un mundo enfermo)*. Editorial Edil, 1973.

Zenón Cruz, Isabelo. *Narciso descurbe su trasero. (El negro en la cultura puertorriqueña)*. Editorial Furidi, 1974.

Zentella, Ana Celia. "Code-Switching and Interactions among Puerto Rican Children." *Spanish in the United States: Sociolinguistic Aspects*, editado por Jon Amastae y Lucía Elías-Olivares, Cambridge UP, 1982, pp. 354–85.

———. "The Hispanophobia of the Official English Movement in the U.S." *International Journal of the Sociology of Language*, no. 127, 1997, pp. 71–86.

———. "Returned Migration, Language, and Identity: Puerto Rican Bilinguals in Dos Worlds/Two Mundos." *International Journal of the Sociology of Language*, no. 84, 1990, pp. 81–100.

———. "Spanish and English in Contact in the United States: The Puerto Rican Experience." *WORD: Journal of the International Linguistic Association*, vol. 33, no. 1–2, 1982, pp. 41–57.

Zurbano, Roberto. "For Blacks in Cuba, the Revolution Hasn't Begun." *New York Times*, 23 marzo 2013. www.nytimes.com/2013/03/24/opinion/sunday/for-blacks-in-cuba-the-revolution-hasnt-begun.html

Índice de palabras

abyección
  estado físico, 6
  y exclusión, 47
  y sujeto nacional, 7, 16, 28, 168n13
afecto
  y comunidad, familia y matrimonio, 112–13, 115, 118, 174n34, 180n6
  heterosexual, 44, 67
  homosocial y queer, 13, 26, 46, 70–71, 87, 88, 93
  y matriz decolonial, 134
  y relaciones sexuales, 44, 121
  y turismo sexual, 5, 19, 130–31, 133, 146, 150, 180n3
  Véase también homoafectividad
afrodescendencia, 64, 178n29
  afroamericano, 177n23
  afrocubano, 136, 170n33, 180–81n9, 181n19
  afrodominicano, 131, 143
  afropuertorriqueño, 178n29
Alighieri, Dante, 47, 53
ambiente
  citadino, 17, 33, 43, 76, 161, 170n33
  y exclusión, 6, 43, 54–55, 75, 106, 108–09, 120, 127
  fragmentario y híbrido, 48, 69, 73, 78–79; homoerótico y homosocial, 35, 47, 77, 88–91, 140, 153
ambigüedad
  corporal, 86, 96, 104, 108, 127–28
  de género, 127, 157
  e identidades y sujetos ambiguos, 9, 17, 62, 86–87, 93, 156
  política, 18, 96–97, 104, 127
  sexual y trans, 3, 5, 8, 18, 56, 77, 93, 95, 98, 107–08

amistad
  como desarraigo compartido, 13, 17, 46, 52, 54–55, 71, 110
  homoafectiva, 26
analidad
  y anatomía política, 124–27
  y barebaking y sexo sin protección, 126, 179n39
  y colonialismo, 19, 96, 123, 152
  y economía anal e intimidad, 122, 124–27
  y penetrabilidad, receptividad corporal y sexo anal, 58, 63, 84, 90–92, 102, 107, 121, 152, 160, 168n17
archivo, 10, 13
  queer, 13–14, 43–44, 56, 156, 158
Arenas, Reinaldo, 5, 25–26, 168n13
arte queer del fracaso, 29
autonomía
  erótica, 7, 139
  y espacio, 33
  política, 55, 95, 160

Balaguer, Joaquín
  y ciudad, 9
  continuismo político y dictadura de, 3–4, 17, 58–60, 69, 71, 81–82, 84, 171n5
  y turismo, 142–143, 146
balaguerato, 59, 69, 71
Balseros, 33, 135
  y balsa, 74
  crisis de, 169n25
  y turismo, 135
barebaking, 126
biopoder, 7
blanqueamiento, 64, 68–69, 112, 117, 136–37, 148, 151, 153, 172

217

Índice de palabras

Brewster, James "Wally," 58, 162, 85n5–6.

Calibán, 27
Castro, Fidel, 21, 26, 46, 138
　gobierno de, 27, 29, 31, 34, 46, 49–50, 139, 142, 169n21
Castro, Mariela, 4, 158–159, 166n5
Cayo Hueso (Cuba), 30, 44
Cayo Puto (Cuba), 24, 33, 43–44, 53–56, 169n22
Cecilia Valdés, 130–131
　personaje de, 134–136, 141
cementerio, 50–51
　y aislamiento, 37
　y control y vigilancia, 34, 36, 80, 140
　como escondite, 38–39, 52–55
　y fracaso del proyecto revolucionario, 16, 22, 25, 46, 56;
　heterotopia, 10, 33–34, 38
　relaciones sexuales en, 23, 32–35, 52–56, 109, 122, 168n17
Centro Nacional de Educación Sexual Cuba (CENESEX): 4, 24, 158–59, 166n5, 167n8, 185n1
Chacón, Iris, 123, 125, 179n35
ciudad letrada, 1–2, 9, 30–31, 72, 78, 94
Ciudad Trujillo (Santo Domingo, República Dominicana)
　y ambiente urbano, 61, 67–68, 70, 72–73, 76, 94
　cambio de nombre de, 58–59
　y discurso e ideología trujillista 58–59, 61–62, 65, 75, 78, 80–81, 83–86, 92
　y masculinidad, 62, 69, 84–85, 88, 91–92
ciudadanía
　y consumo e individualismo, 7, 118
　desde abajo, 13, 61, 156

y homonacionalismo, 114–15, 153–54, 185n4
　productiva, 29, 138–39
　sana e insana, 110, 112–23, 127, 172n13, 177n21
　sexual, 3–4, 7, 9, 12, 22, 98, 133, 155
clóset, 5–6, 25, 88, 104, 150, 162, 177n24
closetedness, 5, 62, 165n2
Código Familiar (Cuba), 49, 141, 158, 182n27
　Véase también familia
Código Penal (Cuba), 37, 140
colonialidad de deseo, 131–32, 138, 153, 182–83n33
　y género, 138–39, 151
colonialismo excremental, 124–25
colonialismo, 96, 100, 107, 120, 124–25, 134, 152, 154, 184n46
　ciudad colonial, 80
　dinámicas y discursos coloniales, 75, 131–33, 151
　pasado colonial, 11, 16–17, 24, 54, 111, 116, 135–42
　sujeto colonial, 19, 98, 112–13, 115, 121–22, 124
　Véase también colonialidad de deseo
colorismo, 68, 111, 115–17
Comité de Defensa de la Revolución (Cuba), 138
Conducta Impropia, 26
Conducta: antisocial y peligrosa, 37, 53, 140
　apropiada e inapropiada, 11, 34, 41, 43, 80, 124
　y *performance* de género, 18, 28, 83, 90, 96, 100, 102, 113, 145, 154, 175n6
conformismo, 32
continuismo político, 3, 60
contra/dicción, 157
contranarrativa, 6, 13, 26, 94
cruceo, 109, 117, 120, 176n13

218

Índice de palabras

cubanía, 37–39, 131, 135, 137, 142
cuerpo
    y capitalismo, 117–18
    enfermo, contaminado e intoxicado de 82–83, 124, 127
    y colonialismo, 96, 180–81n9
    como máquina, 83–84
    en contacto, 6
    y excrementos, 6, 120, 123
    experiencias sensoriales de, 85
    y falo, 91, 116, 125
    marcas y cicatrización de, 17, 40–41, 45, 52–53
    como máscara, 87
    mercantilización de, 132–38, 143
    militar y masculino, 39, 58, 64, 81, 86, 143, 146, 174n32
    y piel, 85, 146, 148, 174n34
    mulato y racializado, 62, 68, 81, 129, 132–35, 183n36
    y relaciones íntimas, 6, 123
    secreciones de, 82–84
    trans, 6, 19, 104–08, 128
    Véase también interembodiment, skinscape

decolonial, 134, 142
descolonización, 16, 124
desempleo, 29, 60
desencanto
    estética de, 3, 24
    y normatividad, 99–100, 103
    y literatura, 14, 60, 163, 166n4, 175n3
    poética, 4, 25
    y proyectos políticos, 3, 9, 12, 14, 18, 31–32, 96–97, 106, 113, 130
deseo
    y blanqueamiento, 117, 136, 148, 189n8
    cartografía de, 9, 40–41
    y consumo, 135, 137, 177–78n25
    divergente, 13, 86–87, 111
    y espacio, 9
    homoerótico y queer, 20, 39, 93, 103, 114, 118–19, 121, 150, 172n13
    marcas de, 168n18
    en el triángulo, 86–87, 107
    sexual, 1, 12, 34–35, 49, 52, 82, 88–89, 96, 123, 130–31, 143
    Véase también colonialidad de deseo
desidentificación, 8, 12–13, 29, 67
desmitificación
    y masculinidad hegemónica, 62, 82, 101
    y mitos y discurso oficial, 60, 135
    e invasión estadounidense, 128
desviación, 12, 26, 34, 43–44, 113, 135, 169n23
diáspora
    cubana, 12, 17, 39–41, 50
    dominicana, 88, 171n10, 183n34
    y producción diaspórica, 10, 15–16, 18, 112–13
    puertorriqueña, 10, 14, 19, 96, 111–12, 150–51, 159–60, 175–76n10, 176n16
    y sujetos diaspóricos, 61, 88, 121–122, 124, 178n26
discurso
    oficial del estado, 4, 8, 10, 13, 45, 59–63, 66–67, 75–76, 130–134, 143, 157, 169n24, 172n15, 174n36
    homofóbico, normativo y paternalista, 6–7, 42, 79, 94, 96–97, 108, 122, 175n8
    de lucha y productividad, 12, 29, 84
    de sexualidad, 2
    de tolerancia, 25, 161
disidencia sexual, 24, 32, 41, 73, 88

219

Índice de palabras

disposición cruel, 157, 162–63
docilidad, 18, 96, 100, 103, 128
   y hombre dócil, 4, 107
dominicanidad, 60–61, 72–73,
   75–76, 94, 131–48
Duarte, Juan Pablo, 57, 173n27

ELA (Estado Libre Asociado),
   3–4, 6, 97, 100, 104, 124,
   184n42
enfermedad
   y colonialismo, 123, 127,
      179n37
   y patologización de la homo-
      sexualidad, 43, 47, 113, 140,
      169n23, 179n38, 184–85n1
   y SIDA, 112–13, 116, 126,
      179n39
   y vagancia, 29
   Véase también SIDA
esclavos, 44, 49, 121, 131–32,
   180–81n9
espacio
   autónomo e íntimo, 15, 32–33,
      42, 77, 88, 106, 110–11,
      127
   liminal y marginal, 7, 9, 78–79,
      81, 158
   y memoria, 38–39, 43–44, 80
   nacional, 10, 22, 80, 103, 123,
      131
   público y privado, 10–11,
      22–23, 36–37, 58–59, 62,
      77–79, 89, 94, 109, 161,
      168n16
   y socialización, 34–35, 47;
      urbano, 2–3, 9, 12–13, 16,
      18, 24–25, 72–73, 76, 86,
      94, 102, 130, 137, 165n3,
      171n8, 173n26
   utópico, 1
   virtual, 112, 118–20
   Véase también heterotopia
estado-nación, 12, 28
   y autonomía sexual, 6–7
estadolibrismo, 18, 98, 109, 128

ética *queer*, 8, 13, 111
exilio, 32–33, 37, 165n1
   Véase también sexilio

falo(logo)centrismo, 9, 79, 92, 108
familia
   y Código Familiar (Cuba), 49,
      141, 158, 182n27
   y colonización y neocolonial-
      ismo, 19–20, 133–35, 145,
      153, 180n4, 180n6, 181n13
   y comunidad trans y hogar
      queer, 12, 66, 77, 101, 105,
      175–76n10
   y consolidación nacional y
      ficciones fundacionales, 2,
      48–49, 67, 131
   y educación, 17, 47
   interracial, 136
   y matrimonio igualitario, 58,
      155–60, 177n24
   modelos alternativos de, 26–27,
      49–51, 91, 150–52
   nombre paterno en, 33, 38–39
   nuclear y heteropatriarcal, 12,
      23, 46, 68–70, 86–87, 96,
      108, 118, 134, 185n4
   roles y actitudes en, 28, 50, 68,
      82, 101, 174n35
   ruptura de, 40, 85–87, 112.
   Véase también gran familia puer-
      torriqueña
feminidad, 132, 137–38, 141,
   182n25
   y cambio de sexo, 105–07, 111
   y genealogía femenina, 85
   y maternidad, 50–51, 90–91
   de mujer fálica, 100, 104, 107
   de mujeres masculinas, 90
Fernández, Leonel, 3, 17, 60
ficciones fundacionales, 19–20, 162
   definición de, 48–49
   y ficciones antifundacionales,
      131–33, 180n4, 182–83n33
   y mitos y narrativas nacionales,
      3, 59, 67, 69, 96, 103, 112,

Índice de palabras

127, 135–37, 140, 150, 155, 176n16
flanería, 10–12, 18, 72–75
flâneur, 11
   posmoderno, 11, 29–30, 94
   Walter Benjamin, 18, 29, 73, 165n3
flâneuse, 18, 73–76
FMC (Federación de Mujeres Cubanas), 138, 140
fracaso
   e institución familiar, 46
   y masculinidad, 48, 84, 89–90, 101–02
   y pater familias, 63, 68
   y proyectos y regímenes políticos, 2, 9 16–17, 22–23, 25, 33–34, 40, 56, 71,79, 138, 142–43, 155
   política habitacional, 45, 80
   Véase también arte queer del fracaso

gay
   ambiente, comunidad y experiencias, 6, 95, 118, 154, 167n8, 184n48
   bares, 79, 109, 121
   consumidor, 118, 177n20
   derechos y matrimonio, 117–18, 155, 158
   identidad 8, 92
   literatura y música, 171n10, 177n24
   turista 149
   Véase también Orgullo Gay
género, 2, 14, 16, 51, 119, 171n8
   alteridad y normalización, 31, 66, 113, 157
   concepción binaria de, 6, 8, 63, 95, 104, 107, 175–76n10
   construcción, identidad y performatividad de, 90, 97, 100, 111, 151, 158, 172n14, 175n4
   e igualdad y desigualdad, 22, 71, 130–131, 135, 140–41, 162

roles y normas de, 7–8, 12, 17, 19, 58–59, 76, 108, 132, 149
   y turismo, 136–38, 154
gran familia puertorriqueña, 96, 108,112, 131, 149–51, 176n16
   Véase también familia
Guevara, Ernesto "Che," 27

hegemonía, 58, 110
   y masculinidad, 9, 17–19, 27, 62–66, 69, 76, 84, 90, 143, 183n36
   y mentalidad, 2, 137
   contra hegemonía, 11, 34, 155
heteromacho, 5, 58, 87, 101–02, 107
   Véase también machismo
heteronormatividad
   y deseo sexual, 12, 99, 134
   expectativas, jerarquías y mandatos de, 6–8, 65–66, 70, 83, 90, 93, 109, 177n20
   y liderazgo masculino, discursos y proyectos nacionales, 2, 4, 8, 81, 86, 96–97, 104–05, 152–53, 157, 170n2, 184–85n1
   como máscara, 58, 62, 68, 84, 103, 106–07
   y sociedad, 29, 106–07, 111
heteropatriarcado, 3, 7, 69, 82, 87, 157, 162
   y familia, 23, 46, 48–49, 68, 108, 151–52, 185n4
   y virilidad, 17
heterosexualidad
   compulsiva, 47
   y masculinidad, 47, 82, 87, 101–02
   normas de, 11, 18, 34, 65, 68, 82, 100
   y relaciones, 5, 12, 19, 22, 48, 67, 93, 139
   y turismo, 130–31, 143–46, 148–49, 151, 183n36

Índice de palabras

Véase también matriz heterosexual, sexualidad
heterotopia
    definición de, 10–11, 44–45
    de crisis y desviación, 34, 43, 47, 64, 110
    y espacios heterotópicos, 7, 11–12, 22, 29, 38, 45, 55–56
    sexualizada, 33–34
hipermasculinidad, 63, 102
hipervisibilidad, 22, 104, 137, 140
hogar queer, 46, 51–52, 77, 101
hombre nuevo, 4–5, 39, 46–48, 142, 168n12
    definición e historia de, 26–30
homo sacer, 30, 33, 52, 65
homoafectividad, 13, 26, 46, 87, 93
homofobia, 14, 63, 95
    y agenda gubernamental, 22
    cubana, 17, 23, 25, 33, 35–43, 47, 54, 158–59, 166n5, 167n8–9, 169n23
    dominicana, 79, 92, 171n10
    institucionalizada, 7, 17, 33, 40, 158
    puertorriqueña, 18, 96, 106, 115–16, 160, 174–75n2, 177n24, 179n38
homonacionalismo, 115–17, 125, 157
    y ciudadanía, 115, 153–54, 185n4
homonormatividad, 112, 114–16, 119, 153, 162–63, 177n20
homopoética de relación 12–16, 74, 111, 134, 156, 163
homosexualidad
    y Artículo 72, 37, 55, 140
    y contaminación, 28, 38, 47, 126–27
    y criminalidad, discriminación y exclusión de, 19, 26, 36–37, 42–45, 87, 109, 114–16, 122–23, 155, 167n9, 169n23, 176–n16
    y experiencias homosociales, 47, 67, 87, 107, 172n15, 184n40
    inclusión, 49, 51, 54–56, 58, 84, 146, 160
    memoria y olvido de, 23, 25, 35
    y orientación y relaciones sexuales, 30, 34, 38–40, 52–53, 89, 97, 101–02, 118–19, 121, 150, 162, 174–75n2, 177n24, 178n32, 184n47
    y pánico homosexual, 84, 174n33; y sujetos homosexuales, 1, 7, 16, 22–23, 35, 48, 69, 76, 98, 112–13, 117, 140, 158–59
    como tema, 18, 95, 110, 124

Iglesia Católica, 58, 61, 68, 162, 169n23, 170n1, 185n4
inconformidad (no-conformidad), 12, 55, 69, 71, 74, 113, 163
insilio, 32–33
Véase también sexilio
insularidad
    y aislamiento y estancamiento, 43–44, 168n16, 173n25
    y ciberespacio, 119
    como poética de relación y homopoética, 16, 74, 111
    y comunidad y regreso imaginario, 37, 120–21, 178n29
    y escritores posinsulares, 60–61, 74, 171n6
    y genealogía femenina, 85
    e insularismo, 16, 154
    Véase también Pedreira, Antonio S.
intelectual
    y disidencia sexual, 31–32, 167n9
    y gobierno y dictadura, 11, 40, 43–44, 59–61, 100, 167n7, 171n5
    y letrado, 26, 54, 59, 75, 165n3

Índice de palabras

orgánico, 28
y persecución, 7
revolucionario y militante, 26–28, 168n12
interembodiment, 6, 9, 85, 133
intimidad
    como mercancía, 5, 13
    como modernidad y posmodernidad carnal, 132–33
    interracial, 130, 141, 147, 148
    y relaciones, 6, 9, 13, 21–22, 33, 39, 44, 48, 52, 92–93, 98–99, 122–23, 127
invasión estadounidense, 4–5, 36, 47, 59
    y masculinidad y militarización de, 5, 63, 162
Irma y María, 159–60

jaibería, 18, 107–08, 124, 154–55
jineterismo, 137, 140–42, 181n11, 182n24
    y jineteros y jineteras, 19, 134–35, 138–41, 144, 181n11, 181n14

Kahlo, Frida, 85

La Habana (Cuba), 43, 159, 170n33
    como ciudad letrada, 9, 31
    y construcciones y mantenimiento, 21, 36, 39, 49, 136–37, 170n29, 170n32
    y lugares en, 31, 33, 40, 43–44, 56, 129, 169n22
    paseos por, 28, 30–31, 52
    ruinas de, 16, 22–23, 33, 45–46, 135, 158
Lezama Lima, José, 25, 53, 166n5, 167n7, 168n13, 170n28
LGBTQ
    y activismo, exclusión e inclusión, 15, 55, 57, 113, 115, 167n8, 175n4, 185n3, 185n5

comunidad y derechos, 19, 22, 40–43, 58, 97, 155, 159–62, 170n33, 171n10
liminalidad, 38, 137, 150
locura
    como enfermedad mental, 98, 113, 127
    como homosexualidad, 98
    y loca y loca-lizado, 98, 103–04, 106, 108, 126
López, Jennifer, 125, 178n33, 179n35

machismo, 89, 103–04, 128, 135, 141
    y ética del macho, 65
    y gobierno, educación y nación machista, 44, 47, 170n30
    heteromacho dominicano, 5, 58, 64–66, 80, 82–83, 87, 90–92
    heteromacho puertorriqueño, 5, 101–03, 107, 178n32
    y macho domesticado, 103, 151
    y personajes macho, 18, 96, 98–108, 154
    como travestismo, 5, 100, 116, 175n6, 178n8
Madonna, 125, 178n33
madre, 62, 68–69, 117, 153
    islas, 16, 51, 120
    y familia y roles de, 68–69, 82, 108, 138
    y maternidad, 50–51, 90–91
    y matriarca, 12
    simbólica, 51, 91, 140, 174n38
Marqués, René, 18, 96, 100, 103–04, 116, 128
Martin, Ricky, 117, 177n24
masculinidad
    atributos y culto fálico de, 18, 66–67, 76, 81, 91, 115–16, 125, 146
    y agenda política nacionalista, 4, 157

Índice de palabras

y educación, heteronormas e ingeniería social, 5, 27, 46, 82, 99, 100–03, 107, 146, 172n18, 175n5
y legitimación política e ideología masculina, 58, 62, 68, 94, 116, 132, 138, 172n16
hegemónica y tóxica, 9, 17, 19, 27, 63–65, 73, 76, 90, 143, 180n8, 183n36
y feminización, 12, 53, 63, 125, 184n46
militar, 27, 63–65, 69–70, 86, 88–89, 172n11
y militarización de la cultura y neocolonialismo, 58, 63–64, 89, 100–101, 156
y mujeres masculinas, 12, 62, 86, 90
como *performance* y máscara, 5, 28, 48, 66, 79, 82–84, 92, 96, 105, 144, 172n14
precaria y subordinada, 18, 27, 76, 90, 108, 139, 149, 154–55, 161, 174n36
Véase hipermasculinidad, trans
matrimonio igualitario, 58, 155, 157–160
y estado político de Puerto Rico, 153–56, 177n24
matriz heterosexual, 96, 116, 125, 151
memoria
y archivo queer, 13, 17, 56, 158
colectiva, 25, 80, 159, 167n8
fracturada y rota, 23, 26, 33
y marcas corporales, 41, 43
y olvido, 25, 38
migración, 4, 14, 19, 133–34, 168n16, 176n14, 178n30, 180n4
cubana, 22–23, 33, 44, 135–36, 139–41, 169n25, 181n14
dominicana, 61, 72, 144–46, 172–73n21–22, 178n31, 183n34, 183n37

haitiana, 59
puertorriqueña, 95, 97, 106, 111–13, 117, 121, 149–50, 174–75n2, 176n17, 177n22–23
minorías sexuales
demandas, derechos e intereses de, 1, 58, 115, 160
exclusión e inclusión de, 13, 24, 37, 89, 121, 166n5
monogamia, 8, 86, 151
movimiento feminista, 161
y FMC, 138, 140.
mulata
autonomía sexual de, 131, 135, 137, 139
y blanqueamiento y racismo, 136–37, 139
deseo consumista y mercantilización del cuerpo de, 129, 135, 137–38
y feminismo, 140–41
como luchadora, 134, 141
y mito revolucionario, 142
patologización de, 140
como personaje literario, 19, 130–31, 135, 137, 141, 181n18
y sociedad colonial, 135–42; y la Virgen de la Caridad del Cobre, 140
Véase también Cecilia Valdés
Muñoz Marín, Luis, 4, 104

nacionalismo, 1, 100, 152, 157
cultural, 178–79n34, 184n44
y proyectos nacionalistas, 100, 126, 134
Véase también homonacionalismo
nalgatorio, 124–25, 178n32, 179n35
culo, 123–26, 178n32, 179n35
trasero, 123, 178n29
necropoder, 10–11, 13, 17, 39, 55, 65, 71–73, 90, 127

224

Índice de palabras

definición de, 7
y muerte simbólica, 37–39
necropolítica, 6–7, 14, 36–37, 41, 44, 52, 71, 75–77, 90
negritud, 157
   e identidad nacional, 121
   y masculinidad, 143
neocolonialismo, 100, 110, 128, 151
   y dependencia y lazos neocoloniales, 3–4, 6, 20, 61, 113, 121, 123–24, 127–28, 131–32, 149, 152–56, 160, 180n6, 184n49
ningunifación, 37
normatividad, 106, 110, 113, 115
   Véase también heteronormatividad, homonormatividad
novísimos, 24–25, 166–67n6
Nueva York, 19, 96, 112, 120–22, 174–75n2, 177n23
   Greenwich Village y los motines de Stonewall en, 117

Operación Lacra, 140, 182n23
optimismo cruel, 83
Orgullo gay, 1
   y caravanas de, 161–62, 170n1

parada 77, 84, 89
parametración, 48, 54, 167n9
París, 11, 29
Parque Duarte, 57–58, 61, 75, 78, 80, 170n1
paternalismo estatal, 62, 68–69
patriarcado, 69, 96, 130, 141–42
   y pater familias, 68, 82, 101
   y nación, 10, 44, 108, 127
   y nombre paterno, 38–39, 49–50, 67
   y paternalismo, 60, 62, 68–69, 79, 94, 108, 128, 132, 141
   y valores, roles de género y sexualidad, 2, 11, 27, 34, 49–50, 63–65, 77, 93–94, 105, 107, 138–39, 162, 170n2, 172n18, 175n8

Véase también heteropatriarcado
Pedreira, Antonio S., 16, 100, 154
performance
   como arte de acción, 15, 61
   draga o transformista, 100, 105–06
   homonormativa, 162
   y masculinidad, 28, 48, 65, 100–02, 116, 145, 172n14, 183n36
Período especial en tiempos de paz
   y ciudadanía sexual, 22;
   explicación y crisis económica de, 3, 16, 24, 26, 28, 31–32, 54, 134–35, 165–66n2
   y familia, 46, 48
   narrativa de, 23–25, 29, 52, 56, 142, 166n4, 168n11, 169n20
   y racismo, 136–38
   y turismo y migración, 44, 135, 141–42, 170n33, 181n11
pinguero, 154, 184n47
Piñera, Virgilio, 25, 37, 43, 54, 74, 166n5, 167n7, 168n13
La isla en peso, 43, 74
poética de relación, 13, 74–75, 111
   Véase también homopoética de relación
poliamorío, 70
postcolonial, 96–97
privacidad, 35
   Véase también espacio
prostitución, 80, 136, 138, 181n10, 181–182n20
   bisexual, 147
   femenina, 7, 43, 58, 62, 78, 91, 139–40, 169n22, 180n8
   masculina, 78, 145, 150, 154
psicoanálisis, 87, 105
   y Anzieu, 85
   y Freud, 124
   y Lacan, 175n9
puertorriqueñidad, 114, 116–17, 119, 121, 123, 125, 151, 178n29

Índice de palabras

queerificación, 8–9, 15, 80, 93, 131

racismo, 68, 115, 136, 151, 174–75n2, 178n29, 181n16
Ramos Otero, Manuel, 118, 120, 128, 161, 175n8, 176n13, 178n27
   y culonización, 123
   homosexualidad, sexilio y SIDA de, 18, 97, 112–13, 126, 128, 174–75n2
   Invitación al polvo, 1, 126
   Véase también Chacón, Iris
raza
   y binario "amo-esclavo," 121
   y blanqueamiento y colorismo, 136
   igualdad y desigualdad de, 22, 71, 131, 135
   y género y sexualidad, 14, 16, 131, 156, 181n18
   y masculinidad, 5
   y relaciones de poder y deseo sexual, 19, 51, 68, 108, 119, 130, 174n38, 177n23
   Véase también blanqueamiento, colorismo, turismo sexual
receptividad, 91–92
Renan, Ernest, 51
Revolución cubana, 4, 16, 21–22, 63, 136, 142, 166n6, 167n10, 171n9
   desigualdad y racismo de, 136, 138
   y espacio urbano, 21, 31
   y heteronormatividad, 6, 54–55, 169n23
   mitos, cosmología y utopía de, 23, 26–27, 32–33, 45–52, 56, 131, 134, 138, 142, 170n28
   régimen y proyecto de, 11, 16–17, 19, 137, 140–143, 155, 158

fracaso de, 3–4, 24–25, 34, 39–40, 46
   Véase también fracaso
rizoma queer, 70
Rodríguez de Tió, Lola, 1, 161
romance
   y colonialidad de deseo, 131, 138, 153
   y heteroromance e ilusión, 130, 143, 146, 151–52
   interracial, 130–32, 136, 143, 182–83n33
   de singularidad y negatividad, 114–15, 177n19
   turístico y transnacional, 19, 130–34, 141–43, 152, 155
   Véase también ficciones fundacionales
Roselló, Pedro, 149, 183–84n39
ruinas
   y arquitectura colonial, 11, 45, 169n26
   y crisis de vivienda y deterioro urbano, 16–17, 22, 36, 45, 48, 169n26
   y fracaso del proyecto político, 22–23, 33, 45–46, 72
   y superficie urbana, 17, 40, 46, 135, 141, 169n26
   y voces *queer*, 10, 36, 45, 150, 158
   Véase también La Habana, Santo Domingo

saberes raros, 2, 14, 20, 163
San Juan (Puerto Rico), 9, 102, 108–111, 151–153, 160, 175n10
San Zenón, 59, 72, 79, 159, 172–73n21
Sánchez, Luis Rafael, 97, 174–75n2
sanky-panky, 19, 144–48, 182–82n33, 186n36
   Véase también sanky-pankynismo

Índice de palabras

sanky-pankynismo, 143, 147
Santo Domingo
   Calle Conde en, 78, 80, 144
   cambio del nombre de y Ciudad Trujillo, 59, 159, 170n3
   como ciudad homogeneizadora, 9, 17, 61, 80, 94; 57–58, 61
   paseos por, 62, 74–76, 146
   ruinas de, 72
   zona colonial en, 57–58, 72, 172–173n21
   zonas marginales de, 69, 72–73, 78–79, 89, 148, 173n22
   Véase también Ciudad Trujillo, Parque Duarte
Sarduy, Severo, 40, 110, 167n7, 168n13
sexilio, 32–33, 95, 97, 111–12, 122, 126, 150, 168n16, 176n14, 176n17
sexscape, 130, 133, 137, 149, 179–80n2
sexualidad
   alternativa y disidente, 2, 7, 10–11, 13–16, 20, 22, 26, 36, 61, 70–73, 80–81, 114, 130, 135, 139–142, 144, 150, 155, 158–61, 174n38, 181n18
   y ambigüedad y travestismo, 4, 9, 18, 62, 77, 94–98, 166n5, 171n8, 171n10
   e identidad y normas de género, 7, 17, 34, 51, 58, 83, 108, 111–12, 118–19, 132–33, 157, 169n21
   como intervención, 8
   silencio y invisibilidad, 6, 83–84, 86–87, 89, 162
   Véase también heterosexualidad, homosexualidad, trans
SIDA, 18, 95, 128
   y colonialismo, estatus de y estado político, 96, 126–27
   y miedo e intolerancia, 116, 122

   pandemia y contagio de, 97, 112, 124, 166n5, 174–75n2
silencio, 5–6, 11, 25, 37, 78, 84, 89, 148, 162
   Véase también sujeto tácito
skinscape, 85
Soledad, 95, 121–22, 126
Sosúa, 144, 179–80n2
subalternidad
   y analidad, 124
   y cultura, 9, 72, 94
   geografía de, 9, 12, 25, 61, 96, 109, 163
   y masculinidad, 27, 155
   y sujetos coloniales, 96, 112–17, 123, 165n4
subjetividad queer, 2, 9, 38, 73, 80, 86, 92–93
sujeto tácito, 87
supremacía blanca, 152

temporalidad queer, 70
tigueraje, 18, 61, 67, 94, andrógino, 76–77
tíguere, 17, 67, 76, 172n17
trabajo sexual, 101, 142, 144, 146–47, 154, 161, 181n11
   y trabajadores sexuales, 5, 19, 76, 99, 180n3, 180n8, 181n14, 183n38, 184n47
   Véase también jineterismo, prostitución, sanky-panky
trans
   personajes, 5–7, 10, 18, 24, 96–99, 103–08, 127
   definición de, 104
   y transexual, 95, 99, 104–06, 166n5
   y cuerpo y cambio de nombre, 19, 101, 104–06, 113, 116–18
   inclusión, ciudadanía y lazos neocoloniales, 13, 108, 130–31, 157, 159, 162, 171n10, 184n40

Índice de palabras

exclusión, 105, 117, 159, 177n22, 184–85n1
experiencias, 95, 101, 110–12, 174n37, 175–76n10
transformismo, 113
transloquedad, 112–13
transnación, 121
trauma
  colectivo y nacional, 14, 81, 83
  sexual 62, 73, 83
travestismo
  y artistas travestis, 13, 98–112, 149–51, 154
  y cambio de sexo y cirugía plástica, 98, 104–06, 108, 125
  y colonia-metrópolis, 106
  comercial, 150
  y estado, 4–6, 157, 159
  como expresión de identidad de género y espectáculo, 96, 98, 100, 106, 113, 166n5, 175–76n10
  y heteronormatividad y contaminación
  y masculinidad, 100–01, 116, 128, 175n6
Triangles Café, 87, 174n37
triángulo amoroso, 18, 86–87, 98–99, 174n35
  y jaibería, 107
  y triangulación de deseo, 86, 93
  de René Girard, 86
  de Eve Sedgwick, 93
trujillato, 15, 17, 59, 62–63, 65–67, 68–69, 75, 79, 83, 94, 171n5, 171n7, 172n12
Trujillo, Rafael
  y Ciudad Trujillo y desastre natural, 59, 71–73, 170n3
  culto a la personalidad y dictadura de, 4, 17, 59, 63–64, 67, 78–79, 171n9, 173n22, 174n35
  legado y herencia de, 3, 78, 80–83, 142, 146

logocentrismo de, 60, 66, 75, 79, 85
tugurio, 72, 109
turismo sexual
  y blanqueamiento, negritud y racialización, 130, 132–135, 136–137, 143, 148, 151, 153
  gay, 149–150
  heterosexual, 131
  e hipermasculinidad y feminidad, 132, 141–42
  y matrimonio por convivencia y movilidad social, 131, 133, 135, 142, 144–45, 151–56;
  y neocolonialismo, 131–32, 149, 151–56
  y normas de género y sexualidad y fantasías raciales y sexuales, 130, 134–36, 138 141–42, 148
  romances transnacionales de, 19, 134, 149–52
  y sexilio, 150
  y sexscape, 129–30
  Véase también jineterismo, sanky-pankynismo
turismo, 11, 19, 45, 60, 69, 78, 92–93, 97, 99, 119, 150, 165–66n2, 178n26, 182n29, 183–84n39

UMAP (Unidades Militares de Ayuda a la Producción), 7, 140, 167n9, 170n30
Unión Soviética, 3, 16, 22, 74, 168n15
utopía queer, 119–20, 123, 152, 184n43

Vagancia
  y cruceo, nomadismo y vagabundeo, 12, 16, 30–31, 35, 62, 73, 81, 120–21
  y divagación, 16, 18, 23, 56, 74, 88

Índice de palabras

    leyes contra, 29
    y productividad colectiva, 75, 84
Villaverde, Cirilo, 130, 134
violencia
    callejera, 9, 70, 94, 115
    colonial y epistémica, 14, 133
    física, 41, 65, 81, 84, 89
    y resistencia, 44
    simbólica, 14, 41, 65
    violación y trauma sexual, 40,
        62, 73, 82–83
visibilidad
    y autores, 15, 97
    y sexualidad disidente, 21–22,
        87, 67, 104, 118, 130, 133,
        137, 139–40, 146, 148, 155,
        161–62
    e invisibilidad, 5, 72

Sobre el libro

Las ciudades del deseo: Las políticas de género, sexualidad y espacio urbano en el Caribe hispano explora las representaciones del genero, la sexualidad y el espacio urbano en la narrativa contemporánea de Cuba, la República Dominicana y Puerto Rico. Aportando un análisis de varias novelas publicadas después de 2000, el libro se dedica a mostrar cómo los cambios del pasaje urbano crean una imagen nueva de la ciudad que destruye roles de género tradicionales y produce múltiples discursos de sexualidad. Durante la crisis de las agendas políticas que sucede entre los años 1990 y 2000 los sujetos queer se convierten en portavoces para esbozar nuevos proyectos nacionales en cada isla. La familia como metáfora de la nación deja de basarse en los lazos de sangre, normas patriarcales y procreación biológica. En cambio, empieza a incorporar identidades raciales y prácticas sexuales que no consolidan la nación, sino que apuntan hacia la necesidad de un futuro alternativo. Yuxtaponiendo las narrativas de los tres países y poniendo en diálogos los temas de la nación, la sexualidad, el espacio urbano y el turismo sexual ampliamente estudiados por intelectuales caribeños y latinoamericanos, *Las ciudades del deseo* rompe con una tradición que tiende a explorarlos por separado. En contraste con muchos estudios sobre el Caribe hispano, contribuye a una perspectiva nueva de la emergente cultura de resistencia contra las dinámicas heteronormativas y estructuras de poder que se está desarrollando simultáneamente en los tres países. También agranda los estudios caribeños ofreciendo un análisis detallado de sexualidad en las letras dominicanas y establece conexiones extensas entre la literatura y el activismo LGBTQ en el Caribe hispano.

About the book

Las ciudades del deseo: Las políticas de género, sexualidad y espacio urbano en el Caribe hispano explores the representations of gender, sexuality and urban space in the contemporary narrative from Cuba, the Dominican Republic, and Puerto Rico. By examining a corpus of novels published since 2000, the book shows how the changes in urban landscape create a new image of the city that destroys traditional gender roles and produces different discourses on sexuality. At moments of crisis in political agendas that took place between 1990 and 2000 queer subjects become spokespeople to outline new national projects on each island, while claiming space in the national imaginary. The nation is no longer on blood ties, patriarchal norms, or biological procreation, but rather starts incorporating previously excluded racial identities and sexual practices that point towards a necessity of an alternative future. By juxtaposing the narratives of the three countries and putting into dialogue the topics of nationality, sexuality, urban space and sex tourism widely researched by Latin American and Caribbean scholars, *Las ciudades del deseo* breaks away from a tradition that tends to study them separately. In contrast to much scholarship on the Hispanic Caribbean, it contributes new perspectives on an emerging culture of resistance to heteronormative dynamics and power structures that is developing simultaneously in Cuba, Puerto Rico and the Dominican Republic. It enlarges Caribbean studies by offering a nuanced examination of sexuality in contemporary Dominican literature and sheds light on larger connections between literature and LGBTQ activism in the Spanish-speaking Caribbean.

Sobre la autora

Elena Valdez es doctora en literatura latinoamericana por la Universidad Rutgers, New Jersey. Ejerció como profesora en Swarthmore College y actualmente enseña en la Universidad Christopher Newport en Virginia, EEUU. Sus investigaciones sobre literatura del Caribe hispano y literatura de los latinos en los Estados Unidos desde una perspectiva de los estudios de género, sexualidad y la diáspora han sido publicadas en volúmenes editados y revistas académicas, como *CENTRO Journal of the Center for Puerto Rican Studies, Small Axe: A Caribbean Journal of Criticism* y *Letras hispanas*. Además, ha presentado ponencias en conferencias nacionales e internacionales, como Modern Languages Association (MLA) y Latin American Studies Association (LASA).

Dentro de los estudios caribeños, sus intereses académicos incluyen la sexualidad queer, el espacio urbano, la identidad nacional y la cultural visual. En 2016–2017 fue ganadora de las becas de investigación concedidas por la biblioteca de la Universidad de Columbia en Nueva York y por North Eastern Modern Language Association (NeMLA) respectivamente. Su proyecto más reciente explora las representaciones de la maternidad no biológica y diferentes maneras de ser madre en la cultura contemporánea del Caribe hispano.

About the author

Elena Valdez is a Lecturer of Spanish at Christopher Newport University. She received her Ph.D. in Hispanic Literature from Rutgers, the State University of New Jersey, where she also completed her M.A. studies. Prior to joining the faculty at Christopher Newport University, she taught at Swarthmore College.

She specializes in Hispanic Caribbean Literature, U.S. Latina/o literature, 20th–21st Century Latin American Novel, Gender and Queer Studies and Diaspora Studies. Within Latina/o and Caribbean studies, her principal interests include queer sexuality, urban space, national identity and visual culture. She has published a number of articles on contemporary Caribbean literature in edited volumes and peer-reviewed journals such as *CENTRO Journal of the Center for Puerto Rican Studies, Small Axe: A Caribbean Journal of Criticism* and *Letras hispanas*. She has presented on a range of topics at professional national and international conferences, such as the Modern Language Association and the Latin American Studies Association. In 2017 she was the NeMLA Summer Fellow, and in 2016 she was a recipient of the Columbia University Libraries Research Award. Her next book project addresses the representations of non-biological motherhood and different ways of mothering in contemporary Hispanic Caribbean cultures. At Christopher Newport University, she teaches courses on Spanish-Speaking Caribbean literature and Latina/o literature, as well as Spanish language courses

De particular interés al proyecto es estudiar las maneras en que el acercamiento a la(s) sexualidad(es) en estas novelas desarticulan acercamientos binarios tradicionales que han descansado fundamentalmente en miradas heterosexuales. Estas miradas han contribuido a la creación y preservación de mitos fundacionales y lecturas patriarcales de espacios y culturas, así como de sujetos y ciudadanos de la zona. Dándole la vuelta a este acercamiento, este estudio ausculta las políticas de género y sexualidad en estos espacios urbanos desde una óptica alternativa muchas veces ocultada y silenciada dentro de las discusiones que suelen opinar o determinar quiénes son los ciudadanos que representan la nación.

—Myrna García-Calderón
Syracuse University

This project is particularly interested in studying the ways in which the approach to sexuality (sexualities) in these novels deliberately disassembles traditional binary approaches that have rested fundamentally on the heterosexual matrix. This binarism is perceived by the author as a contributor to the creation and preservation of foundational myths and patriarchal readings of spaces and cultures, subjects and citizens of the Hispanic Caribbean. Turning this approach on its heels, this monograph explores policies and traditions of gender and sexuality in these urban spaces from an alternative perspective, one that is often hidden and silenced within the discussions that express opinions or attempt to codify the citizens who should represent the nation.

—Myrna García-Calderón
Syracuse University

CPSIA information can be obtained
at www.ICGtesting.com
Printed in the USA
LVHW082055071022
730130LV00002B/238